이미지 제국

건륭제의 문화 프로젝트

이미지 제국

건륭제의 문화 프로젝트

아시아총서 38

이은상 지음

산지니

● 프롤로그

북경에 가면 옛 중국의 황제들이 살던 궁궐인 자금성紫禁城이 있다. 지금은 이곳을 고궁故宮이라고 부른다. 고궁박물원故宮博物院을 줄여서 부르는 말이다. 고궁 안으로 한참을 들어가면 봉선전奉先殿이란 건물이 있는데, 여기에는 청나라 황제들이 수집한 자명종이 전시되어 있다. 그래서 이 건물 이름을 달리 종표진열관鐘表陳列館이라고 한다. 유럽의 앞선 과학문명에 지대한 관심을 보인 건륭제乾隆帝(1711-1799, 재위 1736-1795)는 저절로 울리는 시계 자명종自鳴鐘을 열정적으로 수집했다. 종표진열관에 전시된 수많은 자명종들 가운데 특히 눈길을 끄는 자명종이 있다. 붓글씨를 쓰는 인형이 있는 자명종이다. 이 자명종은 높이가 231cm이고 유럽의 신고전주의와 시누아즈리chinoiserie가 결합된 스타일의 정자 모양을 하고 있다. 그 정자 안에는 한 남자가 붓을 들고 화려하게 장식한 탁자 위에 놓인 종이에 글씨를 쓰고 있는 모습을 하고 있다. 이 남자는 옷차림과 머리 모양은 유럽인인데 얼굴 모양은 중국인을 닮았다. 그는 지금 붓글씨를 쓰고 있다. '팔방향화八方向化, 구토래왕九土來王' 8자이다. 팔방八方은 동, 서, 남, 북, 동북, 동남, 서북, 서남 등 여덟 방위를 가리킨다. 향화向化는 왕의 어진 정치에 감화하여 그 백성이 된다는 뜻이다. 구토九土는 구주九州의 땅을 뜻한다. 옛날 중국인들은 천하세계를 9개 지역으로 나누었다. 그래서 구주는 곧 세계를 의미한다. 그러면 이제 이 여덟 자를 우리말로 풀어보자. "팔방에서 임금의 어진 정치에 감화하여 구주의 백성들이 왕에게로 온다." 이 자명종은 1770년에 영국이 제작하여 건륭제에게 선물한 것이라고 한다. 건륭제는 그가 수집한 수

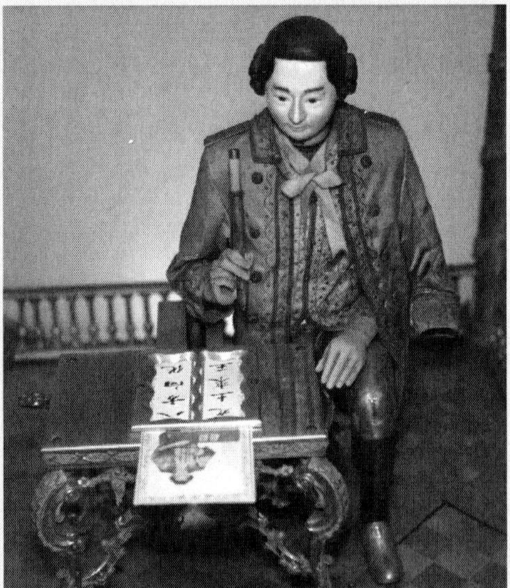

● 그림p.1 「붓글씨를 쓰는 인형이 있는 자명종[銅鍍金寫字人鐘]」. 높이 231cm. 북경고궁박물원
● 그림p.2 「붓글씨를 쓰는 인형이 있는 자명종」 일부

많은 자명종들 가운데 이 자명종을 가장 아꼈다고 한다. 건륭제는 또한 15년 뒤인 1785년(건륭50)에 프랑스 선교사인 장 마티유 드 방따봉Jean Matieu de Ventavon(1733-1787)에게 만주어와 몽고어로 '八方向化, 九土來王'을 쓰는 인형을 제작하도록 명했다고 한다. 건륭제가 왜 이 8자의 글에 이토록 강한 애착을 보인 걸까? "팔방에서 임금의 어진 정치에 감화하여 구주의 백성들이 왕에게로 온다"는 건륭제가 평생토록 이루고 싶어 했던 꿈이었다.

건륭제의 이름은 애신각라愛新覺羅 홍력弘曆이다. 애신각라는 성姓이고 홍력은 이름[名]이다. '애신각라愛新覺羅'. 4자나 되는 성씨가 무척 낯설다. 애신각라는 흑룡강성에서 발원한 만주족 성씨이다. 엄밀히 따지면 애신은 종족 이름이고 각라가 성이다. 만주어로 애신은 황금을, 각라는 수령을 뜻한다고 한다. 건륭제는 중국을 통치한 네 번째 만주족 황제이다.

18세기 중반 청나라(1644-1911)는 정점을 찍었다. 당시 청나라는 세계 최강의 제국이었다. 1750년에 세계에서 생산된 제품들의 33%를 생산했으며, 중국 본토 이외 동북쪽에 있는 만주족의 고향인 만주벌판, 중국 본토의 서쪽에 있는 티베트, 북쪽에 있는 몽골, 남쪽의 대만까지 영역을 넓혔다. 그들이 정복해 '새로운 땅'이란 뜻으로, 신강新疆이라 이름 붙인 중앙아시아의 광활한 땅을 차지함으로써 중국 역사상 가장 넓은 영토를 소유한 대제국이 되었다. 청나라는 또한 자신을 중국인이라고 생각하는 민족인 한족뿐만 아니라 통치 핵심세력인 만주족을 비롯하여 이전에는 중국에 포함되지 않았던 티베트인 · 위구르인 · 몽골인 · 버마인 · 타이계 민족 · 타이완 원주민 그리고 기타 청나라가 정복한 지역의 다양한 소수 민족들로 이루어진 다민족 국가였다. 건륭제는 다양한 이민족을 포용하고 유교의 예치禮治를 통해 문화적 통일을 지향했다. 이와 동시에 건륭제는 만주족의 정체성을 잊지 않고 지키려 노력했다. 다민족 국가를 다스려야 했던 보편군주 건륭제. 천하세계의 질서를 바로잡아야 하는 책임이 있는 천자로서 건륭제의 고민을 읽어보자는 것이 이 책을 쓰게 된 동기이다.

이 책이 중국 역사에 관심 있는 독자가 쉽고 재미있게 읽을 수 있는 좋은 교양서가 되기를 희망한다. 그러기에는 나의 붓이 다소 무디긴 하지만. 중국의 역사와 문화와 예술, 넓게는 인문학에 대한 관심과 소양과 감성을 지닌 독자들이 내가 이 책을 쓰면서 염두에 둔 독자이다. 인용한 글의 원문은 번역문 뒤에 붙였으며, 이 책을 쓰면서 읽은 자료들은 참고문헌에 두었고, 참고한 자료들 가운데 학술적으로 중요하다고 생각되는 것은 미주에서 출처를 밝혔다.

책마다 타고난 팔자가 있다. 이 책은 운이 좋다. 출판사와 에디터를 잘 만났다. 고민 끝에 출판을 결정해주신 산지니 강수걸 대표님께 깊이 감사한다. 그분과의 통화에서 자존심 강한 출판인이라는 느낌을 받았다. 윤은미 선생님. 정말 오랜만에 좋은 에디터를 만났다. 그와 얘기를 나누로라면 생각이 정리되고 글이 쓰고 싶어진다. 다음 책 쓸 생각에 벌써부터 가슴이 설렌다.

2020년 12월 24일

이은상 씀

차례

1장

황제의 공방

1장 황제의 공방

● 다민족 국가 청 중국

만주족이 세운 청나라(1644-1911)는 이전의 중국 왕조들과는 근본적으로 달랐다. 청나라는 중국 내지의 농경 지역뿐만 아니라 만주·몽골·위구르·티베트 등 유목 지역을 그 판도에 넣은 중국 역사상 가장 광활한 영토를 가진 국가였다. 청나라는 또한 자신을 중국인이라고 생각하는 민족인 한족뿐만 아니라 통치 핵심세력인 만주족을 비롯하여 이전에는 중국에 포함되지 않았던 티베트인·위구르·몽골인·버마인·타이계 민족·대만 원주민 그리고 기타 청나라가 정복한 지역의 다양한 소수 민족들로 이루어진 다민족 국가였다.[1] 이블린 S. 로스키Evelyn S. Rawski는 "청나라가 이룩한 성공의 열쇠는 '한화漢化'라기보다는 제국의 내륙 아시아 변경에 거주하는 주요 비한족 민족들을 겨냥하여 유연하고도 문화적으로 구체성을 띤 정책들을 실천에 옮긴 능력에 있었다."고 주장한다.[2]

산제이 수브라마남Sanjay Subrahmanyam에 의하면, 근대 초기에는 '보편제국universal empire'의 건설, 공간과 지도 제작에 관한 개념의 변화, 실증적인 민족지의 출현 그리고 정착 농경민과 유목민 간의 장기적인 구조적 갈등이 고조되는 현상을 보여준다.[3] 수브라마남이 말하는 근대 초기의 특징들이 청나라 초반인 17세기 후반에서 18세기까지의 시기에 나타난다.[4] 강희제(애신각라愛新覺羅 현엽玄燁, 1654-1722, 재위 1661-1722)의 명에 의해 청 제국의 영토를 조사, 제국을 시각적으로 재현한 『황여전람도皇輿全覽圖』라는 지도가 완성되었고, 건륭제의 명에 의해 『묘만도苗蠻圖』와 『황청직공도皇清職貢圖』 같은 민족지가 제작되었으며, 1750년대에는 중앙아시아 일리에서 청나라의 안정된 몽골 지배권을 위협하는 서몽골 세력을 복속시켰다.

패멀라 카일 크로슬리Pamela Kyle Crossley에 의하면, 유라시아에 걸쳐 보편제국 군주들의 문화적 행위들 가운데 가장 보편적으로 나타나는 현상은 백과사전, 동·식물원, 정원 그리고 '호기심의 방cabinet of curioisities' 등 다양한 형태를 통해 세계를 축소화하여 표현하려는 경향을 보여주는 것이다.[5] 청나라 초반 강희제와 옹정제(재위 1723-1735) 그리고 건륭제는 '천하세계'를 포괄하는 역량을 갖춘 '보편군주universal monarch'임을 보여주기 위한 일련의 문화 프로젝트를 추진했다. 강희제의 명에 의해 편찬된 『강희자전康熙字典』과 『고금도서집성古今圖書集成』 그리고 건륭제가 기획한 『사고전서四庫全書』, 그들에 의해 조성된 여름별장인 피서산장避暑山莊과 원명원圓明園—원명원은 세계 각국에서 가져온 온갖 희귀한 동·식물들로 가득 차 있는 동물원이자 식물원이었다.—그리고 건륭제의 '호기심의 방'이라고 할 수 있는 다보각多寶閣의 제작 등은 크로슬리가 말하는 '세계를 축소화하여 표현하려는 경향'을 잘 보여주는 대표적인 몇 가지 예라고 할 수 있다.

로스키가 말한 바와 같이 18세기 청나라 만주족 정부의 성공 비결은 만주족의 한화가 아니라 그들이 펼친 다문화주의 정책에 있었다.[6] 이전 왕조의 통치자들이 자신을 유교의 이상세계를 건설하는 성군聖君으로 비춰지도록 노력한 반면 청나라 정부의 정책은 만주족·몽골족·

한족 · 티베트족 · 위구르 등 청 제국을 구성하고 있는 대표적인 5개 민족들을 한족의 유교 문화 테두리 안에 동화시키는 것이 아니라 각 민족의 고유한 정체성을 보전하는 데 중점을 두었다. 18세기 청나라 통치자들, 특히 건륭제는 다문화주의 정책을 실행하는 데 시각적 이미지를 적극 활용했다. 청나라 통치자는 중국 한족 백성들에게는 천자였고, 몽골인에게는 칸 중의 칸[대칸]이었으며, 티베트인에게는 차크라바르틴[전륜성왕]이었다.[7]

● 보편군주의 시각정치학

청나라의 다문화주의는 다양한 방면에서 나타났다. 그 가운데 하나가 다중언어 정책이다. 청나라에서 관료로 성공하기 위해서는 중국어와 만주어를 읽고 쓸 줄 알아야 했다. 청나라의 국어는 중국어가 아닌 만주어였다. 그래서 만주어를 청나라 말이라는 뜻을 지닌 '청어淸語'라고 했다. 제국의 승전과 영광을 기념하는 비석에는 만주어 · 중국어 · 몽골어 · 티베트어 등 4개 언어로 문자를 새겼다. 상황과 지역에 따라 몽골어와 티베트어는 위구르어와 아랍어로 대체되기도 했다.[8]

로스키와 크로슬리를 비롯하여 마크 엘리엇Mark Elliot, 패트리샤 버거Patricia Berger 그리고 피터 퍼듀Peter Perdue 등 최근 신청사新清史 연구자들[9]은 이전 왕조 통치자들이 자신의 유교 성군 이미지를 부각시키고 있는 데 비해 청대 통치자들은 자신들을 역사적 · 문화적 전통이 서로 다른 다양한 민족들을 통일한 제국의 보편군주로 보고 있다고 주장한다. 이를테면, 한족 문인 · 몽골 귀족 · 티베트 라마 · 유럽 귀족 · 도사 등 다양한 모습으로 등장하는 옹정제와 건륭제의 초상화들에서 그들이 자신을 다민족으로 이루어진 보편제국의 통치자로 인식하고 있음을 읽을 수 있다. 이와 같은 맥락에서 청나라 통치자들은 그들이 정복한 새로운 영토와 민족들에 관한 정보를 체계적으로 수집했다.[10] 제국의 경계를 확정하고 제국에 거주하는 사람들에 관한 지식을 생산하는 것, 즉 정확하고 상세한 지도와 민족지를 제작하는 것은 제국의 통치자가 권력을 성취하고 유지하는 관건이다. 이러한 취지에서 강희제는 1708년 유럽 예수회 선교사들에게 그의 제국을 시각적으로 재현하는 지도의 제작을 의뢰했다. 강희제의 명을 받은 예수회 선교사 레지Jean Baptiste Regis, 부베Joachim Bouvet, 자르투Petrus Jartoux 등은 1708년에서 1718년까지 청 제국의 영토를 조사하여 『황여전람도』를 완성했다. 지도를 제작하는 것은 세계에 질서를 부여하는 매우 중요한 작업이다.[11]

● 황제의 공방

강희제 때인 1693년에 공식적으로 설립된 조판처造辦處는 청나라 황실의 살림을 담당하는 내무부內務府에 속한 황실의 공방이다. 법랑자기를 만드는 법랑처琺瑯處 · 자명종을 만드는 작종처做鐘處 · 궁정화가들이 있는 화원처畫院處와 여의관如意館 · 지도를 제작하는 여도방輿圖房 · 목공예를 담당하는 목작木作 · 칠기를 제작하는 칠작漆作 · 옥을 조각하는 옥작玉作 · 상아를 조각하는 아작牙作 등 조판처에 소속된 공방들을 통해 알 수 있듯이, 자금성의 양심전養心殿에 위치한 조판처는 궁중에서 사용되는 기물의 제조와 수리 그리고 보관을 담당하는 기구이다. 화원처와 여의관에는 냉매冷枚 · 심원沈源 · 당대唐岱 · 정관붕丁觀鵬 · 요문한姚文翰 · 김정표金廷標 등 궁정화가뿐만 아니라 주세페 카스틸리오네Giuseppe Castiglione

(중국명 낭세녕郞世寧, 1688-1766) · 아티레Jean-Denis Attiret(중국명 왕치성王致誠, 1702-1768) · 지첼바르트P. Ignace Sichelbarth(중국명 애계몽艾啓蒙, 1708-1780) 등과 같은 예수회 선교사들 그리고 옥장玉匠 요종인姚宗仁과 같은 장인들이 있었다.[12] 18세기 청나라 통치자들, 특히 건륭제는 다민족 국가인 청 제국을 조화롭게 다스리기 위해 시각적 이미지를 정치적으로 이용했다. 건륭제는 그의 시각정치학을 펼치기 위해 조판처를 이용했다. 특히 예수회 선교사들이 매우 중요한 역할을 담당했다. 그들은 조판처에서 근무하는 중국의 장인들과 함께 자명종과 자기, 법랑과 유리 그리고 코담배병인 비연호鼻煙壺를 제작했으며, 유럽의 원근법과 사실적인 기법으로 황제의 초상화와 전쟁기록화를 그리거나 동판화를 제작했으며, 청 황실의 여름별장인 원명원에 있는 바로크풍의 유럽식 궁전인 서양루西洋樓를 설계했다.[13]

여의관에 소속된 예수회 선교사들은 건륭제를 위해 수많은 기록화를 그렸다. 예를 들자면, 카스틸리오네 · 아티레 · 지첼바르트 · 살루스티Jean-Damascène Salusti 등 네 명의 선교사들은 건륭제를 위해 청나라 군대가 1755년 서역에 있는 몽골 세력인 중가르를 평정한 것을 기념하여 16폭의 〈평정서역전도平定西域戰圖〉를 그렸으며, 이 그림은 다시 동판화로 제작되었다.[14]

여의관에서 활동했던 선교사들 가운데 건륭제가 시각정치학을 펼치는데 가장 큰 공헌을 한 이는 카스틸리오네이다. 그는 1688년에 이탈리아 밀라노에서 태어났다. 1707년에 예수회에 들어갔다. 처음에는 제노바에서 그리고 이후에는 포르투갈에서 예수회 수사로 교육을 받는 동안 그림에 뛰어난 소질을 보였으나 그의 주된 관심은 선교사가 되어 중국에서 포교하는 것이었다. 카스틸리오네는 1715년에 마카오에 도착했고, 곧이어 북경으로 들어갔다. 그때는 강희제의 치세 후반기였다. 카스틸리오네는 죽을 때까지 다른 예수회 선교사들과 함께 황궁에 머물며 유럽의 예술과 과학문명에 궁금해 하는 청나라 황제들에게 조언자의 역할을 충직하게 수행했다. 그는 강희제와 옹정제 그리고 건륭제를 위해 그림을 그렸고, 궁정화가들에게 서양화 기법을 전수했다. 카스틸리오네는 건륭제 시각정치학의 중심인 조판처의 여의관을 지휘하여 그의 동료 예수회 선교사들, 특히 아티레와 지첼바르트 그리고 그에게서 서양 화법을 배운 김곤金昆 · 진영가陳永價 · 정관붕丁觀鵬 · 정관학丁觀鶴 · 정량程梁 등 중국인 제자들과 함께 건륭제와 그의 제국을 그림으로 그렸다. 그는 또한 서양루의 설계에 참여하여 건륭제가 보편군주의 면모를 과시하는데 일조했으며, 청 제국 전체의 모습을 보여주는 지도 제작에 관여했고, 청나라가 중앙아시아의 투르케스탄과 중국 서남부 지역을 정복한 것을 기념하는 전쟁기록화를 그렸을 뿐만 아니라 이 기록화들을 파리에서 동판화로 제작할 수 있도록 도왔다. 그는 또한 유럽의 원근법과 사실주의 기법을 활용하여 건륭제의 다양한 모습들을 화폭에 담았다. 그가 1758년에 그린 〈건륭기마사열도乾隆騎馬查閱圖〉는 전형적인 보편군주의 모습을 보여주는 건륭제의 초상화이다. 카스틸리오네는 중국의 전통적인 수묵화와 서양화의 원근법과 명암 기법을 결합하는 탁월한 능력 덕에 강희제를 비롯하여 옹정제와 건륭제로부터 가장 총애받는 예수회 선교사로 남을 수 있었다. 카스틸리오네는 황제의 명을 받아 초상화와 전쟁기록화뿐만 아니라 조공을 통해 중국으로 들어온 외국의 희귀한 동물들과 황제가 아끼는 말들의 그림을 그렸다. 이러한 동물 그림들은 만주족 황제들에게 유목민족이라는 그들의 뿌리를 찬양하고, 만주 벌판을 떠나왔어도 만주족 전사로서의 용맹함을 잃지 않겠다는 그들의 염원이 반영되어 있다. 카스틸리오네는 서양화의 원근법과 명암 기법을 십분 활용하여 황제의 사랑을 받는 동물들을 거의 실물 크기로 사실적으로 그렸다.

2장

황제를 그리다

2장 황제를 그리다

● 옹정제의 코스프레

13개 잎의 화첩 그림으로 이루어진 〈윤진행락도책胤禛行樂圖冊〉은 다양한 모습으로 코스프레한 옹정제의 모습을 보여준다. 청나라의 다섯 번째 황제 옹정제雍正帝(재위 1722-1735)의 성명은 애신각라愛新覺羅 윤진胤禛(1678-1735)이다. 윤진은 그의 이름이다. 재위 기간이 60년이었던 아버지 강희제와 아들 건륭제에 비해 옹정제가 황제의 자리에 있었던 기간은 무척 짧았다. 윤진은 강희제의 넷째 아들이었다. 아버지 강희제는 35명의 아들을 두었다. 장자가 아니었음에도 불구하고 수많은 경쟁자들을 물리치고 1722년에 아버지의 뒤를 이어 황제의 자리에 오를 수 있었던 것은 탁월한 자기 관리 능력 덕분이었다. 영민한 강희제에게는 잔꾀가 통하지 않는다는 것을 너무나 잘 알고 있었던 윤진은 남 앞에 나서지 않았고 항상 차분하고 믿음직하게 행동했다. 아버지가 맡긴 일은 최선을 다해 충실히 완수했다. 그의 성실함으로 윤진은 강희제로부터 두터운 신임을 얻어 마침내 황위를 계승할 수 있었다.

이 화첩 그림을 소장하고 있는 북경고궁박물원은 이 그림의 제목을 〈윤진행락도〉라 했지만 그림의 제작 시기는 옹정제의 치세 기간이다. 정확한 제작 연대는 알 수 없다. 그림을 보자. a에서 옹정제는 활과 화

a

b

c

● 그림2.1 작자 미상. 〈윤진행락도胤禛行樂圖〉. 화첩. 비단에 채색. 34.9×31cm. 북경고궁박물원

살을 손에 쥐고 공작을 쏘려고 하는 몽골 무사의 모습을 하고 있다.

b에서 옹정제는 나무 위에 매달려 있는 검은 원숭이를 복숭아로 희롱하고 있는 사내의 모습으로 등장한다. 중국의 문화관습에서 복숭아와 관련이 있는 사내는 한나라 때 마법사인 동방삭東方朔이 있다. 그는 우주자연의 주기적 순환을 책임지는 여신인 서왕모西王母의 복숭아를 훔쳐 먹고 불로장생의 힘을 얻어 신선이 되었다. 옹정제는 동방삭의 모습으로 코스프레한 것이다.

c에서 옹정제는 강 언덕의 큰 바위 위에 앉아 있는 도사의 모습을 하고 있다. 옹정제는 불교 못지않게 도교를 숭상했다고 한다. 옹정제가 왼쪽 손에 들고 있는 것은 '불진拂塵'이라고 하는 먼지떨이다. 말꼬리나 사슴꼬리 같은 것으로 만든다. 주로 먼지를 떨거나 파리나 모기를 쫓는 용도로 쓴다. 여기서는 번뇌를 떨쳐버리는 것을 상징한다. 도사가 항상 몸에 지니고 다니는 기물이다. 바위 아래에 심한 파도 속에서 용이 몸을 드러내고 있다. 이 그림을 보면 당나라 때 시인 왕유王維(701-761)가 쓴 「향적사를 찾아서過香積寺」가 생각난다.

不知香積寺 향적사가 어딘지도 모르면서
數里入雲峰 구름 속으로 몇 리를 들어갔다.
古木無人逕 고목들 늘어선 인적 없는 길
深山何處鐘 깊은 산중 어디서 들려오는 종소리인가?
泉聲咽危石 샘물 소리는 높은 바위에 목메고
日色冷青松 햇살 색깔은 푸른 소나무에 차갑다.
薄暮空潭曲 저녁 어스름 빈 못 굽이에서
安禪制毒龍 좌선으로 독룡을 누른다.

시의 제목은 '향적사를 찾아서'인데 왕유는 향적사가 어디에 있는지도 모른 채 향적사를 찾아 나섰다. 그는 구름 속 인적 없는 길로 몇 리를 들어가 종소리를 듣는다. 종소리를 통해 왕유는 절이 멀지 않음을 알게 된다. 구름 속 산길을 걸어 어둠이 깔리기 시작할 때가 되어서야 향적사 앞에 있는 빈 못에 이르렀다. 왕유는 지금 인간세상에서 멀리 떨어진 고요함 속에 있다. 비어 있는 못. 왕유에게 '비어 있음'은 특별한 의미를 지닌다. 그의 시에는 빌 공空 자가 자주 등장한다. 주로 빈 산 '空山'이다. 비어 있는 산은 고요하다. 참선에 들기 좋다. 지금 왕유는 빈 못의 고요한 수면을 마주하고 있다. 참선을 통해 깨달음에 이르기 좋은 환경이다. 못은 또한 독룡이 몸을 웅크리고 있는 곳이다. 독기를 품은 위험한 독룡은 또한 인간의 번뇌를 의미한다. 이 독룡을 왕유는 좌선하며 누르고 있다.

d에서 옹정제는 호숫가에 앉아 졸고 있는 어부의 모습을 하고 있다. 고대 중국에서 자연에 은거하여 사는 것은 조정에서 관리로 봉사하는 것 이외에 정부가 인정하는 유일한 대안이었다. 위수渭水에서 낚시를 하다 주나라 문왕에게 발탁된 강태공 이후 어부로 사는 것은 아주 높은 평가를 받을 수 있는 은둔의 고상한 생활방식이었다. 자신의 고결함을 보전하면서 임금의 부름이나 좋은 시대가 오기를 기다리는 데 낚시만 한 것은 없었으리라. 사마천司馬遷은 『사기史記』 「굴원가생열전屈原賈生列傳」에서 어부로 사는 은사의 모습을 전국 시대 초나라 시인 굴원屈原과 관련한 이야기를 통해 들려준다.

> 굴원이 강가에 이르러 머리를 풀어헤치고 물가를 거닐면서 읊조리고 있었다. 그의 얼굴빛은 초췌하고 몰골이 마른 나무처럼 바싹 야위었다. 어부가 그를 보고 물었다.

d

e

f

g

● 그림2.1 작자 미상. 〈윤진행락도胤禛行樂圖〉. 화첩. 비단에 채색. 34.9×31cm. 북경고궁박물원

"그대는 삼려대부가 아니신지요? 어이하여 이곳까지 오셨습니까?"

굴원이 대답했다.

"온 세상이 혼탁한데 나만 홀로 맑고, 모든 사람들이 다 술에 취해 있는데 나만 홀로 깨어 있기에 쫓겨났소이다."

어부가 말한다.

"대체로 성인은 물질에 얽매이지 않고도 속세의 변화를 따를 수 있습니다. 온 세상이 혼탁한데 어이하여 그 흐름을 따라 그 물결을 타지 않으십니까? 모든 사람들이 다 술에 취했는데 어이하여 그 지게미를 먹고 그 밑술을 마시지 않으십니까? 어이하여 아름다운 옥과 같은 고결한 덕을 지니고 계시면서 스스로 내쫓기게 되셨습니까?"

굴원이 말한다.

"제가 듣기로 새로이 머리를 감은 자는 반드시 관의 먼지를 털어서 쓰고, 새로이 몸을 씻은 자는 반드시 옷의 티끌을 털어서 입어야 한다고 합니다. 사람이라면 그 누가 자신의 깨끗한 몸에 더러운 때를 묻히려 하겠습니까? 차라리 강물에 몸을 던져 물고기 뱃속에서 장사를 지내는 편이 낫지 않겠습니까? 또 어찌 희디흰 깨끗한 몸으로 속세의 더러운 티끌을 뒤집어쓰겠습니까?"

e에서 옹정제는 눈 내린 산속 동굴에서 좌선하고 있는 티베트 라마승으로 코스프레했다. 이 그림에는 티베트인들에게 그가 티베트 불교를 열렬히 숭상하는 군주라는 사실을 보여주고 싶은 욕구가 반영되어 있다. 옹정제는 독실한 불교 신자였다. 어릴 때부터 불교 경전을 열독했다. 즉위하기 전에는 왕부王府에서 거행하는 법회에서 선정禪定과 티베트 밀교의 수행방법인 밀법密法을 수련했는데, 고승 성음性音(1671-1726)과 홍소弘素 그리고 내몽고 지역 라마교 겨노파格魯派의 활불活佛인 2세 장

가二世 章嘉의 가르침을 받았다. 즉위한 뒤에도 궁중에서 법회를 열어 근신들과 황자인 홍력과 함께 선종을 공부했다. 옹정제는 이세 장가와의 관계가 매우 밀접했으며 그의 가르침을 받아 사제의 정을 나누었다. 옹정제가 라마승으로 코스프레하여 산속 동굴에서 좌선하고 있는 모습을 그린 이 그림은 티베트 불교에 대한 그의 깊은 애정을 보여준다.

f는 산 위에서 먼 곳을 바라보고 있는 몽골 귀족의 모습이다.

g에서 옹정제는 폭포를 바라보고 있는 한족 문인의 모습으로 등장한다. 문인이 폭포를 바라보는 것은 남송 때 화원화가인 마원馬遠(1190-1225 활동)이 그린 화첩 그림인 〈고사관폭도高士觀瀑圖〉에서 볼 수 있듯이, 한족 문인들에게 보편적으로 공유되는 문화관습이다.

h에서 옹정제는 바위에다 시를 쓰고 있다. 바위에 무언가를 쓰는 행위를 '제벽題壁'이라고 한다. 제벽에 관한 한족 중국인들의 문화관습은 북송 때인 1087년 늦은 봄 소식蘇軾(1036-1101)을 비롯한 당시 최고의 명사였던 16명의 문인들이 왕선王詵의 서원西園에서 모인 '서원아집西園雅集'에서 시작되었다. 이 고상한 문인들의 모임을 기념하여 문인화가인 이공린李公麟(1049-1106)은 〈서원아집도西園雅集圖〉를 그렸고, 서화가인 미불米芾(1051-1107)은 「서원아집도기西園雅集圖記」를 썼다. 이 모임에서 바위에 글을 쓰는 제벽은 미불에 의해 행해졌다. 옹정제는 지금 미불의 제벽을 흉내 내고 있다.

i에서 옹정제는 한족 문인의 모습을 하고 앉아 흐르는 물소리에 귀를 기울이고 있다. 다음은 당나라 시인 이백李白(701-762)이 쓴 「방대천산도사불우訪戴天山道士不遇」라는 시이다.

犬吠水聲中　물소리 가운데 개 짖는 소리 들리고
桃花帶雨濃　복사꽃이 비에 젖어 짙다.

樹深時見鹿 이따금 숲 깊숙이 사슴 보이고
溪午不聞鐘 정오가 되어도 계곡에는 종소리도 들리지 않는다.
野竹分青靄 거친 대나무가 푸른 아지랑이를 가르고
飛泉挂碧峰 하늘 나는 샘물은 푸른 봉우리에 걸려 있다.
無人知所去 아무도 그대 간 곳을 모르니
愁倚兩三松 시름 겨워 두세 그루 소나무에 몸을 기댄다.

한족 중국인들의 문화관습에서 복사꽃은 동진東晉 때 전원시인 도연명陶淵明(365-427)의 복사꽃 핀 샘터에 관한 이야기인 「도화원기桃花源記」와 연결된다. 중국인들에게 복사꽃 핀 샘터는 유토피아이다. 위 시에는 이백은 무릉武陵의 어부와 마찬가지로 복사꽃에 맺힌 이슬이 떨어져 만든 개울물을 따라 친구가 사는 복사꽃 핀 샘터를 찾아왔다. 흐르는 물소리에 귀를 기울이고 있는 옹정제는 복사꽃 핀 샘터에 관한 문화관습을 알고 있다.

j에서 옹정제는 대숲에 앉아 금琴을 연주하고 있는 한족 문인의 모습으로 코스프레했다. 이 그림에서 옹정제는 죽림칠현竹林七賢의 한 사람인 완적阮籍(210-263)을 흉내 내고 있다. 다음은 완적이 쓴 「영회시詠懷詩」이다.

夜中不能寐 밤중 잠 못 이루어
起坐彈鳴琴 일어나 앉아 금을 탄다.
薄帷鑒明月 엷은 휘장으로 밝은 달빛 비추고
清風吹我襟 맑은 바람은 내 옷깃으로 불어든다.
孤鴻號外野 외로운 기러기는 바깥 들판에서 울어대고
翔鳥鳴北林 나는 새는 북쪽 숲에서 우짖는다.

h

i

j

k

● 그림2.1 작자 미상. 〈윤진행락도胤禛行樂圖〉. 화첩. 비단에 채색. 34.9×31cm. 북경고궁박물원

徘徊將何見 배회하며 무엇을 바라보는가?

憂思獨傷心 근심스런 생각에 홀로 마음 아파한다.

완적은 자신이 공부한 유교의 이상적인 정치시스템으로 세상을 구제하겠다는 포부를 지녔던 전형적인 문인이었다. 그러나 그가 살았던 시대는 왕조가 교체되는 난세였다. 그래서 그는 당시의 암울한 정치상황과 자신의 포부 사이의 괴리에서 괴로워했다. 이 시에서 '밤중'은 혼란을 의미한다. 그가 잠 못 이루는 밤에 일어나 앉아 금을 연주한 것은 고뇌에 찬 마음을 풀기 위해서였다. 그런데 왜 거문고[琴]이어야 했을까? 한족 중국인들에게 거문고는 조화로운 소리를 내는 악기이다. 완적은 거문고를 연주함으로써 자연과 조화를 이루는 자신의 모습을 보여주려 했다. 자연과 조화를 이루는 것은 중국인들이 생각하는 자기 수양의 최고 경지다.

k에서는 산속 동굴 앞에서 유럽인의 옷차림을 하고 삼지창으로 웅크리고 그를 노려보고 있는 호랑이를 찌를 태세를 취하고 있는 옹정제의 모습을 발견하게 된다. 호랑이를 사냥하는 것은 청나라 초반 만주족 황제와 황자들 사이에 흔히 행해지던 일이다. 건륭제에게도 그가 호랑이를 사냥하는 모습을 묘사한 그림이 있다. 이 그림이 독특한 것은 그가 호랑이를 사냥하는 것이 아니고 그의 복장이다. 유럽인의 복장을 하고 가발을 쓰고 있는 옹정제의 모습이 꽤나 우스꽝스럽다. 한족과 만주족을 막론하고 옹정제 이전 그 누구도 자신의 모습을 이렇게 비춰지도록 시도한 중국의 통치자는 일찍이 없었다. 이름 모를 궁정화가가 옹정제의 동의 없이 하늘 같은 황제의 모습을 이렇게 해학적으로 표현할 수는 없었을 것이다.

l에서 옹정제는 부들방석을 지팡이에 걸어 어깨에 멘 수행자로 코

l

m

● 그림2.1 작자 미상. 〈윤진행락도胤禛行樂圖〉. 화첩. 비단에 채색. 34.9×31cm. 북경고궁박물원

스프레했다. 부들방석은 승려가 좌선할 때 깔고 앉는데 쓴다고 한다.

m에서 옹정제는 강가 바위 위에 서서 거세게 물결치는 강물을 바라보고 있는 한족 문인으로 코스프레했다. 그가 쓰고 있는 새빨간 모자가 이채롭다. 이 그림에 담겨 있는 의미를 파악하기가 쉽지 않다. 한족 문인, 출렁대는 강물, 바라봄 그리고 기러기를 단서로 삼아 이 그림을 해독해보자. 기러기는 철새다. 이 새는 이동할 때 '대장' 기러기의 통제 아래 V자 대형을 이루며 질서정연하게 날아간다. 이러한 기러기의 모습은 그래서 질서와 조화, 특히 위계질서의 이미지를 지닌다. 철새인 기러기는 불변의 스케줄에 의해 움직인다. 봄에는 북쪽으로 날아가고, 가을에는 남쪽으로 날아온다. 한족 문인들이 쓴 시 가운데 기러기를 주제로 다룬 작품이 많다. 그 이유가 무엇일까? 다음은 당나라 시인 두보杜甫(712-770)가 쓴 「돌아가는 기러기[歸雁]」라는 시이다. 이 시를 통해 그 의문을 풀어보자.

萬里衡陽雁 만 리 형양의 기러기는
今年又北歸 올해도 북쪽으로 돌아가는구나.
雙雙瞻客上 짝 이루며 나그네 바라보곤 날아오른다.
一一背人飛 한 마리 또 한 마리 사람을 뒤로하고 날아간다.
雲裏相呼疾 구름 속에서 서로 부르며 재촉하니
沙邊自宿稀 모래사장에서 밤 지새는 건 드물다.

형양衡陽은 호남성 상강湘江 유역에 있는 도시다. 중국의 정치 중심인 북쪽은 왕이 있는 곳이다. 그래서 북쪽으로 날아가는 기러기는 남쪽에 유배되었다가 다시 임금의 부름을 받고 왕을 보필하기 위해 그가 있는 북쪽을 향해 가는 문인관료를 상징한다. 그래서 '북쪽으로 돌아가는 기러기'는 북쪽 왕을 보필하는 '무리'에서 배제되어 멀리 남쪽에서 방랑하는 시인 두보와 대조를 이룬다. '갈 곳 있는' 기러기의 이동과 '갈 곳 없는' 시인의 방랑. 멀리 날아갈 수 있는 자유로운 기러기와 무리에서 소외되어 홀로 남은 시인. 이 시에는 임금 계신 장안으로 돌아가고픈 시인의 갈망이 깊이 배어 있다. 봄이 되어 북쪽으로 날아가는 기러기에 반해 가을에 북쪽에서 남쪽으로 날아와 긴 모래사장 위로 '내려오는 기러기'는 억울하게 남쪽에 유배된 문인에 비유된다. 중국의 남쪽 지방 소수瀟水와 상강湘江이 만나는 지역은 예로부터 수많은 문인들이 유배되었던 곳이다. 그래서 '소상瀟湘'은 유배의 이미지와 연결된다. 옛 중국의 문인들은 소상의 아름다운 경관 8곳을 골라 '소상팔경瀟湘八景'이라 했다. 소상팔경 가운데 '평사낙안平沙落雁'이라는 경관이 있다. 평활한 긴 모래사장에 기러기가 내려앉는다는 뜻을 지닌 경관이다. 가을에 북쪽에서 남쪽으로 날아온 기러기들이 모래사장에 내려앉는 것은 남쪽으로 유배온 불우한 문인과 연결된다. 소상은 전국 시대 초나라 땅이다. 초나라 시인 굴원屈原은 한족 문인들에게 출중한 능력과 임금에 대한 충절한 마음을 지녔지만 임금이 자신을 알아주지 않아 뜻을 펴지 못하는 불우한 문인의 대명사다. 굴원은 초나라의 왕족 출신으로 외교에 탁월한 능력을 발휘하여 왕으로부터 각별한 신임을 받았다. 이 때문에 다른 신하들의 미움을 받아 그들의 참언으로 추방당했다. 임금에 대한 충절한 마음을 견지했으나 그로부터 버림받은 후 실의에 빠져 강호를 방황하던 굴원은 자신의 뜻을 펼칠 수 없음을 깨닫고 바위를 껴안고 멱라강汨羅江에 몸을 던졌다. 그 뒤 50년도 채 되지 않아 초나라는 당시 강대국이던 진秦나라에 의해 멸망했다. 초나라의 평활한 모래사장으로 내려오는 기러기 '낙안落雁'은 굴원처럼 곧고 뛰어난 인재가 부당하게 유배되었음을 은유적으로 표현한 것이다. 이것이 한족 문인들이 공유한 '평사낙안'에 관한 문화관습이다. 옹정제는 기러기와 관련된 한족 문인들의 문화관습을 공유했을 것으로 보인다.

이 화첩 그림에서 가장 많이 등장하는 것이 한족 문인의 차림을 하고 있는 옹정제의 모습이다. 청나라 만주족 정부는 만리장성을 넘어 중국으로 들어온 뒤로 자신들이 급속하게 한화漢化되는 것을 방지하기 위해 만주족이 한족 복장을 하는 것을 금지했다. 그럼에도 옹정제는 이 일련의 화첩 그림들에서 문인, 촌부, 도사 등 다양한 캐릭터로 코스프레하여 한족 옷차림을 하고 있을 뿐만 아니라 몽골족과 티베트족 복장 심지어 르네상스 후기와 신고전주의 시기 유럽인의 옷차림을 하고 있다.

그림을 찬찬히 살펴보면 그림마다 동물이 있는 것을 발견하게 된다. 그림 속에 등장하는 대부분의 동물들이 길상吉祥과 관련이 있다. 그림 i에 미불의 모습으로 코스프레한 옹정제와 함께 있는 사슴은 장수와 복록을 표상하는 동물이며, g에서 폭포를 바라보고 있는 옹정제와 함께한 붉은색 박쥐는 복을 상징한다. d에서 호숫가에서 졸고 있는 옹정제의 뒤에서 날쌔게 움직이는 오소리는 행복을 뜻하는 길상의 동물이다. 오소리를 중국어로 '환獾'이라고 하는데 발음이 기쁠 '환歡'과 같다.

옹정제는 무슨 생각으로 이 화첩 그림의 제작을 명했을까? 만주족 아래 여타 민족들을 모두 아우르는 다민족 국가를 다스리는 통치자의 면모를 보여주겠다는 계산된 정치적 의도가 숨겨져 있는 문화정책의 일환으로 볼 것인가? 아니면 예수회 선교사들을 통해서 알게 된 유럽의 가장무도회에 고무되어 기분전환을 위해 재미 삼아 만들어본 것인가? 두 가지 모두 가능하다.

● 매화 가지로 천하를 넘겨주다

건륭제는 〈평안춘신도平安春信圖〉라는 제목의 족자 그림 오른쪽 상단에 황금 글씨로 오언절구의 제화시를 썼다. 그 끝머리에 적혀 있는 건륭제의 글씨 '임인모춘어제壬寅暮春御題'를 보면 건륭제가 이 그림에 제화시를 쓴 것은 그가 72세 되던 해인 1782년(건륭47) 늦은 봄이다. 제화시를 보자.

寫真世寧擅 초상화에서 세녕이 솜씨를 발휘하여
績我少年時 내 어렸을 적에 날 그려주었지.
入室皤然者 방으로 들어오는 백발은
不知此是誰 이 사람이 누군지 알지 못하네.

'세녕世寧'은 카스틸리오네의 중국 이름이다. 이 제화시는 건륭제가 1736년에 황제의 자리에 오르기 전에 두 사람이 각별한 관계를 맺고 있었음을 말해준다. 카스틸리오네는 1715년에 궁에 들어와 죽을 때까지 50년 동안 충직하게 청나라 황제들을 위해 그림을 그렸다. 어느덧 칠순이 넘은 노인이 되어버린 건륭제는 덧없이 흘러간 세월을 못내 아쉬워하며 15년 전에 세상을 떠난 자신의 오랜 벗이었던 카스틸리오네가 빼어난 솜씨를 발휘해 자신의 모습을 그려주었던 옛일을 회상했다.

건륭제가 제화시에서 "세녕이 솜씨를 발휘했다"고 평한 것은 카스틸리오네가 그림 속 두 인물을 너무나도 사실적으로 그려냈음을 높이 산 것이다.

그림을 보자. 오른쪽에 서 있는 젊은 사람은 홍력弘曆이다. 프롤로그를 읽은 독자라면 홍력이 건륭제의 이름이란 걸 단번에 알 것이다. 젊

● 그림2.2 카스틸리오네. 〈평안춘신도平安春信圖〉. 족자. 종이에 채색. 68.8×40.8cm. 북경고궁박물원

은 홍력은 위엄 있는 모습으로 꼿꼿하게 서 있는 나이 든 사람 옆에 살짝 허리를 굽힌 채 어정쩡하게 서 있다. 나이 든 사람은 매화 가지를 홍력에게 건네주고 있고, 홍력은 공손하게 그 가지를 받으며 존경의 눈빛으로 그를 우러러 보고 있다. 허리를 굽히고 있는 자세, 상대적으로 낮은 키, 존경스럽게 바라보는 눈빛 등은 이 두 사람 사이에 존재하는 주종 관계를 말해준다. 나이 든 사람은 홍력의 아버지인 옹정제다. 카스틸리오네는 현재의 황제와 미래의 황제가 나란히 서 있는 모습을 한 폭의 그림에 담았다.

두 사람의 생김새와 옷차림 그리고 머리 모양이 모두 똑같다. 심지어 이 두 사람의 뒤에 배경으로 서 있는 두 그루의 대나무조차 서로 닮았다. 두 사람의 머리 모양과 옷은 모두 한족 문인들을 모방했다. 옹정제와 건륭제가 한족 문인의 차림새를 하고 있는 모습을 그린 이 그림은 어진御真과는 확연히 다르다. 어진은 면류관이나 통천관을 쓰고 누런빛이나 붉은빛 비단에 가슴과 등과 양쪽 어깨에 용의 무늬를 수놓은 곤룡포를 입은 채 어떠한 움직임이나 표정 없이 정면을 바라보고 있는 근엄한 황제의 모습을 그림에 담는다. 그런데 카스틸리오네가 그린 이 그림은 어진이 아니다. 〈평안춘신도〉는 북경에 있는 자금성紫禁城의 양심전養心殿에 위치한 건륭제의 서재인 삼희당三希堂의 벽에 걸려 있었다. '삼희三希'는 '선비 가운데 어진 이가 드물다. 어진 이들 가운데는 성인이 되는 자가 드물다. 성인 가운데는 하늘을 아는 이가 드물다.[士希賢, 賢希聖, 聖希天.]'라는 말에서 따왔다. 다시 그림 이야기로 돌아가자. 어진은 황제의 사적 공간에 전시하지 않는다. 엄숙하기 그지없는 종묘에 보관한다. 카스틸리오네가 그린 그림처럼 격식에 얽매이지 않고 그린 황제의 초상화를 '행락도行樂圖'라고 한다. 비공식적인 황제의 모습을 그린다고 해서 궁정화가가 제 임의대로 그릴 수 있는 것은 아니다. 황제들, 특히 건륭제는 궁정화가의 작업을 엄밀하게 관리했다. 궁정화가들은 밑그림을 그려 건륭제의 검사를 받고 나서야 비로소 본격적인 작업에 들어갈 수 있었다. 행락도 또한 어진과 마찬가지로 궁정화가에겐 진지하게 임해야 할 작업이었다.

〈평안춘신도〉에서 두 명의 만주족 황제는 그들 고유의 만주족 의상을 입지 않고 한족 차림으로 코스프레했다. 청나라 만주족 통치자들은 복식에 대해 엄격했다. 청나라를 건국할 때부터 만주족 통치자들은 한족 중국인들에게 만주족 복식을 강요했다. 특히 머리 모양에 대한 강요가 더욱 심하여, 만주족 정부는 청나라의 모든 백성들에게 만주족의 머리 모양인 변발로 바꾸도록 했다. 그러한 만주족 통치자인 옹정제와 건륭제가 한족의 전통적인 의상을 입고 있는 자신들의 모습을 초상화로 그리게 한 의도는 무엇일까?

〈평안춘신도〉가 걸려 있던 삼희당은 건륭제의 내밀한 사적 공간이다. 중국 역사상 가장 진귀한 예술품들이 소장된 곳으로, 건륭제는 여기에서 옛 그림들을 감상하고 제화題畫했다. 건륭제는 수차례에 걸쳐 역대 대가들의 명첩을 찾아 중국 전역을 뒤진 끝에 건륭 11년인 1746년에 동진東晉 때 저명한 서예가들인 왕희지王羲之(303-361)의 〈쾌설시청첩快雪時晴帖〉, 왕헌지王獻之(344-386)의 〈중추첩中秋帖〉 그리고 왕순王珣(349-400)의 〈백원첩伯遠帖〉을 손에 넣어 삼희당에 두고 애지중지하며 수시로 완상했다.

건륭제는 한족이 아닌 만주족이다. 이민족으로 한족의 나라를 다스렸다. 만주족 황제가 한족의 옷을 입음으로써 피상적이나마 이방인임을 거부하고 한족 중국인의 문화유산을 소유하고 감상할 수 있는 권리를 정당하게 주장할 수 있다.

이 그림에서 보여주고자 하는 두 사람의 관계에서 가장 중요한 측면은 '전달'이다. 이것은 옹정제가 홍력에게 매화 가지를 건네주는 행위에서 상징적으로 나타난다. 그림의 제목에 포함되어 있는 '춘신春信'은 '봄소식'을 뜻한다. 매화가 피는 것은 봄이 왔음을 알려주는 신호이다. 중국인들의 의식 속에 매화는 봄이 왔음을 가장 먼저 알려주는 꽃으로 자리 잡고 있다. 그래서 매화는 새로운 시작을 상징한다.

옹정제가 그의 아들 홍력에게 건네주고자 했던 것은 무엇이었을까? 옹정제는 6살 때부터 아버지 강희제와 스승의 엄격한 보살핌 아래 사서오경을 공부했다. 그는 어린 나이에 시도 곧잘 지었다. 조금 자라서는 아버지 강희제를 따라 불교의 성지인 오대산五台山과 중국 경제와 문화 중심지인 강남江南 그리고 중국의 젖줄인 황하黃河를 돌아보았다. 16살에는 셋째 형과 함께 산동성 곡부曲阜에 있는 공자사당[孔廟]에 가서 공자에게 제를 올리기도 했다. 옹정제는 정통 유학인 정주이학程朱理學을 중시했고, 한족 중국인들의 민간 종교인 도교와 불교를 숭상했다. 옹정제는 한족 중국인들을 본받으려고 노력했다. 건륭제는 중국 문화 전통의 수호자를 자임하는 옹정제의 뒤를 이어 수많은 예술품들을 수집했다. 건륭제는 열렬한 골동품 애호가이다. 그는 열정적으로 예술품을 수집했지만 골동품 수집을 결코 취미생활의 일환으로 생각하지 않았다. 그에게 골동품 수집은 다분히 정치적인 행위였다.

삼희당의 벽면에는 건륭제가 직접 쓴 '삼희당三希堂' 편액 글씨가 걸려 있다. 그 양옆에 또한 건륭제가 쓴 대련 "고금을 아울러 보겠다는 생각을 가슴에 품고, 마음을 다하여 필묵에 기탁한다.[懷抱觀古今, 深心託豪素.]"가 나란히 걸려 있다. "고금을 아울러 보겠다는 생각을 가슴에 품고[懷抱觀古今]"는 사령운謝靈運(385-433)이 쓴 시 「재중독서시齋中讀書詩」에서, "마음을 다하여 필묵에 기탁한다[深心託豪素]"는 안연지顔延之(384-456)가 쓴 시 「향수시向秀侍」에서 인용했다.

〈평안춘신도〉에서 매화를 통해 옹정제가 어린 홍력에게 건네주려고 한 것은 중국 통치권이다. 옹정제에게는 10명의 아들이 있었지만 그가 권력을 물려주고 싶었던 아들은 바로 홍력 한 사람이었다. 옹정제가 홍력에게 지어준 호는 장춘거사長春居士이다. 봄은 재생을 상징한다. 겨울이 지나고 봄이 오면 만물이 다시 태어나듯이 옹정제는 홍력에게 천하를 다스리는 권한인 천명을 넘겨주려는 것이다. 그러나 옹정제는 이러한 그의 마음을 공공연하게 드러낼 수 없었다. 그가 어떤 아들을 후계자로 선택했는지는 그 어느 누구도 알게 해서는 안 되었다. 그는 기발한 방법을 생각해냈다. 후계자의 이름을 적은 종이를 봉인하여 건청궁乾清宮 옥좌 위의 '정대광명正大光明' 편액 뒤에 두었다가 자신이 죽으면 꺼내어 후계자를 결정하게 하는 독특한 후계 제도를 만들어냈다.

그의 의중을 다른 사람들이 아는 것을 원하지 않았던 옹정제가 자신의 심중을 드러내 보이는 그림을 그리게 했을 리 만무하다. 이 그림은 홍력이 옹정제의 뒤를 이어 왕위에 오른 뒤에 카스틸리오네에게 의뢰했을 것이다. 카스틸리오네는 그림의 배경색으로 푸른색과 초록색을 사용했다. 음양오행에서 푸른색과 초록색은 동쪽에 해당하는 색이다. 동쪽은 또한 봄과 연결되어, 새롭게 시작되는 통치의 안정과 번영을 상징한다. 두 사람의 뒤에 있는 탁자 위에 놓여 있는 물건들은 이러한 상징성을 뒷받침한다.

● 한족 문인으로 코스프레한 건륭제

이 그림(그림2.3) 속 주인공은 한족 문인의 모습을 하고 있는 건륭제이다. 그는 산수화가 그려져 있는 대형 병풍 앞에 있는 평상 위에 앉아 있다. 시종이 허리를 굽혀 차를 따르고 있고, 건륭제는 자신의 주변에 놓여 있는 골동품들을 감상하고 있다. 이 두 사람 사이에 있는 병풍에는 평상에 앉아 있는 건륭제와 똑같은 모습을 하고 있는 건륭제의 초상화가 걸려 있다. 병풍과 마찬가지로 그림 속에 있는 그림이다. 초상화의 건륭제는 평상에 앉아 있는 건륭제와 정반대의 방향을 바라보고 있다. 마치 '미러 이미지mirror image'를 보고 있는 것 같다. 이 구도는 타이베이 고궁박물원이 소장하고 있는 송나라 때 그림 〈인물人物〉을 그대로 모방하고 있다. 병풍과 평상의 배치, 허리를 굽혀 차를 따르고 있는 시동의 모습, 초상화와 평상 위 인물이 시선이 향하고 있는 방향, 양손에 붓과 종이를 들고 오른쪽 신발을 벗어 놓은 위치까지 완벽하게 똑같다. 달라진 것이라곤 송나라의 이름 모를 문인에서 문인들이 평상시에 쓰던 네모난 모양의 방건方巾에 도포를 입고 문인의 모습을 하고 있는 건륭제로 인물이 바뀐 것뿐이다. 이 〈인물〉 그림은 타이베이고궁박물원에 소장되기 전에는 청나라 황궁이 소유하고 있었다. 이 그림에는 '건륭어람지보乾隆御覽之寶'라는 낙관이 찍혀 있다. 1745년에 건륭제는 그가 소장하고 있던 서화 작품들의 목록을 작성하면서 자신이 오래 전부터 갖고 있던 이 그림을 다시 꺼내 보게 되었는데, 초상화 속에 초상화가 있는 이 그림의 독특한 구도가 마음에 들어 이 작은 화첩 그림을 큰 화폭에 옮겨 놓으면 좋겠다는 생각에 정관붕丁觀鵬 등 궁정화가들에게 명하여 이 그림과 같은 구도로 그림을 그리게 했는데, 건륭제는 여기에 덧붙여 화첩 그림 속 송나라 문인과 그의 초상화가 들어갈 자리에 자신의 모습과 얼굴을 그려 넣을 것을 주문했다. 그래서 탄생한 것이 〈시일시이도是一是二圖〉이다. 원래는 병풍이나 벽에 붙이는 그림인 이른바 '첩낙貼落'의 형태로 제작되었는데 뒤에 다시 족자로 표장했다. 북경고궁박물원은 현재 4점의 〈시일시이도〉를 소장하고 있다. 가장 오래된 것은 지금 우리

● 그림2.3 작자 미상. 〈시일시이도是一是二圖〉. 족자. 종이에 수묵담채. 61.2×118cm. 북경고궁박물원
● 그림2.4 작자 미상. 〈인물人物〉. 명대 초반. 14-15세기. 화첩. 비단에 수묵채색. 29×27.8cm. 타이베이고궁박물원

가 보고 있는 그림이다. 이름 모를 궁정화가가 그린 그림으로 건륭제가 '장춘서옥長春書屋'이라 서명했다. 건륭제는 제화했던 장소의 이름을 서명으로 사용했다. '장춘서옥'은 건륭제가 1746년 이전에 사용하던 서명인데, 건륭제의 서재 이름이다. 건륭제가 황자皇子였던 시절 아버지 옹정제가 원명원의 구주청안九洲淸宴 별실에서 법회를 열고 홍력에게 '장춘거사長春居士'라는 호를 지어 주었는데, 이후로 건륭은 '장춘長春'을 넣어 자신의 서재 이름을 지었다. 이 그림은 4점의 그림 가운데 가장 사실적으로 그렸다. 두 번째 그림은 1750년경에 그린 것으로 '양심전養心殿'이라고 쓴 건륭제의 서명이 있다. 세 번째 그림은 '나라연굴那羅延窟'이라 서명한 것으로 앞의 두 그림보다 훨씬 뒤에 제작되었다. '나라연굴'은 『화엄경』에 나오는 말로, 건륭제가 흠모했던 명나라(1368-1644) 때 고승 감산덕청憨山德淸(1546-1623)의 서재 이름이기도 하다. 네 번째 그림은 첫 번째 그림과 마찬가지로 '장춘서옥'이라 쓴 건륭제의 서명이 들어 있다. 네 번째 그림에는 산수화가 그려진 병풍이 있는 첫 번째 그림과 달리 병풍에 매화가 그려져 있다. 이 그림은 1780년에 제작된 것으로 추측된다.[1] 〈시일시이도〉가 여러 장 남아 있는 이유에 대해 학자들은 낡은 그림을 새 그림으로 교체하기 위해서 그리했을 것이라 추측한다. 그림의 오른쪽 상단에는 건륭제가 쓴 제화시가 적혀 있다.

是一是二 하나인가? 둘인가?
不卽不離 가깝게 있지도 떨어져 있지도 않았다.
儒可墨可 유가가 될 수도 묵가가 될 수도 있지.
何慮何思 고민하거나 생각할 게 뭐 있을까?

건륭제가 왜 초상화 속에 초상화가 있는 구도를 좋아하고 이러한 수수께끼 같은 시를 지었는지가 궁금하다. 1740년대 초반에 건륭제는 티베트 불교, 특히 용수龍樹의 중관론中觀論을 근본으로 한 중관파中觀派[Madhyamika] 불교에 심취했다. 중관파는 유와 무의 구별이 상대적이며, 진실은 공空이라고 함을 그 교의의 중심으로 한다. 1742년에 건륭제는 티베트어로 된 『조상양도경造像量度經』을 중국어로 번역하게 했는데 이 경전에는 문답의 형식으로 중관파의 교리를 설명하고 있다. 다음은 그 서문에 나오는 말이다.

"부처는 형상이 있습니까?"
"부처는 형상이 있습니다."
"부처는 형상이 없습니까?"
"부처는 형상이 없습니다."
"부처가 형상이 있는 가운데 형상이 없을 수 있는지요?"
"그렇습니다."
"부처가 형상이 없는 가운데 형상이 있을 수 있는지요?"
"그렇습니다."
"부처가 어떻게 형상이 있을 수 있는지요?"
"중생이 형상이 있으니 부처에게 어찌 형상이 없을 수 있겠습니까?"
"부처의 형상과 중생의 형상은 하나입니까 아니면 둘인지요?"
"하나도 아니고 둘도 아닙니다."

問, 佛有相耶. 答, 佛有相. 問, 佛無相耶. 答, 佛無相. 問, 佛有相之中無相耶. 答, 然. 問, 佛無相之中有相耶. 答, 然. 問, 如何是佛有相. 答, 衆生有相佛焉無相. 問, 佛相衆生相, 一耶二耶. 答, 不一不二.[2]

건륭제가 「시일시이도」에 쓴 시의 첫 구절 "하나인가 둘인가?"는 위의 서문에서 따온 것임을 알 수 있다. 그림 속 좌우 대칭을 이루고 있는 두 개의 똑같은 건륭제 초상은 건륭제가 취하고 있는 두 개의 서로 다른 정치적 정체성 또는 정책을 표상하고 있다고 볼 수 있다. 시에서도 밝히고 있듯이, 건륭제는 하나의 정책은 유가적 길을 걷고, 또 다른 하나는 묵가를 옹호하는 정책을 펼칠 수 있다는 것이다.

송나라 그림 속 문인의 경우와 마찬가지로 건륭제는 온갖 골동품들로 둘러싸여 있다. 상商나라 때 제작된 청동기 고觚로부터 옥으로 만든 원판형의 벽璧, 청동 향로, 분재, 왕망王莽(재위 9-23)의 명에 의해 제작된 청동기 '가량嘉量' 그리고 명나라 선덕宣德(1426-1435) 연간에 제작된 청화백자 등 건륭제의 주위에는 그가 수집한 갖가지 진귀한 골동품들이 놓여 있다. 이러한 골동품들은 건륭제 왼쪽 옆에 놓여 있는 책 그리고 여의如意와 함께 한족 문인의 고아한 취향을 나타내 주는 장식물들이다. 골동품을 감상할 수 있는 안목은 문인이 갖추어야 할 문화적 소양이다. 건륭제가 손에 들고 있는 종이와 붓, 그의 주위를 둘러싸고 있는 골동품, 그가 쓴 제화시 등은 그가 한족 문인들과 마찬가지로 고상한 품격을 지닌 통치자임을 보여주는 것이다.

● 건륭제의 행락도

현재 북경고궁박물원에 소장되어 있는 〈건륭황제궁중행락도乾隆皇帝宮中行樂圖〉는 궁정화가 김정표金廷標가 건륭제의 명에 의해 그린 그림이다. 현재는 족자로 표장되어 있지만 원래는 벽화 또는 병풍으로 제작되었다. 그림의 오른쪽 상단에 쓴 제화에 따르면 1763년 봄에 그린 것이다. 그림의 배경은 가파른 절벽으로 둘러싸인 협곡이다. 많은 양의 시냇물이 계곡 아래로 세차게 흐른다. 시냇물이 흘러나오는 샘터 바위 가까이에 세워진 아름다운 누각 위에는 건륭제가 난간에 왼팔을 기댄 채 한족 복장을 한 5명의 젊은 여인들 그리고 그들 뒤로 수행원들이 다리를 건너오고 있는 모습을 내려다보고 있다. 이 그림이 의미하는 것이 과연 무엇일까? 그림 속 주인공인 건륭제는 그림의 오른쪽 상단에 직접 쓴 장편의 제화시를 통해 그림의 배경에 관한 이야기를 상세히 전해준다.

高橋重巒石逕紆	높은 다리, 겹겹이 쌓인 산, 굽은 돌길.
前行回顧後行呼	앞서 가는 이는 고개를 돌아보고 뒤에 오는 이는 호응한다.
松年粉本東山趣	유송년劉松年이 그린 동산東山의 아취를
摹作宮中行樂圖	본떠 궁중행락도를 그렸다네.
小坐溪亭清且紆	잠시 시냇가 정자에 앉아 있노라니 물은 맑고 굽이친다.
侍臣莫謾襍傳呼	시종들은 기민하게 전갈한다.
閼氏未備九嬪列	"연씨閼氏는 구빈九嬪의 대열을 다 갖추지 못했습니다."
較勝明妃出塞圖	이것이 〈명비출새도明妃出塞圖〉보다 낫지 않은가?
幾閑壺裡小游紆	종종 한가로이 항아리 속에서 잠시 노닐며 감돌았네.
憑檻何須清歸呼	난간에 기대어 있노라니 돌아갈 필요가 있을까?
詎是衣冠希漢代	어찌 의관이 한나라 때 것 드물다 하겠는가?
丹青寓意寫為圖	단청에 마음을 담아 그림을 그렸다네.
瀑水當軒落泊紆	폭포수는 처마에 떨어져 감돌아 흐르고
岩邊馴鹿可招呼	바위 곁 순록은 부를 수 있다네.

林泉寄傲非吾事 숲속 샘터에 오만한 마음을 기탁하는 것은 내 일이 아니라네.
保泰思艱懷永國 태평함을 지키고 어려웠을 때를 기억하여 나라를 영원하게 할 것을 생각한다.

한족 문인들을 흠모했던 건륭제는 시 쓰기를 무척 좋아했다. 그가 지은 시의 양이 참으로 엄청나다. 무려 4만 2천 수가 넘는다. 그런데 불행히도 건륭제는 시 잘 짓는 재주는 타고나지 않아 잘 쓴 시는 별로 없어 보인다. 이 그림에서도 건륭제는 장편의 시를 써 놓았다. 그가 그림 상단의 작지 않은 부분을 할애하여 지은 시는 우리에게 왜 옹정제와 그가 '행락도'에 집착했는지를 짐작하게 하는 실마리를 제공한다.

유송년劉松年(대략 1155-1218)은 남송 때 저명한 궁정화가였다. 유송년의 그림은 문인화적 요소가 강하다. 건륭제는 김정표에게 유송년의 그림을 모방하여 이 그림 〈궁중행락도〉를 그리게 했는데, 현존하는 유송년의 그림들을 살펴보면 북경고궁박물원에 소장되어 있는 〈사경산수도四景山水圖〉가 이 그림과 많이 닮아 있다.

연씨閼氏는 흉노 선우單于의 비妃이다. 명비明妃는 한나라 원제元帝(재위 기원전 49-기원전 33) 때 궁녀였던 왕소군王昭君(대략 기원전 52-기원전 15)을 가리킨다. 왕소군은 여포呂布가 사랑한 여인 초선貂蟬, 월나라 미인 서시西施, 당 현종의 연인 양귀비楊貴妃 등과 함께 중국인들이 중국 4대 미인으로 꼽는 절세미인이다. 『서경잡기西京雜記』에 의하면, 한 원제는 수많은 궁녀들을 일일이 볼 수 없어 화공인 모연수毛延壽에게 궁녀들의 얼굴을 그림으로 그리게 하여, 그림을 보고 마음에 드는 그림 속 여인을 불러 총애했다고 한다. 원제의 총애를 받기 위해 궁녀들은 모연수에게 뇌물을 주어 자신의 모습을 예쁘게 보이도록 부탁했으나 뛰어난 용모를

● 그림2.5 김정표金廷標. 〈건륭황제궁중행락도乾隆皇帝宮中行樂圖〉.
1763. 족자. 비단에 채색. 168×320cm. 북경고궁박물원

지닌 왕소군만이 이를 거부했기에 모연수는 왕소군의 초상화를 추녀로 그렸다. 기원전 33년에 흉노의 왕 호한야가 한나라와 혼인 화친을 청하자 한나라는 왕소군을 흉노에 시집보내기로 결정했는데 왕소군이 흉노에 시집가는 날 원제는 왕소군의 용모를 처음 보고 크게 놀랐다. 그는 왕소군을 흉노로 보내고 싶지 않았지만 이미 결정된 일이라 돌이킬 수 없었다. 〈명비출새도〉는 비운의 여인 왕소군이 흉노로 시집가는 장면을 그린 그림이다. 그런데 건륭제는 왜 갑자기 왕소군에 관한 이야기를 언급한 걸까? 왕소군은 한족 문인들이 글을 지을 때 즐겨 쓰는 테마이다. 절세의 미모를 지녔지만 악덕 화가 모연수로 인해 임금의 총애를 받지 못하고 구중궁궐에 외로이 지낸 궁녀 왕소군은 고결한 인품과 출중한 능력을 지녔지만 자신을 알아주는 임금을 만나지 못한 불우한 문인과 동질화된다. 문인들은 왕소군을 통해 자신의 이야기를 할 수 있다.

건륭제가 종종 노닌 항아리 속 세계[壺中天地]는 신선이 사는 유토피아이다. 범엽范曄(398-445)이 쓴 『후한서後漢書』 「방술전方術傳」에 다음과 같은 이야기가 나온다. 시장을 관리하는 관원이던 비장방費長房이라는 사람은 어느 날 우연히 이상한 광경을 목격했다. 시장에는 약을 팔며 살아가는 노인이 있었는데, 그는 항상 가게의 한 모퉁이 기둥에다 항아리 하나를 걸어두고는 시장이 파하면 그 항아리 속으로 훌쩍 뛰어 들어가는 것이었다. 시장 사람들은 보지 못했지만 비장방은 마침 누각 위에 있었기에 그 광경을 목격할 수 있었다. 이를 이상스럽게 여긴 비장방은 그 노인을 찾아가 자기도 항아리 속으로 갈 수 있게 해달라고 졸랐다. 그러자 노인은 그를 항아리 속의 세계로 안내했다. 그 속에는 옥으로 만든 화려한 집들과 산해진미들이 가득했다. 두 사람은 함께 술과 음식을 먹고 항아리 밖으로 나왔다. 노인은 그에게 다른 사람들에게 이 일을 발설하지 말라 당부했다. 알고 보니 이 노인은 잘못을 저질러 지상으로 유배된 신선이었다.

건륭제가 난간에 기대어 있는 이곳은 항아리 속 신선의 세계인지라 너무나 좋아서 돌아갈 생각을 잊게 한다.

건륭제와 그를 향해 다리를 건너오는 5명의 궁녀들은 모두 한족 중국인들이 입는 옷을 입었다. 건륭제는 한족 문인의 차림을 하고 있다. 청나라의 선대 황제들은 한족 복식을 엄격히 금했다. 건륭제는 한족 복장을 함으로써 조상들이 정해 놓은 규정을 위반했다. 그래서 그가 한족 문인의 복장을 하고 있는 그림은 그의 내밀한 공간인 침소나 서재에 전시했다. 건륭제와 가까운 극소수의 사람들만이 그림을 볼 수 있었다.

숲속 샘터[임천林泉]는 고아한 문인이 은거하는 곳을 비유적으로 나타내는 말이다. 건륭제가 김정표에게 유송년의 그림을 모방해서 그리게 한 〈건륭제궁중행락도〉는 이 숲속 샘터의 구도를 의식적으로 반영하고 있다. 중국 산수화에서 다리는 대체로 현실세계와 이상세계를 연결하는 매체로 등장한다. 김정표의 그림 속 다리 또한 마찬가지이다. 다리 건너 건륭제가 난간에 기대어 앉아 있는, 샘이 흐르는 협곡은 항아리 속 세계이며 고아한 문인이 은거하기 좋은 곳이다.

'오만한 마음에 기탁하는[寄傲]'은 전원시인 도연명陶淵明이 쓴 「귀거래사歸去來辭」 "남창에 기대어 오만한 마음을 기탁한다.[倚南窗寄傲.]"에서 나왔다. 중국의 대표적인 은사隱士인 도연명은 남쪽 창에 기댔고 건륭제는 샘 흐르는 바위 옆 누각 위 난간에 기대어 있다.

건륭제는 한족 문인을 맘껏 흉내 냈다. 문인화풍이 짙은 유송년의 그림을 모방했으며, 왕소군과 숲속 샘터, 항아리 속 세계, 도연명에 관해 언급함으로써 자신의 박학함을 뽐냈다. 게다가 그는 한족 문인들처럼 그림의 한 모퉁이에다 제화함으로써 시詩와 서書에 뛰어남을 과시했다. 건륭제는 이처럼 한족 문인들이 기본적으로 갖추어야 할 문화적 소양을 자신 또한 갖추고 있음을 보여주고 있지만 시의 마지막 구절에서 밝혔듯이 숲속 샘터에 오만한 마음을 기탁하는 것은 내 일이 아니라고 했다. 그가 궁극적으로 지향하는 것은 지금의 성세를 계속 유지하고 선조들의 어려웠을 때를 잊지 않으며 이 강력한 제국이 영원하도록 계속 노력하는 것이다.

● 팔기군을 사열하는 건륭제

그림2.6은 카스틸리오네의 스타일로 그린 작자 미상의 그림이다. 갑옷과 투구를 갖추어 입고 무장한 채 말 위에 앉아 있는 건륭제의 모습을 그렸다. 그림의 상단 왼쪽 모퉁이에 건륭제가 직접 쓴 제화에 의하면, 이 그림은 건륭23년 무인년(1758) 음력 동짓달에 건륭제가 북경에 위치한 황실 동산인 남원南苑에서 팔기군八旗軍을 사열할 때의 모습을 그린 것이다. 건륭제는 청나라가 산해관山海關을 통해 중국으로 들어온 이래 네 번째 만주족 황제로서 시종일관 "말타기와 활쏘기는 만주의 뿌리이다.[騎射乃滿洲之根本.]"라는 인식하에 남원에서 군대를 사열했으며, 지금의 하남성 승덕承德에 위치한 청나라 황실의 사냥터인 목란위장木蘭圍場에서 이른바 '목란추선木蘭秋獮'이라는 가을 사냥을 거행했고, 겨울에는 북경에 위치한 호수인 남해南海에서 군사들에게 이른바 '빙희冰嬉'라는 빙상 활동을 하도록 하여 팔기군의 전투력 증강을 도모했다.

북경고궁박물원은 또 다른 한 폭의 〈건륭황제대열도〉(그림2.7)를 소장하고 있는데, 서명이나 날짜가 명시되어 있지 않지만 카스틸리오네가 그린 그림이 분명하다. 이 그림은 원래 벽에 붙이는 그림인 이른바 '첩낙貼落'의 형태로 제작되어, 남원에 있는 신아문행궁新衙門行宮의 한 건물

● 그림2.6 작자 미상. 〈건륭황제대열도축乾隆皇帝大閱圖軸〉. 1758. 족자. 비단에 채색. 438×288cm. 북경고궁박물원

● 그림2.7 카스틸리오네. 〈건륭황제대열도축乾隆皇帝大閱圖軸〉. 1739. 족자. 비단에 채색. 322.5×232cm. 북경고궁박물원

실내 벽에 붙어 있던 그림이다. 후에 자금성의 건청궁乾清宮으로 옮겨져 보관되었다가 북경고궁박물원의 소장품에 포함되었다. 제작 시기에 대한 학자들의 의견은 둘로 나뉘진다. 하나는 이 그림이 1739년에 제작되었다는 설이다. 위에서 살펴본 1758년에 제작된 건륭제 기마 초상화 속에 묘사된 건륭제의 얼굴에 비해 훨씬 젊게 보인다는 데 힘을 실었다. 건륭 4년인 1739년에 건륭제는 29세의 젊은 나이에 처음으로 대열大閱했다고 한다. 이후 그는 3년에 한 번씩 열병을 하여 팔기군의 위용을 과시하고 군사들의 사기를 진작시켰다.

또 다른 한 무리의 학자들은 이 그림이 1758년에 제작되었다고 주장한다. 1758년에 청나라 조정은 지금의 신장위구르자치구 서쪽 타림분지에 거주하던 키르기스족이 건륭제에게 조공을 바치기 위해 사신을 보냈다는 소식을 접했다. 그때 청나라는 타림분지에서 위구르족인 호자 지한 형제와 격렬하게 교전 중이었다. 전세가 청나라에 점차 불리해지자 청나라에 대한 키르기스족의 충성이 청나라에 대항하는 위구르족을 진압하는 데 큰 힘이 될 수 있다고 생각한 건륭제는 키르기스족 사신들에게 좋은 인상을 심어주고 그들의 충성을 기념하기 위해 환영식을 성대하게 치렀다. 그 첫 번째 행사로 목란위장에서 있은 황실 사냥에 사신들을 초대했고, 청나라를 처음 방문하는 사신들은 승덕에서만 맞이한다는 규정을 깨고 북경으로 초대하는 이례적인 은총을 베풀었다. 그리하여 건륭제는 11월 3일에 자금성의 태화전太和殿에서 키르기스족 사신들을 맞이했으며, 11월 5일에는 남원에서 팔기군을 사열하여 막강한 청나라 군대의 위용을 과시했다. 당시 조정의 기록문서에 의하면, 건륭제는 카스틸리오네에게 사열이 있는 날 남원에 걸어둘 자신의 초상화를 그리라고 명했다고 한다.

그림 속 건륭제는 보편군주의 면모를 갖추었다. 왼손엔 말고삐를 잡고 오른손으론 몽골의 방식으로 채찍을 쥐고 있는데, 이것은 그가 북쪽 변방의 군주임을 보여준다. 그의 황금빛 갑옷에 금색으로 수놓은 용의 무늬는 그가 한족 중국인들의 천자임을 보여주는 것이고, 그의 원뿔 모양의 투구에 박아 놓은 금색 산스크리트 문자는 그가 티베트 불교의 수호자임을 보여주는 것이다.

● 그림을 감상하는 황제

건륭제 이전의 역대 중국 통치자들 중에는 그림에 대한 자신들의 생각을 피력했던 군주들이 간혹 있었다. 당나라(618-907) 태종太宗(재위 626-649) 이세민李世民은 궁정화가 염립본閻立本(대략 601-673)에게 그가 그려야 할 그림의 주제를 골라주었고, 예민한 심미안을 지녔던 북송(960-1127)의 마지막 황제 휘종徽宗(재위 1100-1126)은 궁정화가들에게 그림의 주제를 주어 그림을 그리게 하고, 자신 또한 그림을 그릴 줄 알았을 뿐만 아니라 자신이 소장한 명화들의 목록인 『선화화보宣和畫譜』를 제작하기까지 했다. 명나라(1368-1644) 영락제永樂帝(재위 1403-1425)는 남송(1127-1279) 때 마원馬遠(대략 1180-1220 활동)과 하규夏珪(대략 1200-1250 활동)로 대표되는 남송 화원화가畵院畫家들의 작품에 대해 혐오감을 나타냈다고 한다. 그들의 '일각一角' 구도의 그림이 중국 전체 영토의 일부분만 지배할 수밖에 없었던 미약한 남송 정부를 예술적으로 반영하고 있다는 생각에서였다. 영락제의 손자인 선덕제宣德帝(재위 1425-1435) 주첨기朱瞻基는 당시 저명한 화원화가이자 많은 추종자들에 의해 절파浙派의 시조始祖라 추앙 받던 대진戴進(1388-1462)의 작품을 감상할 만한 가치가 없다며 묵살했다. 대진의 라이벌이자 〈행원아집도

杏園雅集圖〉로 유명한 화원화가 사환謝煥이 대진의 재주와 명망을 시샘하여 대진의 그림 속에 그려져 있는 붉은 관복을 입고 있는 어부는 정치적 비판 심지어 황제에 대한 불경不敬을 의미할 수도 있다고 지적했기 때문이다.[3]

위에서 살펴본 몇 가지 예에서도 볼 수 있듯이 통치자가 그림을 감상한 데 대한 기록은 많이 남아 있지만 그림을 바라보고 있는 황제의 모습을 담은 그림은 매우 드물다. 현존하는 명나라 황제들의 모습이 담긴 그림들을 살펴보면 명나라 통치자들은 그림을 감상하고 있는 자신의 모습을 화폭에 담음으로써 자신이 예술을 사랑하는 통치자의 이미지로 비춰지기보다는 사냥과 같이 자신의 '무용武勇'을 과시할 수 있는 활동에 참여하고 있는 모습이 그림에 묘사되는 것을 선호한 것으로 보인다. 한 가지 예를 들어보자. 작자 미상의 〈명선종사렵도明宣宗射獵圖〉이다. 이 그림에는 낙관이 찍혀 있지 않다. 다만 그림의 오른쪽 가장자리에 노란색으로 된 조그마한 표식이 있는데, 그 위에 '명선덕어용행락明宣德御容行樂'이라 적혀 있다. 이 표식을 통해 이 그림이 명나라 제5대 황제인 선덕제宣德帝를 사실적으로 그린 행락도行樂圖임을 알 수 있다. 선덕제는 어릴 때부터 활을 잘 쐈다고 한다. 재위 중에도 꽤 열심히 사냥을 나갔던, 문무를 겸비한 황제였다. 이 그림에서 선덕제는 구릿빛 얼굴에 멋지게 기른 수염을 하고, 붉은색과 노란색이 대비를 이루는 사냥복을 입고, 활과 화살통을 옆구리에 차고 말에서 내려 방금 사냥한 사슴을 손에 든 채 고개를 돌려 그의 출현에 놀라 황급히 달아나는 또 다른 한 마리의 사슴을 바라보고 있는 모습으로 등장한다. 그의 옆에는 호랑이 가죽으로 등을 덮고 그 위에 안장을 지고 있는 튼실하게 생긴 흑마가 한가로이 풀을 뜯고 있다.

명나라 초기에는 사냥하고 있는 모습을 담은 초상화가 유행했다.

● 그림2.8 작자 미상. 〈명선종사렵도明宣宗射獵圖〉. 명나라 선덕宣德(1426-1435) 연간.
족자. 비단에 수묵채색. 29.5×34.6cm. 북경고궁박물원.
● 그림2.9 작자 미상. 〈명선종마상도明宣宗馬上圖〉. 명나라 선덕 연간.
족자. 비단에 수묵채색. 68.1×84.1cm. 타이베이고궁박물원.

말을 타고 사냥에 나선 선덕제를 묘사한 그림 〈명선종마상도明宣宗馬上圖〉에서 선덕제는 옆구리에는 화살통을 찬 채 오른손에는 흰 매, 왼손에는 말고삐를 잡고 강변을 달리고 있다. 그가 입고 있는 황포黃袍는 명나라 때 궁정화가인 상희商喜가 그린 것으로 전해지는 〈명선종행락도明宣宗行樂圖〉에서 그가 입었던 옷과 동일하다. 그림에는 그의 출현에 놀란 기러기들이 황급히 날아오르는 모습이 보인다. 이 그림에는 화가의 낙관이 없다. 그림의 왼쪽에 '선종행락宣宗行樂'이라 쓴 작은 쪽지가 붙어 있다. 행락도 가운데 사냥을 하고 있는 황제의 초상화는 사냥을 하거나 말에 타고 있는 칸의 모습을 그린 몽골 전통에서 비롯되었다. 뛰어난 승마술이나 궁술과 같은 전투 능력을 배양하고 유지하기 위해 15세기 초반의 명나라 황제들은 종종 사냥을 하러 먼 길을 떠났다. 선덕제는 세련된 문화적 소양을 갖춘 황제로 그림 실력이 화가에 버금갔던 예술 애호가로 더 잘 알려져 있지만, 그는 즉위한 이듬해인 1426년에 숙부인 한왕漢王 주고후朱高煦가 반란을 일으키자 친정親征하여 그의 조부인 영락제로부터 배운 병법을 써서 항복을 받았다. 1428년에는 북방에서 몽골이 침공했으나 이 또한 직접 군사를 이끌고 격파하여 과단성 있는 무위武威를 보였다. 신체 단련과 강인한 체력은 원나라(1271-1368)가 망한 후에도 북쪽 국경 너머에서 명나라의 안전을 위협하는 몽골을 상대해야 했던 15세기 초반의 명나라 통치자들에게는 황제로서 반드시 갖추어야 할 요건들이었다. 15세기 초반 명나라 황제들, 특히 선덕제에게 사냥은 자신들의 무용武勇을 보여줄 수 있는 매우 유익한 수단이었다. 그들은 매우 광활한 땅에 사냥터를 만들고, 문인관료들에게 황제의 사냥을 기념하는 글을 짓게 하고, 자신들이 사냥하고 있는 모습을 그림으로 그리게 했다.[4]

황제가 사냥을 하는 모습이 아닌 그림을 감상하는 예술적 안목을 지닌 통치자의 면모를 보여주는 모습을 담은 그림은 18세기 건륭제의 치세 기간에서 찾아볼 수 있다.[5] 가장 대표적인 그림이 현재 북경고궁박물원에 소장되어 있는 족자 그림 〈홍력관화도弘曆觀畫圖〉이다. 이 그림은 궁정화가인 카스틸리오네와 정관붕이 그렸다. 소나무 아래에 한 사내가 앉아 있다. 그의 뒤에 있는 커다란 공작 깃털 부채는 그의 신분이 고귀하다는 것을 간접적으로 말해준다. 이 사내는 바로 건륭제이다. 건륭제는 한족 문인의 차림을 하고 장대에 걸어 길게 늘어뜨린 족자 그림을 바라보고 있다. '그림 속 그림'의 구도이다. 이 그림에서 카스틸리오네와 정관붕은 건륭제의 명에 의해 시종들과 그가 수집한 골동품들에 둘러싸인 채 한 폭 족자 그림을 감상하고 있는, 예술품 감정가의 면모를 보여주는 건륭제의 모습을 화폭에 담았다.

9명의 시동이 건륭제를 둘러싸고 있다. 관모를 쓰고 있는 두 명의 인물은 환관으로 보인다. 한 시동은 건륭제의 뒤에 서서 공작 깃털 부채를 들고 있고, 황제의 왼쪽 곁에는 한 시동이 여의如意를 들고 있다. 여의는 한족 문인들의 노리개이다. 본래는 등긁이였다. 등의 손이 닿지 않은 가려운 데를 내 '마음대로' 긁을 수 있기에 이름을 '여의如意'라 붙였다. 이 여의는 벽사辟邪의 기능을 하는 길상한 기물이다. 1명의 환관과 2명의 시동은 건륭제를 위해 족자를 펼쳐 보이고 있으며, 족자 옆에 서 있는 한 시동이 양손으로 들고 있는 4권의 두루마리들에는 아마도 건륭제가 감상할 그림들이 담겨 있을 것이다. 건륭제의 오른쪽에 서 있는 한 환관은 탁자 위에 놓여 있는 9점의 골동품들을 찬찬히 살펴보고 있다. 청나라 황실이 소장하고 있는 보물들로 또한 건륭제가 감상할 대상들이다. 그림의 아래쪽을 보면 작은 개울이 흐르고 그 위에 작은 다리가 놓여 있다. 다리 너머로 3명의 시동들이 건륭제를 향해 가고 있다. 이들 가운데 2명은 고금古琴으로 보이는 악기와 도자기를 손에 안고 있

● 그림2.10 카스틸리오네Castiglione와 정관붕丁觀鵬. 〈홍력관화도弘曆觀畫圖〉. 대략 1746-1750. 족자. 종이에 수묵채색. 136.4×62cm. 북경고궁박물원.

고, 나머지 한 명이 손에 들고 있는 작은 상자는 다보각多寶閣이다. 이 모두가 건륭제가 감상할 청나라 황실의 보물들이다.

건륭제가 골동품을 감상하거나 그림을 바라보고 있는 자신의 모습을 화폭에 담게 한 이유가 무엇일까? 탁자 위에는 값진 골동품들이 진열되어 있고, 시동들이 어딘가에서 문인들이 감상할 그림이 담겨 있는 두루마리나 족자 또는 그들이 연주할 거문고를 들고 오는 모습은 명나라 때 그림, 예를 들자면, 구영仇英(대략 1494-1552)이 그린 〈죽원품고竹院品古〉나 두근杜菫(대략 1456-1509)이 그린 〈완고도玩古圖〉에서 어렵지 않게 찾아볼 수 있는 광경들이다. 이처럼 원림에서 펼쳐지는 한족 문인들의 고상한 취미를 엿볼 수 있는 그림들의 전형을 보여주는 그림은 〈십팔학사도十八學士圖〉일 것이다.

당나라 태종太宗(재위 626-649)이 황제의 자리에 오르기 전인 진왕秦王으로 있었을 때 그는 문학관文學館을 건립하여 박학한 유생들을 초빙하여 자신의 참모로 삼았다. 황제의 자리에 등극한 뒤 태종은 자신이 어진 인재를 예우하는 덕 있는 통치자의 면모를 갖추고 있음을 보여주기 위해 궁정화가인 염립본閻立本(대략 601-674)으로 하여금 '십팔학사도'를 그리게 했는데, 후세의 많은 화가들이 이 스토리를 끌어다가 그림의 주제로 삼았다. 우리가 감상할 그림은 두근이 그린 〈십팔학사도〉이다.

지금은 타이베이고궁박물원에 소장되어 있는, 비단으로 된 4폭의 족자에 그린 작자 미상의 〈명인십팔학사도明人十八學士圖〉에는 문인들이 그들의 네 가지 고상한 여가활동을 즐기고 있는 모습들이 그려져 있다. 이 4폭의 족자를 오른쪽으로부터 살펴보면, 문인들이 거문고[琴] · 서예[書] · 그림[畫] · 바둑[棋] 등에 흠뻑 빠져 있는 모습을 발견할 수 있다. 이 네 가지 주제를 이른바 '사예四藝'라고 하는데, 명나라 때 그린 〈십팔학사도〉는 대체로 이 사예를 즐기고 있는 18학사의 모습들을 묘사한 4

● 그림2.11 작자 미상. 〈명인십팔학사도明人十八學士圖〉. 1500년경. 4폭 족자. 비단에 수묵채색. 대략 103×174cm. 타이베이고궁박물원

폭의 족자로 이루어져 있다.[6] 이 4폭의 족자 그림을 감상해보자. 중국의 그림은 오른쪽에서 왼쪽으로 본다. 가장 오른쪽에 있는 족자는 사예의 첫 번째인 거문고[琴]에 관한 그림이다. 그림의 왼쪽 가장자리에 큰 노송이 우뚝 서 있고, 그 뒤에는 태호석으로 보이는 아름다운 바위 틈 사이로 여러 색의 모란이 피어 있다. 바위 오른쪽에는 한 시동이 차를 준비하고 있으며, 그 뒤로 한 시동이 함을 들고 다가오고 있다. 그림의 중앙에는 4명의 문인들이 탁자를 가운데 두고 둘러앉아 있다. 왼쪽에 앉아 있는 한 문인이 그의 앞에서 거문고가 들어 있는 보자기를 풀고 있는 모습을 유심히 바라보고 있다.

빨간 석류와 푸른 파초 그리고 아래로 드리운 버들가지가 바람에 가볍게 흔들리는 정원에서 4명의 문인들이 평상에 둘러앉아 있는 두 번째 그림의 주제는 바둑[棋]이다. 두 명의 문인들은 바둑을 두고 있고 나머지 두 사람은 흥미로운 눈빛으로 그들의 '신선놀음'을 지켜보고 있다.

높고 곧게 뻗은 오동나무가 그늘을 드리우고 반죽斑竹 난간으로 두른 아름다운 정원에 문인들이 모여 있는 세 번째 그림의 주제는 서예[書]이다. 네모난 탁자 정면에는 한 문인이 평상 위에 반가부좌를 하고 앉아 손에 붓을 들고 글의 구상에 빠져 있다. 그의 곁에 앉은 붉은 옷을 입은 문인은 오른손에 두루마리를 비스듬히 들고서 고개를 기울여 골몰히 생각에 잠겨 있는 친구를 바라보고 있다. 그들의 곁에는 탁자 위에 책을 펼쳐서 읽고 있는 문인과 두루마리 끈을 풀고 있는 문인 그리고 우리에게서 등을 돌린 채 옆에 서 있는 시동이 들고 있는 뭔가를 만지고 있는 문인의 모습이 보인다. 또 다른 두 명의 시동은 두루마리와 화첩을 들고 서서 이야기를 나누고 있다. 문인들의 뒤에 배경으로 서 있는 병풍 속 그림이 흥미롭다. 산수화이다. 두 개의 언덕을 사이에 두고 강이 가로 흐르는 평원 산수화이다.

회화나무 그늘 아래 대나무를 심은 정원에서 4명의 문인들이 길고 네모난 탁자에 둘러앉아 있는 네 번째 그림의 주제는 그림[畫]이다. 그림의 중앙에 오른손에 '불진拂塵'이란 먼지떨이를 들고 있는 문인이 앉아 있다. 번뇌를 떨쳐버린다는 상징성을 지닌 이 먼지떨이는 문인들이 즐겨 갖고 다니는 장신구이다. 그의 옆으로 한 문인이 서 있고, 그의 옆에는 한 문인이 앉아서 시동이 들고 있는 대야에 손을 씻고 있고, 또 다른 한 문인은 우리에게서 등을 돌린 채 둥근 부채를 손에 들고 의자에 앉아 있다. 이 4명 문인들의 시선은 모두 한 곳으로 향해 있다. 그들은 시동이 장대에 걸어 펼쳐 보이고 있는 족자 그림을 바라보고 있다.

송나라 때 문인화가 이공린(李公麟, 1049-1106)이 그리고부터 문인들의 고아한 모임을 묘사한 '아집도雅集圖'의 전형이 된 〈서원아집도西園雅集圖〉에는 그림을 그리고 있는 문인의 모습만 있다. 그림을 바라보는 문인의 모습이 그림 속에 등장하기 시작한 것은 명나라 때 와서 나타나는 현상이다.

많은 화가들이 '십팔학사도'를 그렸다. 명나라 때 문인화가 두근이 그린 〈십팔학사도〉 네 번째 그림의 주제 또한 그림[畫]이다. 앞의 그림과 마찬가지로 4명 문인들의 시선은 모두 한 곳으로 향해 있다. 그들은 시동이 장대에 걸어 펼쳐 보이고 있는 족자 그림을 바라보고 있다. 관복을 입은 다른 3명의 문인들과는 달리 편한 옷차림을 하고 있는 흰 옷 입은 중앙의 인물은 아마도 이 고아한 모임이 벌어지고 있는 정원의 주인일 것이다. 붉은색 관복을 입고 왼쪽에 앉아 있는 인물은 또 다른 족자 그림을 말던 것을 멈추고 장대에 걸어 펼친 족자 그림을 유심히 바라보고 있다. 그의 손에 들려 있는 족자는 아마도 그들이 감상을 끝낸

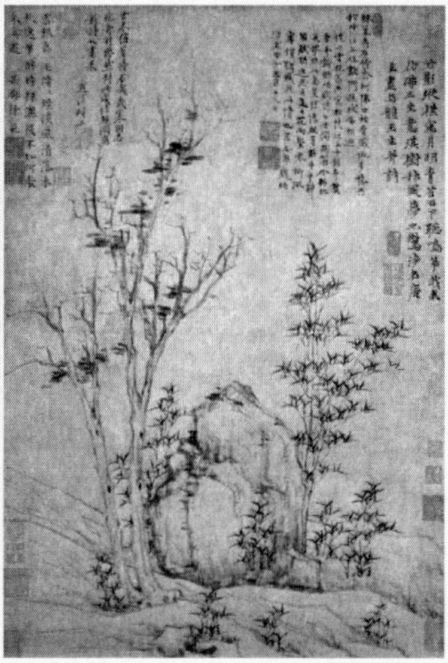

● 그림2.12 두근杜堇. 〈십팔학사도十八學士圖〉. 4폭 족자 가운데 네 번째.
비단에 수묵채색. 79×134cm. 상해박물관
● 그림2.13 예찬倪瓚. 「기수추풍도琪樹秋風圖」. 족자. 종이에 수묵. 62×43.4cm. 상해박물관

그림일 것이다. 그의 옆에 서 있는 문인관료는 그림을 바라보면서 뭔가 그림에 대해 말을 하고 있는 모습을 하고 있다. 족자 바로 앞에 앉아 있는 문인은 그의 뒤에 서 있는 문인이 들려주는 설명을 들으며 그림을 감상하고 있는 것처럼 보인다.

이 그림 속 4명의 문인들이 바라보고 있는 그림이 어떤 그림인지 궁금하다. 한 시동이 장대에 걸어 펼친 족자 그림에는 비스듬히 기운 나무와 그 나무 그늘이 드리워진 아래에 대나무와 바위가 있다. 나무 위에는 새들이 깃들어 있다. 그림이 낯설지 않다. 성긴 가지의 나무를 어디선가 본 듯하다. 원나라 때 문인화가인 예찬倪瓚(1301-1374)이 머리에 떠올랐다. 그가 나무를 이렇게 그린다. 예찬의 작품 가운데 현재 상해박물관에 소장되어 있는 〈기수추풍도琪樹秋風圖〉가 두근이 그린 〈십팔학사도〉 그림 속 그림과 많이 닮았다. 예찬은 삼단 구도의 평원산수화 외에 대나무와 바위 그리고 마른 고목이 한 조를 이루는 그림을 즐겨 그렸다. 예찬은 평원산수화에서 그림의 아랫부분에 근경의 빈 정자와 대나무, 바위, 마른 고목을 많이 그렸는데, 〈기수추풍도〉와 우리가 감상하고 있는 두근의 네 번째 족자 속에 있는 그림에 담겨 있는 마른 고목, 바위 그리고 대나무는 이것을 그대로 확대하여 따로 그려 놓은 것 같다. 대나무와 바위 마른 고목은 송나라 때 문호인 소식蘇軾(1036-1101)이 말하는 '세 가지 이로운 벗[三益之友]'이다. 소식은 그의 그림 스승이자 벗인 문동文同(1018-1079)이 그린 그림에 다음과 같이 제화했다.

> 대나무는 차가우나 빼어나고, 나무는 여위지만 오래 견디고, 바위는 흉하지만 문채를 이룬다. 이들을 '세 가지 이로운 벗'이라 한다. 깨끗하니 가까이할 수 있고, 아득히 멀리 세속에 초연하니 구속받지 않는

다. 나는 이러한 사람이 그립구나. 아하! 이러한 사람을 다시 볼 수 있을까?

竹寒而秀, 木瘠而壽, 石醜而文, 是爲三益之友. 粲乎其可接, 邈乎其不可圎. 我懷斯人, 嗚呼其可復觀也.

거센 바람에 휘어질지언정 부러지지 않는 대나무는 고결함과 굳건함을, 오랜 세월 동안 추운 겨울을 견뎌낸 고목은 생존을, 바위는 인내를 표상한다. 고결한 선비를 표상하는 이 세 가지는 때를 기다리며 자신을 수양하는 예찬의 모습을 간접적으로 말해준다. 그리고 세상이 혼란할 때 자기수양이야말로 세상에 그 이름을 드러내는 방법임을 넌지시 일깨우는 것이다.

두근의 네 번째 족자에는 시동이 장대에 걸어 펼쳐 보이고 있는 족자 그림 외에도 그림이 하나 더 있다. 그림의 중앙에 앉아 있는 평상복을 입은 인물의 바로 뒤에 있는 병풍 그림이다. 병풍 그림을 보면 병풍 주인의 문화적 소양, 취향, 예술적 감각 등을 가늠할 수 있다. 병풍 그림 속으로 들어가 보자. 두 개의 강 언덕이 마주보고 있다. 그림 왼쪽의 작은 강 언덕에는 작은 배 한 척이 놓여 있고, 지팡이를 들고 있는 시동 바로 앞에 흰 옷을 입은 문인이, 멀리 작은 배가 지나가는 것과 작은 오두막이 있는 강 너머 언덕을 바라보고 있다. 그들의 뒤에는 바위 위에 소나무 두 그루가 있고, 또 그 뒤에는 작은 집 안에 한 사람이 앉아 바깥을 바라보고 있다. 남송 때 화원화가 하규夏圭(1200-1240 활동)가 화첩에 그린 산수화를 보는 듯하다. 이 그림은 구도로 본다면 삼단 구도의 평원산수화이다. 이 구도의 평원산수화는 남송 때 화원화가들과 위에서 살펴봤던 원나라 때 문인화가 예찬이 잘 그렸다. 평원산수화는 산을 같은 눈높이로 멀리 바라보는 구도의 산수화이다. 중국 산수화에서 산은 강력하고 안정된 중국을 상징하는데, 그 산을 멀리서 같은 눈높이로 바라본다는 것은 산을 바라보는 사람이 그 산에 속해 있지 않음을 의미한다. 내가 살고 있는 이 시대의 중국이 강력하고 안정되지 않으니 안타깝고 슬프다. 그래서 작은 강 언덕에서 강 너머 언덕을 바라보는 이에게 강 건너 먼 곳에 있는 산은 강이 가로놓여 갈 수 없기에 그리운 산이다. 병풍에 그려진 삼단 구도의 평원산수화는 예찬보다 하규에 가깝다. 예찬은 그림 속에 인물을 그려 넣지 않기 때문이다.

다시 건륭제로 돌아가 보자. 건륭제는 〈십팔학사도〉를 소장하고 있었다. 우리가 위에서 감상한 타이베이고궁박물원이 소장하고 있는 명나라 때인 1500년경에 한 무명의 화가가 그린 〈명인십팔학사도〉는 건륭제의 서화 소장 목록인 『석거보급삼편石渠寶笈三編』에 〈송인십팔학사도宋人十八學士圖〉라 기록되어 있다. 이것은 건륭제가 이 그림을 송나라 때 제작된 것으로 알고 있었다는 것을 의미한다. 〈십팔학사도〉를 소장하고 있었던 건륭제는 그림 속 한족 문인들을 흉내 내어, 그 또한 카스틸리오네와 정관붕이 그린 〈홍력관화도〉에서 시동이 장대에 걸어 길게 펼쳐 보이는 족자 그림을 바라보고 있다. 그런데 그가 바라보는 족자 그림은 한족 문인들이 감상하던 여느 산수화 그림들과는 많이 다르다. 이 그림은 현재 타이베이고궁박물원에 소장되어 있는 청나라 황실 컬렉션의 하나로, 명나라 때 궁정화가였던 정운붕丁雲鵬(1547-1628 이후)이 1588년에 그린 〈소상도掃象圖〉이다. 이 그림의 주제는 제목이 말해주듯이 '코끼리를 목욕시킨다'는 '소상掃象'이다. 건륭제는 궁정화가 정관붕丁觀鵬에게 그가 바라본 정운붕의 〈소상도〉를 그대로 복제하여 그리게 했다.

● 그림2.14 정운붕. 〈소상도掃象圖〉. 1588년. 종이에 수묵채색. 140×46.6cm. 타이베이고궁박물원.

● 그림2.15 정관붕. 〈건륭제세상도〉. 1749년. 족자. 종이에 채색. 132.3×62.5cm. 북경고궁박물원.

● 코끼리를 씻기고 있는 황제

건륭제의 명을 받아 정관붕이 그린 〈건륭제세상도乾隆帝洗象圖〉에서 연화대에 앉아 있는 사람은 건륭제이다. 에블린 S. 로스키Evelyn S. Rawski와 제시카 로슨Jessica Rawson 그리고 패트리샤 버거Patricia Berger 등 이 그림을 분석한 연구자들은 이 그림에서 건륭제가 보현보살普賢菩薩이나 문수보살文殊菩薩의 모습을 하고 있다고 한다. 『화엄경華嚴經』에서 보현보살과 문수보살은 불타의 좌우에서 불타를 모시는 보살로 불타와 함께 삼존불을 이룬다. 불타의 오른쪽에 있는 보현보살은 미덕과 구원을, 불타의 왼쪽에 있는 문수보살은 지혜를 상징한다. 보현보살은 코끼리에 타고 있는 모습으로, 문수보살은 사자를 타고 있는 모습으로 많이 표현된다.

건륭제는 왼쪽 손바닥을 위로 보이게 펴서 단전 앞에 붙이고 오른손 역시 손바닥을 위로 보이게 펴서 왼쪽 손바닥 위에 포갠 상태에서 양쪽 엄지를 맞닿게 한 이른바 '선정인禪定印'의 손 모양을 하고 있다. 이러한 손짓을 불교에서는 '수인手印'이라고 한다. 불타나 보살이 깨달아 느낀 진리나 바람을 손 모양을 이용하여 여러 가지 모습으로 나타내 보이는 것이다. 선정인은 불타가 보리수 아래에서 선정禪定에 들었을 때 취한 손 모양이다. 그래서 잡념을 버리고 마음을 모아 삼매에 드는 수인으로 알려져 있다.

연화대에 앉아 있는 건륭제의 오른쪽에 서 있는 인물은 위험과 지옥으로부터 중생을 구제하는 보살인 지장보살地藏菩薩이다. 건륭제의 왼쪽에 등을 돌리고 서 있는 인물은 불법佛法의 수호신인 위타보살韋馱菩薩이다. 위타보살은 동자의 얼굴에 갑옷을 입고 손에 금강저金剛杵를 들고 있는 모습으로 나타난다. 건륭제의 왼쪽에 서서 위타보살과 마주하고 있는 인물은 자비로 중생의 괴로움을 구제하고 왕생의 길로 인도한다는 관음보살觀音菩薩 아니면 석가모니불에 이어 중생을 구제할 미래의 부처인 미륵불彌勒佛이라고 한다. 왜냐하면 『화엄경』에서 관음보살과 미륵불은 깨달음을 위한 여행에서 53명의 선지식善知識을 두루 만난 모범적인 구도자인 선재동자善財童子의 스승으로 언급되기 때문이다.

코끼리 뒤에서 모자를 쓰고 있는 사람은 기원전 6세기경 인도 반사국의 왕인 우다야나왕King Udayana(중국어 이름은 우전왕優塡王)이다. 우다야나왕은 단향목으로 최초의 불상을 만들었다고 한다. 우다야나왕 옆에 있는 인물은 일체의 진상을 모두 알고자 하여 문수보살의 안내를 받아 선지식을 찾아 천하를 유행遊行하며 53명의 선지식을 두루 만난 선재동자이다. 그는 마지막으로 보현보살을 만나 십대원十大願을 들은 뒤, 아미타불의 극락정토에 왕생하여 입법계의 큰 뜻을 이루었다고 전한다.

그림의 하단부 개울 건너편에 사자가 한 마리 있다. 사자는 문수보살과 연결된다. 그렇다면 사자 옆에 서 있는 붉은색 법의法衣를 입고 손에 책을 들고 있는 인물은 문수보살일 것이다. 그의 손에 들려 있는 책은 아마도 『반야바라밀다심경般若波羅密多心經』일 것이다. 반야의 지혜로 생사고뇌에 가득 찬 중생계를 벗어나 열반의 피안에 이르게 하는 가장 중심되고 빠른 길을 가르쳐준 법문이 담겨 있는 『반야바라밀다심경』은 지혜를 상징하는 불경이다. 문수보살로부터 『반야바라밀다심경』을 건네받고 있는 흰 옷을 입은 인물은 보현보살이다.

그림의 왼쪽 아래 바위 위에는 이 그림을 그린 화가가 깨알같이 쓴 제지題識가 있다. "건륭 15년 6월에 신 정관붕이 공경스럽게 그리다[乾隆十五年六月臣丁觀鵬恭繪]"라고 했다. 이 제지에 의하면 이 그림은 건륭 15년인 1749년에 궁정화가 정관붕이 그린 것이다.

옛 문헌들을 살펴보면, 한나라 때부터 코끼리가 조공을 통해 중국에 들어왔다고 한다. 코끼리는 태평한 시대의 도래를 알려주는 상서로운 징조로 여겨져 중국인들로부터 매우 귀한 대접을 받았다. 미얀마 등지에서 조공으로 들어온 코끼리는 북경의 선무문宣武門 안에 있는 속칭 '상방象房'에 수용되어 관리를 받았다. 코끼리를 관리하는 기구인 상방은 명나라 때인 1495년에 설치되었으며, 이곳에 있는 상노象奴가 코끼리의 훈련을 전담했다. 코끼리는 상방에서 훈련을 받고 궁중의 의전 행사에 동원되었다. 명나라와 청나라 때에는 매년 6월 6일을 '세상일洗象日'로 정해 상방에서 기르는 코끼리들의 몸을 씻겨주었는데, 이 진기한 광경을 구경하기 위해 강 언덕으로 사람들이 구름처럼 몰려들어 하나의 볼거리로 자리 잡았다. 명나라 황실에서는 매년 삼복이 되면 기르던 코끼리를 북경 선무문 외성의 하천으로 몰고 가 목욕을 시켰는데, 북경 사람들은 이것을 하나의 축제로 생각하고 그날을 즐겼다.

'세상洗象'은 불교와 관련이 깊다. '세상洗象'은 달리 '소상掃象'이라고 한다. 중국인들은 발음이 같은 한자의 의미를 연결하기를 좋아한다. 그래서 코끼리 상象은 모양 상相과 연결되어, '소상掃象'은 곧 '소상掃相'을 뜻하게 된다. 망상을 일으키고 미혹하게 하는 들리고 보이는 모든 모양과 형상에 대한 집착을 쓸어낸다는 뜻이다. 그래서 '세상도洗象圖'는 우리가 실체라 여기는 것들이 사실은 허망한 것이라는 것을 일깨워주는 불화佛畫인 셈이다.

'세상도洗象圖'는 중국의 인물화에 자주 등장하는 주제이다. 이 '세상도'는 송나라 후반기 때부터 등장하는데, 명나라 후반기에 특히 많이 유행했다. 당시 저명한 화가였던 오빈吳彬(대략 1591-1644 활동), 정운붕丁雲鵬(1547-1628), 최자충崔子忠(1594-1644) 등이 그린 '세상도'에는 연화대에 앉아 있는 보현보살이나 문수보살이 등장한다. 아마도 불교에서 보현보살이 흰 코끼리[白象]를 탄 모습으로 많이 표현된 때문인 듯하다.

● 문수보살의 모습으로 현현한 건륭제

1755년에 건륭제는 중가르와의 전쟁에서 승리한 것을 기념하여 카스틸리오네와 조판처의 궁정화가들에게 매우 놀라운 초상화를 그릴 것을 주문했다. 수많은 보살들로 둘러싸인 문수보살의 모습을 하고 있는 건륭제의 초상화를 그리라는 것이다. 이 그림(그림2.16)은 이제까지 우리가 감상했던 그림들과는 매우 다른 낯선 그림이다. 이러한 그림을 '탕카'라고 한다. 티베트 불교 탱화이다.

그림의 중앙에 티베트와 몽골 그리고 동아시아에서 지혜의 보살로 여겨지는 문수보살의 모습으로 현현한 건륭제는 오른손 엄지와 검지 끝을 맞대어 동그라미를 만든 손 모양을 하고 있는데, 이른바 '설법인說法印(산스크리트어로 비타르카 무드라vitarka mudra)'이라고 하는 불타의 손짓이다. 왼손에는 법륜法輪(다르마차크라dharmacakra)을 들고 있다. 법륜을 돌리는 전륜성왕轉輪聖王(차크라바르틴cakravartin)은 고대 인도 철학에서 보편제국을 다스리는 이상적인 군주상이다. 법륜을 돌리는 그에 의해 세계는 올바르고 평화롭게 존재하게 된다. 카스틸리오네가 그린 이 그림을 통해 건륭제는 티베트인과 몽고인들에게 그들이 숭배하는 문수보살이며 보편제국을 다스리는 전륜성왕이 되는 것이다.

건륭제의 머리 위에 있는 원형 무늬 속에 있는 인물은 건륭제의 멘토인 롤페 도제(1717-1786)이다. 그가 이 그림의 제작을 기획하고 감독했다고 한다. 사실적으로 묘사된 건륭제의 얼굴은 카스틸리오네가 그렸다. 그 외 부분들은 조판처에 소속된, 탕카에 능한 티베트와 몽골 라

● 그림2.16 조판처와 카스틸리오네. 〈건륭문수보살상乾隆文殊菩薩像〉. 1755. 족자. 비단에 수묵채색. 113.6×64.3cm. 프리어 미술관Freer Gallery of Art, Smithsonian Institution, Washington, D.C.

마승들이 그렸다.

카스틸리오네가 그린 이 그림 이외에도 여러 궁정화가들이 이와 유사하게 문수보살의 모습으로 현현한 건륭제의 초상화를 그렸다. 이 그림들은 승덕承德에 있는 보락사普樂寺와 보녕사普寧寺, 북경北京의 옹화궁雍和宮과 자금성紫禁城 그리고 티베트 라싸에 있는 포탈라궁布達拉宮과 타시룬포扎什倫布 사원 등 청 제국 전역에 걸쳐 배치되었다. 카스틸리오네가 그린 〈건륭문수보살상〉은 승덕에 있는 보녕사에 보관되어 있다가 북경 고궁박물원의 소장품에 포함되었다. 현재 북경에 다섯, 포탈라궁에 하나 그리고 워싱턴 D.C.의 프리어 미술관Freer Gallery of Art에 하나 등 7폭의 〈건륭문수보살상〉이 남아 있다.

● 카자흐에서 조공으로 바친 말

1757년에 카스틸리오네는 그의 중국인 동료이자 궁정화가인 김정

표金廷標와 함께 〈카자흐공마도哈薩克貢馬圖〉를 그렸다. 카스틸리오네는 병풍 앞에 앉아 있는 건륭제를 비롯하여 그의 옆에 서 있는 관료들과 카자흐에서 온 사신들의 얼굴 그리고 카자흐에서 공물로 바친 말들의 골격을 그렸다. 김정표는 아마도 주위 배경과 가구 및 건물 등 나머지 세부적인 것들을 그렸을 것이다.

『황청직공도皇清職貢圖』 권2에 카자흐에 관해 다음과 같이 서술하고 있다.

> 카자흐는 중가르의 서북쪽에 있다. 바로 한나라 때 대완국이다. 동서 2부가 있는데 예로부터 중국과 통하지 않았다. 건륭 22년(1757)에 동카자흐의 아포뢰阿布賴, 아포이阿布爾 반필특班必特 그리고 서카자흐의 아필리사阿必里斯 등은 잇따라 무리를 이끌고 귀순했다. 각각 아들과 조카를 보내어 경성에 가서 첨앙瞻仰하고 말을 바치게 했다.
>
> 哈薩克在準噶爾西北, 即漢大宛也, 有東西二部, 自古未通中國. 乾隆二十二年, 東哈薩克之阿布賴阿布爾班必特, 西哈薩克之阿必里斯等先

● 그림2.17 카스틸리오네와 김정표. 〈카자흐공마도哈薩克貢馬圖〉. 1757. 두루마리. 종이에 수묵채색. 45.4×245cm. 국립 기메 동양 박물관Musée National des Arts Asiatiques-guimet, Paris

後率眾歸誠, 各遣其子侄赴京瞻仰, 并進獻馬匹.

건륭 22년인 1757년 6월에 청나라 장군 조혜兆惠(1708-1764)가 중가르의 아목이살납阿睦爾撒納을 추격하여 카자흐의 영토를 침입하자 동카자흐의 수령인 아포뢰는 청나라에 투항하고 청나라에 사신을 보내어 조공을 바쳤다. 건륭제는 「카자흐가 신복臣服하여 우리의 속국으로 복종하고자 사신을 보내 조공을 바치니 시를 지어 이 일을 기록한다[哈薩克稱臣內屬遣使進貢詩以紀事]」라는 시의 서문에 이 일을 다음과 같이 기록했다.

카자흐는 바로 대완국이다. 예로부터 중국과 통하지 않았다. 한 무제가 대규모의 군대를 동원하여 근근이 대완국의 말을 획득했다. 나의 군사들은 반도叛徒 아목이살납을 추격하여 곧바로 그들의 국경으로 들어가니 카자흐는 장막을 걷고 가축들을 몰아 도망하여 수천 리를 갔다. 올해 봄에 나의 군대가 다시 이리伊利로 들어가 죄를 물으니 카자흐의 칸인 아포뢰는 사신을 보내어 신하를 칭하고 조공을 바쳤다.
哈薩克即大宛也, 從古不通中國, 雖漢武勞師動眾, 僅得其馬. 我師因追叛寇阿睦爾撒納, 直入其境, 哈薩克撤帳驅畜, 遁去數千里. 今春我師重入伊犁問罪, 哈薩克汗阿布賴遣使稱臣入貢.

건륭제는 〈카자흐공마도〉에 제화시를 썼다. 그 첫머리는 다음과 같이 시작된다.

今之哈薩昔大宛 지금 카자흐는 옛 대완국이라네.
嶠山神種古所傳 높은 산의 신령한 종자는 예로부터 전해져 온

것이라네.

카자흐는 지금의 중앙아시아 카자흐스탄이다. 카자흐의 존재가 중국인들에게 알려진 것은 한나라(기원전 206-221) 때이다. 국경을 자주 침범하는 흉노를 무력으로 진압하기 위해 한나라에게 절실하게 필요했던 것은 중앙아시아의 튼튼한 말이었다. 북방의 유목 민족인 흉노가 중국에 대해 위협적인 힘을 발휘할 수 있었던 것은 그들의 뛰어난 군마와 우수한 승마술 때문이었다. 한 무제漢武帝(재위 기원전 141-기원전 87)는 장건張騫(기원전 114년 졸)으로부터 대완국大宛國에 붉은 피땀을 흘리며 천 리를 달린다는 한혈마汗血馬라는 명마가 있다는 보고를 듣고 사신을 보내 찾아보게 했다. 대완국의 왕은 천산과 사막 너머 5천 킬로나 떨어져 있는 한나라를 우습게 보고 사신의 목을 베었다. 이 소식을 전해 들은 한 무제는 격노하여 기원전 104년에 명장인 이광리李廣利에게 10만 대군을 이끌고 대완국을 치게 했다. 4년 동안의 긴 전쟁 끝에 한나라는 대완국을 격파하고 한혈마를 포함하여 대완국의 준마 3천 필을 손에 넣을 수 있었다.

한 무제가 중앙아시아의 한혈마에 지대한 관심을 보였던 데는 이유가 있었다. 한 무제는 보병으로는 흉노를 대적할 수 없음을 너무나 잘 알고 있었다. 흉노를 제압하기 위해 말이 절실하게 필요했다. 그런데 문제는 중국에서는 말을 잘 키울 수가 없었다. 칼슘이 부족한 중국의 토양이 말을 키우기에 불리한 환경으로 작용했다. 중국은 몽고로부터 말을 수입했으나 몽고말은 몸집이 작고 다루기 힘든 조랑말이었다. 군마로 쓰기에는 부적합했다. 중앙아시아의 말들은 키가 크고 몸집이 좋은 아랍종이었다. 이 서역 말은 중국에서 키우기 어렵기 때문에 꾸준히 조달해야 했다. 그래서 중앙아시아의 좋은 말을 확보하는 것은 20세기 초반까지 계속되었던, 중국이 서역과의 교역에서 가장 중요하게 여기는 국가적 사업이었다.

〈카자흐공마도〉에 쓴 제화시에서 건륭제는 계속하여 카자흐스탄에서 바친 말에 대해 설명한다.

哈薩布魯胥向化　카자흐스탄의 부루쉬가 우리에게 감화되어
無他為贐致敬虔　경건한 마음을 표현할 별다른 예물은 없고
騕褭汗血實方物　요뇨와 한혈마가 실제 토산품이라네.
左右部長及可汗　동·서카자흐의 지도자들과 그들의 칸은
遣其首領遠來獻　수령들을 보내 멀리서 와서 바쳤다네.
却之失望厚賚還　이것을 거절하자니 실망할 것 같아 후하게
　사례하여 돌려보냈다네.
駩騢騮騅類實夥　다채로운 빛깔의 말들이 종류도 많구나.
匍匐牽跪陳墀前　끓어 엎드리고 무릎 꿇고 절하고 뜰 앞에 펼쳤다네.

'향화向化'는 '임금의 어진 정치에 감화되었다'는 뜻이다. 중앙아시아 카자흐스탄의 이민족이 청나라의 교화에 감화되어 사신을 보내, 청나라를 향한 경건한 마음을 표현하기 위해 바친 조공품은 다름 아닌 중앙아시아의 준마인 요뇨騕褭와 한혈마汗血馬였다. 전駩은 입술이 검은 부루말이고, 하騢는 붉은빛과 흰빛의 털이 섞여 있는 적부루마이다. 류騮는 털빛이 붉고 갈기가 검은 월따말이고, 추騅는 검푸른 털에 흰 털이 섞인 말로 오추마라고 한다.

동카자흐와 서카자흐의 이민족들이 청나라에 귀복하여 사신을 보내 조공을 바치자 건륭제는 이 일을 기록하고 궁정화가들에 명하여 카자흐의 사신들이 조공으로 바친 준마들을 그림으로 그리게 했는데, 그

래서 탄생한 그림이 카스틸리오네와 김정표가 그린 〈카자흐공마도〉이다. 건륭제는 이 그림에다 제화시와 발문을 썼고, 조정대신이자 화가인 동고董誥(1740-1818)가 또 다른 발문을 썼고, 12명의 조정대신들이 서명한 짧은 발문이 그 뒤를 이었다.

3장

제국을 그리다

3장 제국을 그리다

● 예수회 선교사가 제작한 세계 지도

1674년에 벨기에 예수회 선교사인 페르디난트 페르비스트Ferdinand Verbiest(중국명 남회인南懷仁, 1623-1688)는 강희제에게 자신이 제작한 세계 지도인 〈곤여전도坤輿全圖〉를 바쳤다. 이 세계지도에는 지구의 동반구와 서반구를 분리하여 두 개의 원 위에 그렸고, 여백에는 14개의 장식 틀 속에 중국어로 해설을 달고, 여백이 많은 남극 대륙에는 다양한 동물들의 모습을 그려 넣었다.

오른쪽에서부터 보자면, 위로부터 아래로 '사원행지서병기형四元行之序並其形', '지구남북양극필대천상남북양극불리천지중심地球南北兩極必對天上南北兩極不離天之中心', '지원地圜', '지체지원地體之圜' 등을 제목으로 한 4개의 해설이 둥글고 네모난 장식 틀 속에 자리를 차지하고 있고, 그다음은 서반구와 동반구 그리고 맨 왼쪽은 '지진地震', '인물人物', '강하江河', '산악山岳' 등을 제목으로 한 4개의 해설이 장식 틀 속에 들어 있다. 안쪽 동반구와 서반구 사이와 측면의 위아래에는 각각 2개씩 총 6개의 해설이 위치해 있는데, 위로는 '우운雨雲', '풍風', '기행氣行' 그리고 아래는 '혹문조석지위或問潮汐之為', '해지조석海之潮汐', '해수지동海水之動' 등을 제목으로 한 해설이 달려 있다. 동반구와 서반구 안에는 지명과 해설들 그리고

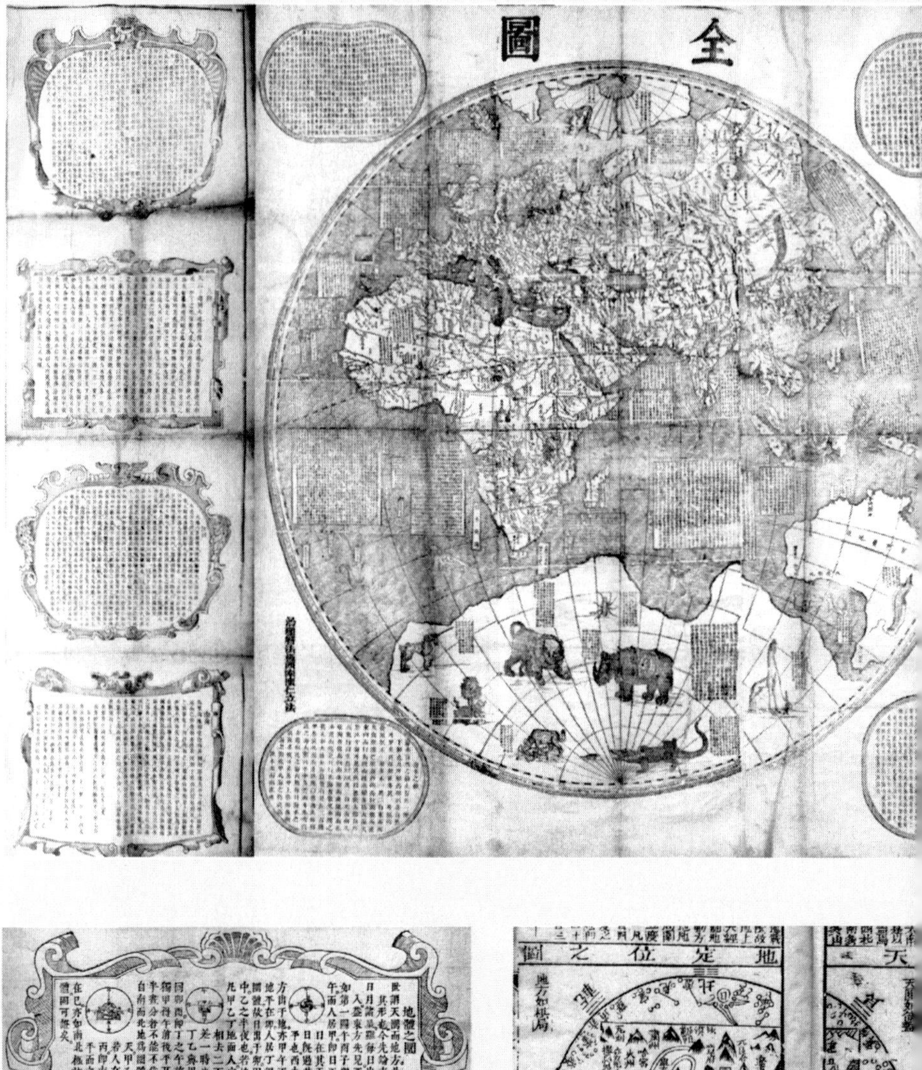
全圖

地體之圖

地定位之圖

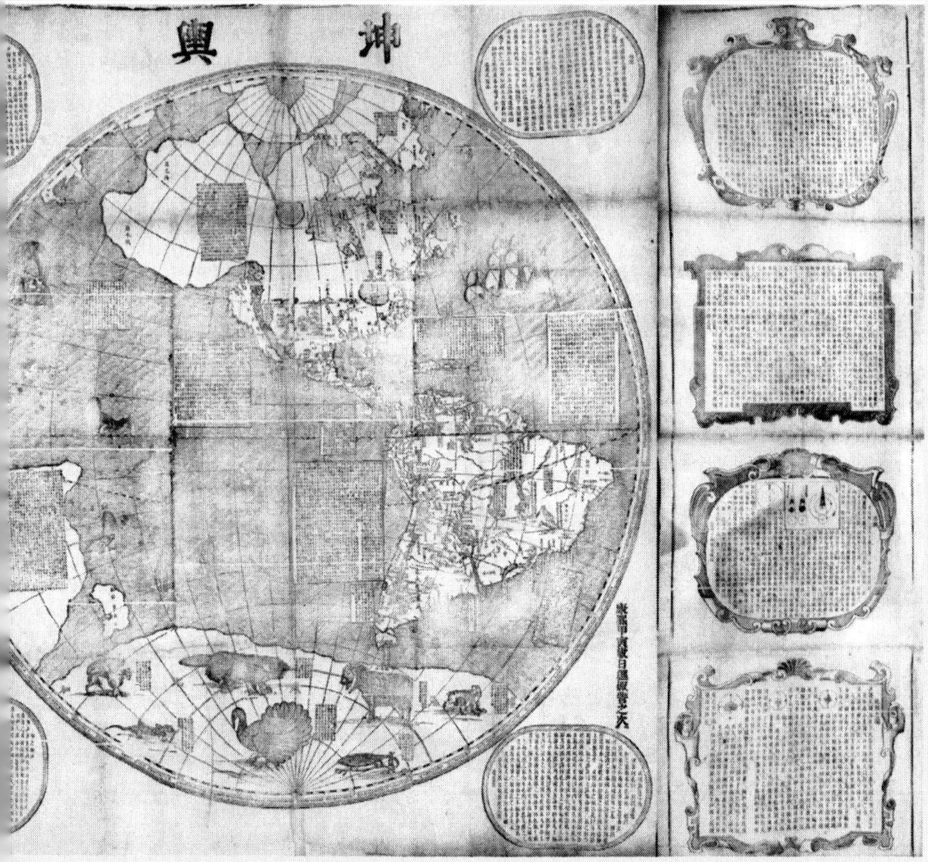

● 그림3.1 페르비스트. 〈곤여전도坤輿全圖〉. 1674. 종이에 수묵. 167×152cm, 168×155cm. 헌터리안 박물관Hunterian Museum and Art Gallery, 글라스고 대학University of Glasgow
● 그림3.2 〈천지정위지도天地定位之圖〉. 1721. 목판본. 대략 15.5×17.8cm. 위명원魏明遠 『신증상길비요통서新增象吉備要通書』 권1
● 그림3.3 '지체지원地體之圜'. 페르비스트 〈곤여지도〉

여러 종류의 동물들의 형상이 그려져 있고, 돛대가 세 개 달린 범선들이 대양을 누비고 있다.

14개에 달하는 해설은 지도의 철학적이며 과학적인 정보를 제공한다. 맨 오른쪽 4개의 해설은 서구 우주론의 다양한 측면들을 소개하고 있다. 첫 번째 해설은 우주에 있는 모든 물질은 불, 공기, 물, 흙 등 네 가지 원소로 이루어져 있다고 하는 아리스토텔레스의 4원소설에 관해 설명하고 있다. 그 아래에 있는 3개의 장식 틀 안에 있는 해설들에서 페르비스트는 티코의 우주 체계[Tychonic system]에 의거하여 '하늘은 둥글고 땅은 네모나다[천원지방天圓地方]'는 중국의 전통적인 공간 개념을 반박하고 있다. 1721년에 간행된 위명원魏明遠의 『신증상길비요통서新增象吉備要通書』 권1에 있는 〈천지정위지도天地定位之圖〉의 네 모퉁이에는 "하늘은 덮개처럼 둥글다.[天圓如倚盖.]", "땅은 바둑판처럼 네모나다.[地方如棋局.]", "땅은 서북쪽으로 기울었다.[地傾西北界.]", "땅은 동남쪽이 차지 않는다.[地不滿東南.]" 등 네 개의 문장이 적혀 있는데, 고대 중국의 우주론이 반영되어 있다. 페르비스트가 〈곤여전도〉를 제작한 때보다 훨씬 뒤에 간행된 것인데도 불구하고 당시 중국의 지식인들은 여전히 '하늘은 둥글고 땅은 네모지다'는 전통적인 공간 개념을 고수하고 있었다. 〈천하정위지도〉를 보면, 둥근 하늘의 테두리 바깥에는 고대 중국인들이 점을 칠 때 사용하던 팔괘와 28개 별자리인 28수宿가 그려져 있다. 3개의 장식 틀 안에 있는 해설들에서 페르비스트는 이러한 중국인들의 세계관에 이의를 제기한다. 맨 아래 네 번째 해설에서 페르비스트는 "세상에서 말하는 하늘이 둥글고 땅은 네모지다는 것은 하늘은 움직이고 땅은 움직이지 않아서 조용하다는 뜻을 말하는 것이지 하늘과 땅이 둥글고 네모지다는 이치는 그 모양을 이야기하는 것이 아니다.[世謂天圓而地方, 此蓋言其動靜之義. 方圓之理耳, 非言其形也.]"

라고 했다. 그리고 페르비스트는 이탈리아 예수회 선교사 사바티노 데 우르시스Sabatino de Ursis(중국명 熊三拔, 1575-1620)가 주장한 표도설表度說을 적용하여 서로 멀리 떨어져 있는 사람들이 서로 다른 시간대를 경험하고 있다는 예를 들어 우리가 살고 있는 땅이 둥글다[지구地球]는 사실을 입증하여 보여주고 있다.

페르비스트의 세계 지도는 1860년 조선에서 새로운 목판에 정교하게 새겨졌다. 이후 〈곤여전도〉는 정확한 지리 지식을 전달하는 역할은 빛이 바래졌고, 시각적인 아름다움과 문화적인 중요성 때문에 역사적 가치를 지닌 기록물과 장식품으로 전락했다.

1761년 프랑스 예수회 선교사 미셸 베노에Michel Benoét(중국명 장우인蔣友仁, 1715-1774)는 건륭제의 50회 생일을 축하하기 위해 건륭제에게 새로운 〈곤여전도〉를 바쳤다. 191.5×372.8cm 크기의 세계 지도는 이전의 〈곤여전도〉보다 지리적 정보를 보충했을 뿐만 아니라 코페르니쿠스 학설[지동설]을 중국에 도입했다. 이 세계 지도는 현재 북경에 있는 중국 제일역사당안관이 소장하고 있다.

● 예수회 선교사들이 그린 전쟁기록화와 동판화 제작

중국 변방의 소수 민족이었던 만주족은 중앙유라시아에서 보편제국들이 등장하기 시작할 무렵 동북아시아에서 부상했다. 만주족은 짧은 시간에 북경을 점령하고 빠른 속도로 중국의 나머지 지역들을 정복하여 마침내 명나라를 멸망시키고 다민족 국가인 청나라를 세웠다. 만주족이 보편제국을 건설하는 데 성공할 수 있었던 이유는 팔기군이란 탄탄한 군사 조직, 몽골과의 지속적인 동맹 관계 유지, 한족 중국인들의 유교적 관료 체계 계승 그리고 다문화 정책 등이다. 이러한 정책들로 인해 만주족 통치자들은 수적으로 우세한 한족 중국인들을 지배하고 명나라보다 더 넓은 영토를 차지할 수 있었다. 만주족의 지배하에 청나라는 티베트, 신강, 몽고, 만주, 대만 등을 아우르는 다민족 국가를 건설할 수 있었다.

청나라 만주족 통치자들에게 서역의 땅을 합병하는 것은 중국을 정복한 뒤 두 번째 단계의 영토 확장을 의미했다. 러시아 제국, 중가르 몽골 연합 그리고 청 제국은 거의 1세기에 가까운 시간 동안 중앙유라시아에서의 헤게모니를 다투었다. 건륭제의 치세 기간 동안 발생한 중가르 몽골 연합의 내전은 건륭제에게 결정적인 행동을 취할 수 있는 절호의 기회를 부여했다.

조혜와 그를 도와 반란을 진압한 부덕富德(1776년 졸), 이 두 전쟁 영웅은 1760년 4월 북경으로 돌아왔는데, 건륭제는 성대한 환영식을 열어 이들을 맞이했다. 이 두 사람의 혁혁한 전공戰功을 기념하기 위해 건륭제는 궁정화가들에게 명하여 중가르 원정에 참전했던 100명의 전쟁영웅들의 초상화와 함께 자광각紫光閣에 전시할 대형 벽화를 그리게 했다. 카스틸리오네, 아티레, 지첼바르트 그리고 다마스쿠스Giovanni Damasceno(중국명은 안득의安得義, 1781년 졸) 등 예수회 선교사들이 이 전쟁기록화 제작에 참여했다. 이들이 그린 전쟁기록화는 유럽으로 보내져 동판화로 제작되었다. 이 일은 내무부에서 맡아 처리했다. 카스틸리오네 등이 그린 전쟁기록화는 현재 전해지지 않는다. 다만 이 그림들을 수묵채색으로 복제하여 그린 그림들이 현재 화첩의 형태로 북경고궁박물원에 소장되어 있다. 유럽으로 보내져 제작된 동판화는 현재 북경고궁박물원에 소장되어 있다.

건륭제가 왜 동판화의 제작에 관심을 갖게 되었을까? 여기에는 궁정화가로 있던 예수회 선교사들의 영향이 컸다. 예수회 선교사들은 유럽에서 가져온 동판화와 삽화 등 유럽의 이국적인 모습을 담은 그림들을 건륭제에게 보여줬다. 그 가운데 건륭제는 독일 화가인 게오르크 필립 루겐다스 1세Georg Philipp Rugendas I(1666-1742)가 그린 파노라마처럼 펼쳐진 전쟁 장면을 새긴 동판화를 보고 너무나 깊은 인상을 받은 나머지 자광각의 벽화에 그려진 서역 원정 장면들을 이 유럽 동판화와 같은 방식으로 제작하리라 마음먹었다. 1765년에 궁정화가로 활동하는 카스틸리오네, 아티레, 지첼바르트 그리고 다마스쿠스 등 네 명의 예수회 선교사들은 건륭제로부터 유럽에 보내어 동판화로 제작하기 위한 밑그림으로 쓰기 위해 자광각 벽화를 장식하고 있는 전쟁화의 축소판 그림을 그리라는 명을 받았다.

카스틸리오네는 전쟁기록화가 이탈리아로 가기를 희망했지만 청나라 정부는 이 동판화 제작 프로젝트의 수행을 영국에게 제안했다. 하지만 프랑스 예수회 전도단의 단장인 루이-요셉 레 페브르Louis-Joseph Le Febvre가 이 프로젝트의 수행이 중국에 대한 프랑스의 영향력을 증대시키는 기회가 될 수 있다는 생각에 총독에게 프랑스에서 동판화를 제작할 것을 조언했고, 프랑스가 유럽에서 예술적으로 가장 수준이 높은 국가임을 주장하여 청나라 정부와 계약을 체결하는 데 성공했다. 루이 15세의 정부는 이 프로젝트를 딴 것이 대단한 성공을 거둔 것으로 보았으며 이것이 중국인들에게 프랑스의 선진 기술을 과시할 수 있는 절호의 기회라고 생각했다.

예수회 선교사들이 제작한 16폭의 그림 〈건륭평정서역전도乾隆平定西域戰圖〉 가운데 첫 번째 4폭의 밑그림이 1765년에 중국을 떠나 1766년 가을에 프랑스의 항구도시인 로리앙Lorient에 도착했으며, 수상인 베르탱Bertin이 동판화 제작의 책임을 맡았다. 12월 31일에 4폭 밑

그림은 더 킹스 빌딩 앤 매뉴팩토리스The King's Buildings and Manufactories의 사장인 마리뉘M. de Marigny에게 양도되었다. 인쇄업자 코생Charles-Nicolas Cochin II(1715-1790)이 숙련된 각공들을 추천했다. 1767년 4월 22일에 레 바Jacques-Philippe Le Bas(1707-1783), 생 토뱅Augustin de Saint-Aubin(1736-1807), 프레보Benoit Louis Prévost(1747-1804) 그리고 아리아메Jacques Aliamet(1726-1788) 등이 동판화의 제작에 들어갔고, 1767년 7월에 나머지 12폭의 밑그림이 도착했다. 1769년 12월 17일에 두 장의 동판화가 완성되었으며, 1772년 12월 초에는 1차로 7장의 동판화가 북경에 도착했고, 1774년 12월에 마지막 동판화가 프랑스를 떠나 1775년 중반 무렵에 북경에 도착했다. 건륭제는 이 프로젝트가 신속하게 진행되기를 원했지만 프로젝트가 완전히 끝나는 데 10년이 걸렸다. 건륭제는 동판화와 함께 그가 요구했던 동판화로 찍은 200세트의 복제 그림을 받았다. 건륭제는 이 가운데 81세트의 복제품을 왕족과 신하들에게 선물했다. 그리고 나머지 세트들 가운데 일부는 여러 황궁과 사원에 보관하게 했다. 건륭제는 동판화와 복제 그림에 대한 독자적인 소유권을 강력하게 주장하여, 그가 주문한 동판화와 복제 그림들이 하나도 남김없이 모두 중국으로 보낼 것을 요구했으나 프랑스가 여분으로 더 제작한 몇 세트의 동판화가 프랑스에 남았다. 이 가운데 일부를 프랑스 왕에게 바쳤고, 나머지는 정부 고위관료들과 궁정의 총신寵臣 그리고 동판화 제작 프로젝트에 직접적으로 참여한 사람들의 손으로 들어갔다. 이 동판화 제작 프로젝트를 위해 프랑스와 중국을 연결시켜주었을 뿐만 아니라 동판화의 운송을 책임졌던 프랑스 동인도회사가 또한 몇 세트의 동판화를 가져갔을 것이다. 그리하여 건륭제의 바람과는 달리 동판화의 복제 그림들은 심지어 유럽에서 출판업자 헬만Isidore-Stanislaus-Henri Helman에 의해 축소된 크기로 제작되어 『중국 황제의 정복Conquêtes de l'empereur de la Chine』이란 이름으로 판매되었다.

광주廣州 상인 홍씨鴻氏가 건륭제를 위해 20만 4천 리브르(당시 프랑스의 화폐 단위)에 달하는 금액을 프랑스 동인도회사에 지불하는 임무를 책임지고 처리했다.

카스틸리오네는 건륭 29년인 1764년에 〈건륭평정서역전도〉의 밑그림을 그렸다. 그 이듬해에는 아티레, 지첼바르트 그리고 다마스쿠스 등 예수회 선교사들이 밑그림 제작에 참여했다. 〈평정준갈이회부득승도平定准噶爾回部得勝圖〉라고도 불리는 이 16폭의 〈건륭평정서역전도〉는 건륭 20년인 1755년 5월에 청나라 군대가 이리伊犁에 도착하여, 중가르 유목민들이 무릎을 꿇은 채 그들의 거주지로 진입하고 있는 청나라 군대를 맞이하고 있는 장면을 묘사하고 있는 첫 번째 〈평정이리수항平定伊犁受降〉에서 시작하여 1761년 2월에 북경 자광각에서 전승을 축하하는 연회를 벌이고 있는 장면을 그리고 있는 마지막 16번째 그림인 〈개안전공제장사凱宴戰功諸將士〉에서 끝난다. 이 16폭의 그림들은 프랑스에서 16장의 동판화로 제작되었다. 동판화의 아래에는 밑그림을 그린 화가와 동판화를 새긴 각공의 이름이 새겨져 있다. 동판화에는 또한 건륭제가 쓴 서문과 시문 그리고 그림의 끝에는 대학사大學士 부항傅恆, 상서尙書 서혁덕舒赫德과 우민중于敏中이 쓴 발문이 포함되어 있다.

프랑스에서 동판화로 제작한 〈건륭평정서역전도〉의 가장 두드러진 특징은 치열한 전쟁의 장면들을 실감나게 표현하기 위해 서구의 원근법과 전쟁기록화 제작기법을 수용하여 파노라마로 보여준다는 것이다. 이것은 중국의 전통적인 전쟁기록화들과는 전혀 다른 느낌을 주었다. 카스틸리오네는 프랑스 동판화 제작자들에게 자신을 비롯한 선교사들이 그린 밑그림을 매우 세밀한 부분까지 정확하게 그대로 반영하여 동판화를 새길 것을 주문했지만 이들이 그린 원본 그림들은 현재 남

● 그림3.4 생 토뱅Augustin de Saint-Aubin. 〈호이만대첩呼爾滿大捷〉. 1770년경. 다마스쿠스Giovanni Damasceno의 밑그림을 동판화로 제작. 57.8×93.4cm.
● 그림3.5 레 바Jacques-Philippe Le Bas. 〈악루찰납지전鄂壘扎拉圖之戰〉의 일부. 1770년경. 카스틸리오네의 밑그림을 동판화로 제작. 57.2×92.9cm.

아 있지 않아 프랑스 동판화 제작자들이 이들의 그림을 어느 정도 정확하게 반영하여 동판화에 새겼는지 알 길이 없다. 다행히도 우리가 프랑스로 보내진 원본 그림의 진면목을 짐작할 수 있는 방법이 하나 있다. 리신웨이李欣葦는 내무부 당안檔案을 인용하여, 건륭제가 정관붕과 4명의 다른 궁정화가들에게 카스틸리오네와 그의 동료 선교사들이 그린 16장의 〈건륭평정서역전도〉를 수묵채색으로 복제하여 그리도록 명했다고 한다. 그녀는 이 그림들은 아마도 제작을 명한 건륭제의 승인을 거쳤을 것이기 때문에, 프랑스로 보낸 원본 그림들과 다름이 없을 것으로 추측할 수 있다는 결론을 내렸다. 그녀는 또한 정관붕과 그의 4명 동료 궁정화가들이 종이에 수묵채색으로 그린 16장의 복제 그림은 현재 북경 고궁박물원에 소장되어 있는 〈건륭평정서역전도〉 화첩 그림과 동일한 것이라고 추정하고, 이 화첩 그림과 동판화 그림은 현재 사라지고 없는 카스틸리오네 등 4명의 선교사들이 그린 원본을 복제한 것이라고 주장한다.[1]

이것은 동판화 〈건륭평정서역전도〉에서 볼 수 있는 원근법과 입체감 표현법은 프랑스 각공들의 창의력에서 나온 것이 아니라 카스틸리오네와 그의 동료가 적용한 것을 그대로 반영하고 있음을 의미한다. 종이에 수묵채색으로 그린 화첩 〈건륭평정서역전도〉 또한 이와 마찬가지다.

다마스쿠스가 그린 그림을 생 토뱅이 동판화로 제작한 〈건륭평정서역전도〉의 8번째 동판화 〈호이만대첩呼爾滿大捷〉은 1759년 2월 3일에 지금의 중국 신강新疆에 있는 호이만呼爾滿에서 있었던 전쟁의 한 장면을 재현했다. 이 전쟁은 부덕富德 장군과 마상瑪瑺 장군이 이끄는 청나라 군대의 승리로 끝났다. 이 전쟁의 승리로 인해 지금의 신강 지역은 청나라의 지배하에 놓이게 되었다. 청나라가 호이만 전쟁에서 승리하기 전까

● 그림3.6 작자 미상. 〈화락곽사지첩和落霍澌之捷〉. 1774. 〈건륭평정서역전도〉의 네 번째 그림. 종이에 수묵채색. 55.4×90.8cm. 북경고궁박물원

● 그림3.7 동판화로 제작한 〈화락곽사지첩〉. 북경고궁박물원

지는 중가르가 신강 지역을 통치했으나 그들은 1755년에서 1757년 사이에 이리 전쟁에서 청군에 의해 거의 몰살되었다. 이후 이슬람교도 투르크멘들이 청나라에 반기를 들었다. 조혜 장군이 군대를 이끌고 반란의 진압에 나섰다가 카라 우수 강(흑수하黑水河, 지금의 카슈가르)에 있는 도시 야르칸드(엽이강葉爾羌)에서 투르크멘 정예부대에 의해 포위되었다. 조혜 장군은 5명의 사자를 이 지역에 있는 다른 청군들에게 보내 구원을 요청했다. 그리하여 부덕과 마상이 이끄는 구원병은 1759년 2월 3일에 호이만 전투에 참전했는데, 겨우 6백여 명밖에 안 되는 청군은 5천명의 기마병으로 이루어진 이슬람 적군의 공격을 받았다. 그들은 5천명의 적군과 싸워야 될 뿐만 아니라 포위망을 뚫고 조혜 장군을 구출해야 했다. 청나라 군대는 짧은 기간 동안에 이슬람교도들을 정복하여 이 땅을 중국의 영토로 만들었다.

북경 자금성의 바로 서쪽에 있는 호수인 중해中海에 위치한 자광각은 청 제국의 업적을 찬양하는, 외교 및 군사에 관련된 의식을 거행하는 곳이다. 1761년 2월에 자광각의 실내를 장식하고 있는 전쟁영웅들의 초상화 실제 주인공들이 참석한 가운데 그들의 전승을 축하하는 성대한 연회가 열렸다. 이 장면을 카스틸리오네가 그림으로 그렸다. 이 그림을 프랑스의 레 바가 동판화로 제작했는데, 이 동판화가 16폭 〈건륭평정서역전도〉의 마지막인 〈개안전공제장사凱宴戰功諸將士〉이다.

1760년에 건륭제는 궁정화가들에게 동투르키스탄 원정에서 가장 혁혁한 전공을 세운 100명의 전사들의 초상화를 그리라 명하여 그들의 전승을 기념했다. 이 초상화들은 자광각에 전시되었다. 그림의 상단 부분에는 중국어와 만주어로 쓴 초상화 주인공의 전승을 찬양하는 글귀가 적혀져 있다. 이 그림(그림3.8)은 동투르키스탄에서의 전쟁에서 혁혁한 전공을 세운 전쟁영웅 100명의 초상화 가운데 하나로 납목찰이納木札

● 그림3.8 〈납목찰이納木札爾의 초상화〉. 족자. 비단에 수묵채색. 그림의 크기는 153×94.6cm, 제화한 부분은 31.5×94.6cm. 로열 온타리오 박물관Royal Ontario Museum

● 그림3.9 요문한. 〈자광각사연도紫光閣賜宴圖〉의 일부. 1761년 또는 이후. 두루마리. 비단에 수묵채색. 45.7×486.5cm. 북경고궁박물원

爾의 초상화이다. 건륭제는 초상화 위에 자신이 직접 쓴 제화시에서 납목찰이의 전공을 다음과 같이 높이 치하했다.

正值黑水 곧바로 흑수에 다다르니
猖獗鼠輩 쥐들이 사납게 날뛴다.
以二百衆 2백 명의 병사들로
陷萬賊中 만 명의 반역자들 속으로 빠져들었네.
因緣徇節 충절을 지키기 위해 목숨을 바치니
勇濟以忠 용감하고 충성스러웠다.

1761년에 건륭제는 동투르키스탄에서 승리한 군사들을 치하하기 위해 자광각 앞에서 연회를 베풀었다. 이 극적인 장면을 궁정화가 요문한姚文瀚(1743-1752 활동)이 거의 5미터에 달하는 긴 두루마리(그림3.9)에 담았다.

4 장

민족지와 박물지

4장 민족지와 박물지

● 중국 서남부 지역 민족지 『묘만도苗蠻圖』

청나라 정부는 지도 제작뿐만 아니라 제국 내에 거주하는 민족들에 대한 지식정보를 확보하기 위해 노력했다. 『묘만도苗蠻圖』는 청나라 전반기인 18세기에 귀주貴州 · 운남雲南 · 사천四川 · 광동廣東 · 호남湖南 · 대만臺灣 · 해남海南 등을 포함한 중국 서남부 지역에서 제작된 민족지民族誌이다. 중국 서남부 지역에 거주하는 소수 민족들의 생활상을 보여주는 그림 및 그림을 설명한 텍스트로 이루어진 이 책은 각 민족들의 거주지역 · 성격 · 종교 · 문화관습 · 생계수단 등에 관한 지식정보를 제공한다.[1] 『묘만도』 판본 가운데 귀주에서 제작된 것이 가장 많다.[2]

귀주를 다스리던 관리들에 의해 편찬된 『귀주통지貴州通志』는 1673년, 1692년 그리고 1741년 간본이 있는데, 각각 귀주에 거주하는 30개, 31개 그리고 38개 소수 민족들에 관한 민족지적 정보를 포함하고 있다. 이 가운데 1673년과 1692년 간본에는 각각 30개와 31개 민족들의 모습을 도해한 그림이 포함되어 있다. 이 지방지에 포함되어 있는 중국 서남부 소수 민족들의 풍습에 관한 지식정보가 『묘만도』 텍스트의 근간을 이루고 있다.

『묘만도』는 달리 『백묘도百苗圖』라고도 일컬어진다.[3] 『묘만도』의 최초 판본은 옹정제 치세 후반이나 건륭제 치세 초반에 중국 변방을 다스리던 관리들에 의해 제작되었다. 최초 판본의 제작 시기는 중국 서남부 지역이 청나라에 의해 병합되고 청나라 정부가 이 지역에 거주하는 소수 민족들에 대한 '한화漢化' 정책이라고 할 수 있는 '개토귀류改土歸流'라는 문화정책을 펼쳤던 옹정제 치세 말기와 이 지역 소수 민족들에 대한 청나라 정부의 강압정책에 반발하여 반란이 확산되었던 건륭제 통치 초기였다.[4] 중앙에서 파견된 관리들에게 이 지역 소수 민족들을 다스리는데 필요한 유익한 정보를 제공하는 『묘만도』는 중국 서남부 지역 및 이곳에 사는 소수 민족에 관한 지식정보를 망라하려는 청나라 정부의 염원이 많이 반영되어 있다.

여기에서 주로 참고한 『묘만도』 판본은 두 가지이다. 첫 번째 『묘만도』 판본은 청나라 건륭제 때인 1786년(건륭51)에 귀주 지역[黔中]을 다스리던 초복해楚福海(자字는 방정舫亭)가 편찬한 『묘만도책엽苗蠻圖冊頁』이다. 이 화첩은 필사본이다. 당시 귀주에 거주하던 41개 소수 민족에 관한 그림과 텍스트로 이루어져 있다. 크기는 12.5×9인치이며, 현재 희귀본으로 분류되어 미국 국회도서관Library of Congress의 동아시아 컬렉션East Asian Collection에 소장되어 있다. 또 다른 판본은 1797년 이후에 귀주에서 제작된 것으로, 이 또한 앞의 판본과 마찬가지로 필사본 화첩이다. 책명과 편찬자의 이름이 명시되어 있지 않다. 당시 귀주에 거주하고 있던 82개 소수 민족들에 관한 그림과 텍스트로 이루어져 있다. 딜Deal과 호스테틀러Hostetler가 *The Art of Ethnography: A Chinese "Miao Album"*이라는 이름으로 번역했다. 다음은 『묘만도책엽』에 수록되어 있는 〈백중가白狆家〉이다.

백중가는 여파현荔波縣에 있다. 남자들은 머리에 여우 꼬리털을 쓰고,

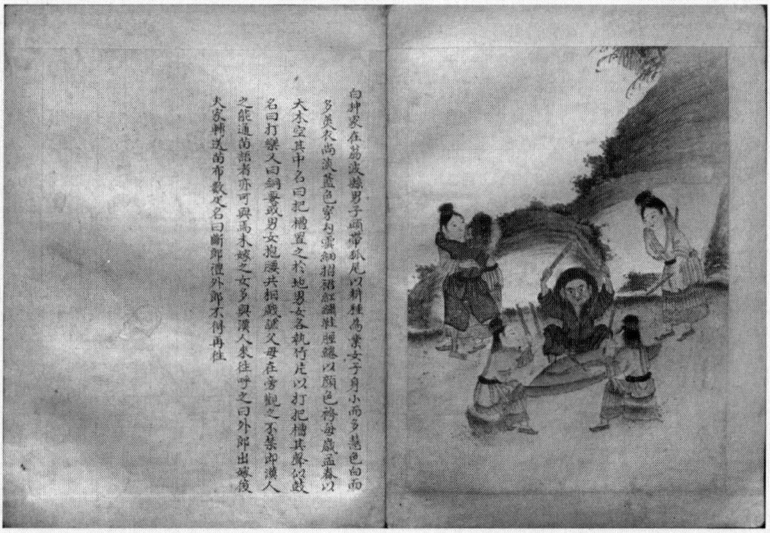

● 그림4.1 〈백중가〉『묘만도책엽』

경작을 업으로 삼는다. 여자들은 몸집이 작고 지혜롭다. 피부색이 하얗고 미인이 많다. 엷은 남색 상의 입는 것을 좋아하고, 매력적인 구름문양의 주름진 치마를 입고, 붉은 실로 수놓은 신을 신으며, 정강이에 색동천을 두른다. 해마다 음력 1월에는 큰 통나무의 가운데 속을 판다. 이것을 파조把槽라고 한다. 파조를 땅바닥에 놓고 남녀가 각각 대나무 막대를 쥐고 파조를 두드린다. 이를 '타악打樂' 또는 '동요銅要'라고 한다. 간혹 남녀가 껴안고 함께 희롱하고 있는데 부모가 옆에서 이를 지켜봐도 못하게 하지 않는다. 묘족의 언어에 능통한 한족 중국인은 이들과 어울릴 수 있다. 시집을 가지 않은 여자는 한족 중국인들과 내왕이 잦았는데, 이러한 한족 중국인을 '외간 남자外郎'라고 불렀다. 결혼을 한 뒤에 남편 집에서 여러 필의 포목을 보내는데 이를 '사내와의 관계를 끊기 위한 선물'이라고 한다. 이 선물을 받으면 외간 남자는 더 이상 왕래를 할 수 없다.

白狆家在荔波縣. 男子頭戴狐尾, 以耕種為業. 女子身小而多慧, 色白而多美. 衣尚淡藍色, 穿勾雲細褶裙, 紅繡鞋, 脛綣以顏色袴. 每歲孟春以大木空其中, 名曰把槽, 置之於地. 男女各執竹片以打把槽. 其聲似鼓, 名曰打樂. 又曰銅要. 或男女抱腰共相戲謔, 父母在旁觀之不禁. 即漢人之能通苗語者, 亦可與焉. 未嫁之女多與漢人來往, 呼之曰外郎. 出家後夫家轉送苗布數疋, 名曰斷郎禮, 外郎不得再往.

1796년 이후에 귀주에서 제작된 『묘만도』는 그림과 텍스트로 나뉘어져 있다. 텍스트는 도영圖詠과 도설圖說로 이루어져 있다.[5] 다음은 이 책에 수록되어 있는 〈백중가〉이다.

錦裙繡履鬥紅妝 비단 치마에 수놓은 신발, 예쁘게 치장하고

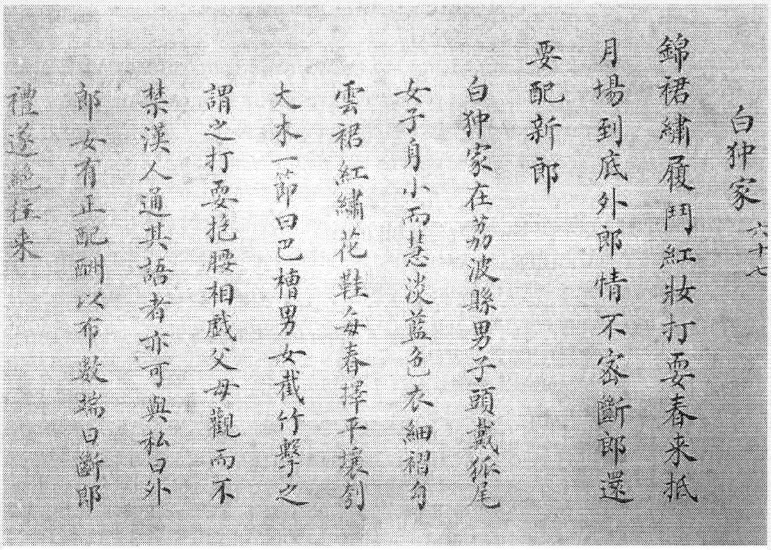
白狆家 六十七

錦裙繡履鬥紅妝打耍春来抵月場到底外郎情不容斷郎還要配新郎

白狆家在荔波縣男子頭戴狐尾女子身小而甚淡藍色衣細褶勾雲裙紅繡花鞋每春擇平壤剏大木一節曰巴槽男女截竹擊之謂之打耍抱腰相戲父母觀而不禁漢人通其語者亦可與私曰外郎女有正配酬以布數端曰斷郎禮遂絕往来

● 그림4.2 〈백중가〉 귀주 『묘만도』

打耍春來抵月場 봄이 오라 북을 두드리며 짝 찾기 달놀이 마당에 도착했다네.
到底外郎情不密 외간 남자는 정이 미덥지 않아
斷郎還要配新郎 헤어지고 돌아가 새로운 짝 찾는다네.

백중가는 여파현에 있다. 남자들은 머리에 여우 꼬리털을 쓴다. 여자들은 몸집이 작으며 지혜롭다. 그들은 엷은 남색 상의와 촘촘하게 주름을 잡은 매력적인 구름문양 치마를 입고 붉은 실로 수놓은 신을 신는다. 봄이 되면 평탄한 곳을 택해 큰 통나무 속을 파는데 이것을 파조巴槽라고 한다. 남녀가 대나무를 잘라서 파조를 두드리는데 이것을 '포옹하도록 유혹하기 위해 두드린다'라고 한다. 남녀가 서로 즐기며 놀아도 그들의 부모들은 바라만 보고 못하게 하지 않는다. 그들의 언어를 이해하는 한족 중국인은 그들과 함께 어울릴 수 있었는데, 이들을 '외간 남자外郎'라 불렀다. 여자가 혼인할 배우자가 있으면 여러 단 길이의 포목을 주어 보상했는데, 이것을 '사내와의 관계를 끊기 위한 선물'이라고 한다. 선물을 주고는 관계를 끊는다.

白狆家在荔波縣. 男子頭戴狐尾. 女子身小而慧. 淡藍色衣, 細褶勾雲裙, 紅繡花鞋. 每春擇平壤, 刳大木一節, 曰巴槽. 男女截竹擊之, 謂之打耍抱腰. 相戲, 父母觀而不禁. 漢人通其語者, 亦可與私, 曰外郎. 女有正配, 酬以布數端, 曰斷郎禮. 遂絕往來.

초복해가 편찬한 『묘만도책엽』의 권두에는 다음과 같은 서문이 실려 있다.

갑신년(건륭49, 1784) 겨울 11월에 나 초복해는 천자의 명을 받들어

검중黔中 지방을 시찰하게 되었다. 임지에 도착하여 민정에 관심을 갖고 백성들의 띠집 처마를 두루 방문하여 비한족 중국인들이 뒤섞여 살고 있는 것을 목격했는데 풍속이 서로 다르다. 종족이 다르니 생계 수단 또한 다르다. 그들의 본성은 졸렬하고 어리석다. 그들의 풍속은 순박하고 촌스럽다… 이 지방은 한족과 비한족이 뒤섞여 살고 있다. 말이 같지 않지만 돈후박실하여 점차 중국 풍습의 영향을 받았다… 오대 때 초나라 왕 마은馬殷이 옹관邕管에서 이곳으로 옮겨 왔다. 보롱補籠, 가우卡尤 그리고 청중青狆 등 세 종류의 종족이 있다. 이들은 귀평貴平의 여러 군에 모두 있다… 여러 묘족들이 대체로 이와 같다. 이들은 종족들이 서로 뒤섞여 있어 모두 다 나열할 수 없다. 그들의 정황을 직접 눈으로 목격하여 그들의 본성과 풍습이 서로 다름을 분별한다. 이에 이들 추잡한 무리들을 살펴 그림으로 그려 한 권의 책으로 만들었다. 때는 건륭 51년인 병오년(1786) 9월 중순 방정舫亭 씀.

甲辰冬仲, 楚秉天子命, 觀察黔中. 下車伊始, 輒留心民物, 編訪茅簷. 則見苗獠雜處, 同俗異宜. 厥種既殊, 托業亦異. 其性拙而愚, 其風樸而俚…是方漢夷雜居, 話言殊致, 敦龐淳固, 漸被華風…五代時, 楚王馬殷自邕管遷來, 其種有三: 曰補籠, 曰卡尤, 曰青狆, 貴平諸郡皆有之…諸苗大率如此. 茲因種類雜糅, 未由羅列. 目擊其情形意態, 以辨其性情風土之殊. 爰按其醜類, 繪厥全圖, 彙為一帙…旹惟乾隆歲次丙午秋九月中浣, 舫亭識.

중국인들은 자신들과 타자를 차별화하려는 경향이 강하다. 한 가지 예를 들어보자. 다음은 『전국책戰國策』에 나오는 대목이다.

중국은 총명하고 예지로운 사람들이 사는 곳이며, 온갖 재화가 모이

> 는 곳이며, 성현들이 가르치는 곳이며, 인의가 행해지는 곳이며, 시서와 예악이 쓰이는 곳이며, 기이하고 정교한 기예가 시도되는 곳이며, 멀리 있는 사람들이 보고 배우기 위해 오는 곳이며, 만이蠻夷 사람들이 행하는 바를 본받는 곳이다.
>
> 中國者, 聰明叡知之所居也, 萬物財用之所聚也, 賢聖之所教也, 仁義之所施也, 詩書禮樂之所用也, 異教技藝之所試也, 遠方之所觀赴也, 蠻夷之所義行也.

중국에는 『묘만도』 이전에도 타자에 대한 그림과 텍스트를 제작하는 전통이 존재했다. 중국 최초로 중국이 아닌 '외국' 땅에 사는 존재들—하이브리드hybrid를 묘사한 그림과 그들에 관한 텍스트 정보를 제공한 책은 한나라 때 완성된 『산해경山海經』이다. 명나라 때 학자 왕기王圻(1565-1614)가 편집하여 1610년경에 남경南京에서 간행한 백과사전인 『삼재도회三才圖會』의 「지리地理」 부문은 명나라 전역의 지도 및 지도에 표시된 각 지역의 역사와 지리적 특성 그리고 행정구역 등에 관한 정보를 제공한다. 이 부문은 또한 적벽과 같은 명승지들의 그림과 함께 관련 설명을 포함하고 있다. 이 백과사전의 「인물人物」 부문은 다양한 민족과 그들의 관습에 관한 정보를 제공한다. 강희제의 치세 기간인 1706년에 완성된 백과사전인 『고금도서집성古今圖書集成』의 「지리」 부문에서 제공하는 각 지역에 거주하는 민족들의 관습 등에 관한 정보는 『묘만도』에서 제공하는 정보들과 유사하다. 『묘만도』가 기존의 『산해경』이나 『삼재도회』 그리고 『고금도서집성』의 「지리」 부문과 다른 점은 초복해가 『묘만도책엽』의 권두 서문에서 분명히 밝히고 있듯이, 직접 눈으로 목격한 것에 바탕을 두고 제작했다는 사실이다. 청나라 전반기에 제작된 다양한 판본의 『묘만도』는 초복해의 경우를 통해서도 알 수 있듯

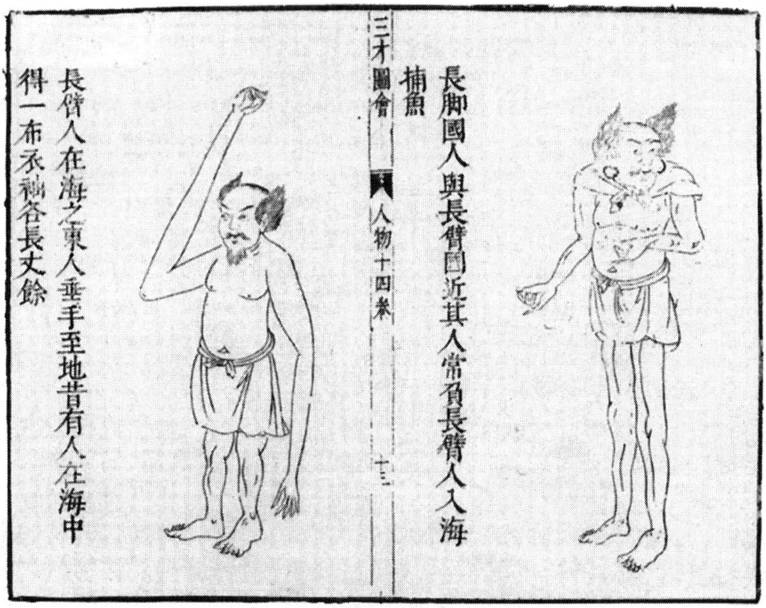

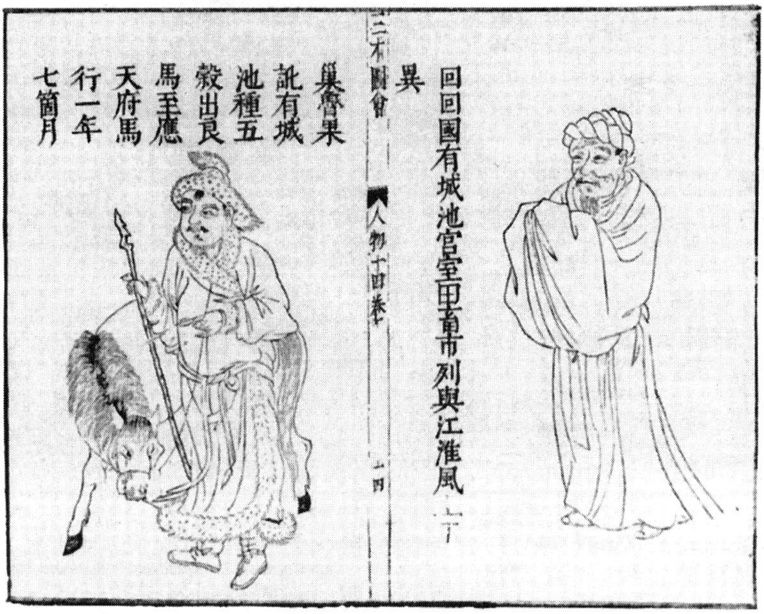

● 그림4.3a 『삼재도회』 「인물」 부분

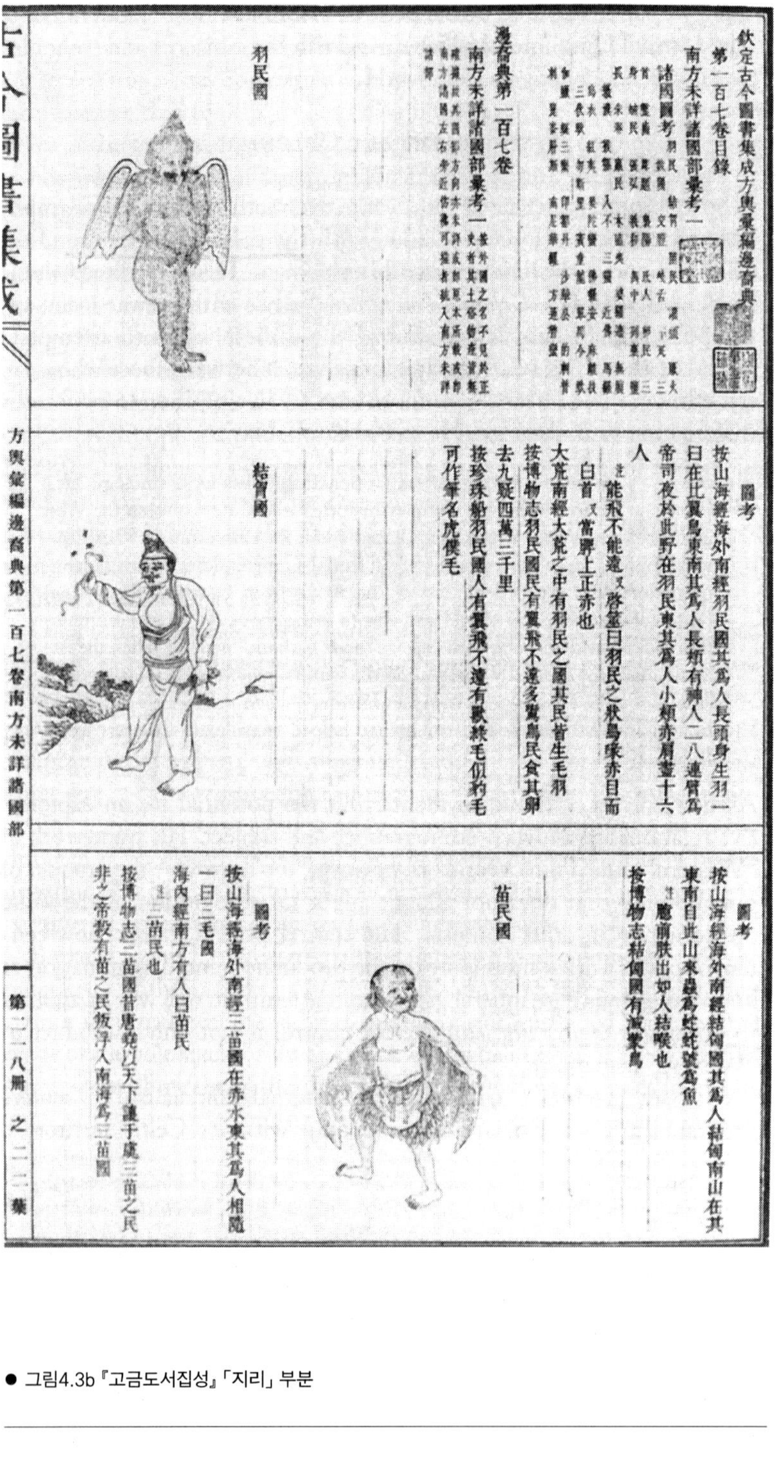

欽定古今圖書集成方輿彙編邊裔典

第一百七卷目錄

南方未詳諸國部彙考一

諸國圖考

邊裔典第一百七卷

南方未詳諸國部彙考一

羽民國

圖考

按山海經海外南經羽民國其爲人長頭身生羽一曰在比翼鳥東南其爲人長頰有神人二八連臂爲帝司夜於此野在羽民東其爲人小頰赤肩盡十六人

注能飛不能遠又卵生又畫似仙人也 又啓筮曰羽民之狀鳥喙赤目而白首 又當脾上正赤也

大荒南經大荒之中有羽民之國其民皆生毛羽

按博物志羽民國民有翼飛不遠多鸞鳥民食其卵去九疑四萬三千里

按珍珠船羽民國人有翼飛不遠有獸純毛似豹毛可作筆名虎僕毛

結匈國

圖考

按山海經海外南經結匈國其爲人結匈南山在其東南自此山來蟲爲蛇蛇號爲魚

注臆前胅出如人結喉也

按博物志結匈國有滅蒙鳥

苗民國

圖考

按山海經海外南經三苗國在赤水東其爲人相隨一曰三毛國

海內經南方有人曰苗民

注三苗民也

按博物志三苗國昔唐堯以天下讓于虞三苗之民非之帝殺有苗之民叛浮入南海爲三苗國

古今圖書集成

方輿彙編邊裔典第一百七卷南方未詳諸國部

第二二八冊之二三葉

● 그림4.3b 『고금도서집성』「지리」 부분

이, 중국 서남부 지역에 파견된 지방 관리들에 의해 만들어졌다. 그들은 자신이 직접 체험한 것과 지방지에 수록된 텍스트 정보에 의거하여 『묘만도』를 제작했다. 중국 서남부 지역에 파견된 관리들의 직접적인 관찰에 의해 제작했다는 점이 『묘만도』가 민족지라는 사실을 잘 말해준다. 바로 이 점이 18세기 민족지의 출현이 유럽에서만 일어나는 현상이 아니라 근대 초기에 유라시아 전역에 걸쳐 제국들에서 보편적으로 나타나는 현상임을 증명해준다.[6]

묘족을 비롯한 중국 변경의 소수 민족들은 중국인들에 의해 접근하기 힘든 산간의 '편벽'한 곳에 거주하는, 중국 중심 지역의 도시 심지어 비옥한 토지에서 농업에 종사하는 중국인들에 비해 문화적으로 열등하며 지리적으로 변경에 존재하는 민족으로 묘사된다. 여기서 '편벽'은 지리적인 거리상의 편벽함과 자연 그대로의 오염되지 않은 아름다운 자연 경관뿐만 아니라 문명화되지 않은 음란함, 경제적으로나 사회적으로 불안한 문제들을 안고 있는 지역, 중국에서 가장 척박한 산간지역에서 밭을 일구며 근근이 생계를 유지하는 극심하게 빈곤한 사람들이 사는 땅이라는 의미들이 내포되어 있다. 이러한 특징들을 지닌 중국 서남부 지역은 남성적인 것으로 분류되는 진취적이고 역동적인 중앙에 비해 여성적이다.[7]

고대 중국인들에게 소수 민족들이 사는 중국의 서남부 지역은 제국의 중심 바깥에 있는 변경으로 인식되었다. 청나라 때 중국 서남부는 중앙 정부에 대한 완강한 저항으로 인해 '내부 식민지화internal colonization'가 진행되고 있었다.[8] 명·청 교체기였던 17세기 중반에 중국 서남부 지역은 전쟁터였다. 외국과의 무역과 방어가 이 지역을 전략적으로 중요하게 만들었다. 라오스와 버마의 조공 사절단이 운남을 지나갔고, 동남아시아와의 차와 비단 무역이 활발하게 진행되었으며, 이 지역은 중국이 버마와 티베트를 정벌할 때 기지로 사용되었다.[9] 이 지역에 매장되어 있는 풍부한 광물자원이 청 정부의 관심을 끌었다. 18세기에 외국으로부터 은 유입의 증대로 인해 구리 광산의 개발이 강화되었다. 청나라 정부의 후원하에 구리의 채굴은 10배나 증가했다. 1700년부터 1850년까지 이 지역의 구리 산출량은 세계 구리 생산량의 1/5에 달했다. 채광 붐으로 인해 많은 사람들이 이 지역으로 이주했다. 1700년에서 1850년까지 이 지역의 인구가 4배나 증가했다.[10]

원나라 때부터 중국 정부는 이른바 '토사土司' 시스템을 통해 비한족 중국인들을 간접적으로 통치했다. 토사는 토착민들이 세습하는 관직이다. 그들은 정부를 대신하여 토착민들로부터 세금과 공물을 징수했다. 중국 정부는 토사로 임명된 토착민들에게 중국의 의례와 문화를 가르쳤다. 옹정제 때 토착민에 의한 통치를 없애기 위해 토착민들의 족장을 관리로 임명하여 중국 서남부 지역의 소수 민족들을 간접적으로 통치했던 토사 제도를 폐지하고 중앙 정부에서 파견된 '유관流官'이라는 관리를 통해 직접 다스리는 이른바 '개토귀류改土歸流' 정책이 실행되었다. 개토귀류 정책은 1720년대에 중국 서남부 소수 민족, 특히 묘족의 반란을 촉발시켰다. 묘족들은 중앙 정부의 통제에 복종하는 정도에 따라 '생生'과 '숙熟'으로 분류되었다.[11] 전여성田汝成은 『염요기문炎徼紀聞』에서 중국 서남부에 거주하는 소수 민족들을 문명화의 여부에 따라 '생'과 '숙' 두 가지 기준으로 구별했다.

> 성의 경계 가까운 곳에 거주하는 자들은 숙묘熟苗이다. 조세를 납부하고 부역을 하는 것이 다소 양민良民의 집과 같다. 10년이 지나면 관부는 그들의 호구와 소식에 관해 기록하여 조정에 올렸다. 기록에 오르지 않은 자들을 '생묘生苗'라고 일컫는다. 생묘는 많고 숙묘는 수가 적

다. 그들의 풍속은 각각 당黨을 중심으로 자기들 사이에서 답습한다. 대체로 성격이 거칠고 사나우며 사람을 의심하며 해를 끼친다. 예를 지켜 사양하지 않으며 사람으로서 떳떳하게 지켜야 할 도리가 없다. 오로지 이익이 된다면 염치를 돌보지 않는다. 기쁠 때는 사람이며 화가 나면 짐승으로 변한다. 눈초리를 흘기는 대단치 않은 원망이 살인을 하는 지경에 이른다. 죽임을 당한 집은 온 가족이 복수에 나선다. 반드시 원수를 갚고 난 다음에야 멈춘다.

近省界者為熟苗, 輸租服役, 稍同良家, 十年, 則官司籍其戶口息耗, 登于天府. 不與是籍者, 謂之生苗. 生苗多而熟苗寡. 其俗各以其黨, 自相沿襲. 大抵獷忮猜禍, 絕禮讓而昧彝倫. 惟利所在, 不顧廉恥. 喜則人, 怒則獸. 睚眥之隙, 遂至殺人. 被殺之家, 舉族為讎, 必報當而後已.[12]

강희제 때 황지장黃志璋이 찬수한 『마양현지麻陽縣志』 「진간총설鎮竿總說」에 "이미 천자의 교화에 감화된 자들을 숙묘라고 한다. 그들은 내지의 한인들과 대동소이하다. 생묘는 산 속 동굴 같은 외진 곳에 거주한다. 험준한 곳에 산채를 짓고, 언어가 통하지 않으며 풍속이 매우 다르다.[已歸王化者, 謂之熟苗. 與內地漢人大同小異. 生苗則僻處山洞, 據險為寨, 語言不通, 風俗迥異.]"라고 한다. 숙묘는 중국 서남부 지역으로 이주한 한족 중국인들의 거주 지역과 가까운 곳에 살며, 중앙에서 파견된 관리의 통제를 받으며 조세를 납부하고 부역에 종사하며 중국 문화의 영향을 받은 자들이다. 예를 몇 가지 들어보자. 다음은 『묘만도책엽』에 수록된 〈동가묘狪家苗〉이다.

동가묘狪家苗는 여파현荔波縣에 있다. 옷의 색은 푸른색을 좋아한다. 길이는 무릎 아래를 내려가지 않는다. 새해가 되면 그들은 닭과 물고기

● 그림4.4 〈동가묘〉『묘만도책엽』
● 그림4.5 〈동묘〉『묘만도책엽』

와 고기 그리고 밥을 지어 반호에게 제를 올린다. 물에서 가까운 곳을 택해 거주한다. 면화 경작을 잘한다. 여자들은 베를 짜며, 남자들은 중국어를 할 수 있지만 문자는 알지 못한다. 그들은 나무를 깎아 계약의 신표로 삼는다.

狪家苗亦在荔波縣. 衣尚青. 長不過膝. 每歲首雞魚肉酒飯以祭槃瓠. 擇近水而居. 善種棉花. 女則自紡織, 男子通漢語, 不識文字. 凡事以木刻為信.

다음은 『묘만도책엽』에 수록된 〈동묘洞苗〉이다.

동묘洞苗는 천주天柱와 금병錦屏에 있다. 땅이 평탄하고 물에 가까운 곳을 택해 산다. 면화를 경작하여 생계를 잇는다. 남자들의 의복과 음식이 중국인들과 비슷하여 중국인들과 함께 일하는 경우가 많다. 여인들은 머리에 남색 각이 진 천 모자를 쓰고, 꽃문양으로 테두리를 친 상의와 치마를 입는다. 그들은 동금洞錦과 동파洞帕를 짤 줄 알며, 스스로 자신들이 만든 것이 아름답다고 말한다. 이들은 중국어에 가장 능통한 집단들이다. 평소에 약속한 바를 잘 지킨다. 초성楚省에도 이들이 많이 거주한다.

洞苗在天柱錦屏. 地方擇平坦近水而居. 以種棉花為務. 男子服食類漢人, 故多與漢人傭工. 婦人頭戴藍角巾帽, 着花邊衣裙. 能織洞錦洞帕, 自言精美. 此種最通漢語. 素聽約束. 楚省亦多有之.

생묘는 중앙 정부의 통제를 거부한다. 세금을 바치거나 부역에 나가지도 않는다. 중국 문화의 영향 또한 받지 않았다. 그리고 그들은 한족 중국인들의 거주 지역과는 멀리 떨어진 외진 산악지대에 산다. 다음은 『묘만도책엽』에 수록된 〈흑생묘黑生苗〉이다.

흑생묘黑生苗는 청강清江 경내에 있다. 성질이 흉악하다. 부자가 사는 곳에 이르면 나쁜 패거리를 지어 횃불에 긴 표창과 날카로운 칼을 쥐고 물건을 강탈했다. 옹정 3년에 정복되어 지금은 모두 법을 준수한다.
黑生苗在清江境內. 性情兇惡. 訪知富戶所居, 則勾連惡黨, 執火把持長鏢利刃以劫之. 至雍正三年征服, 今皆守法.

다음은 1796년 이후에 귀주에서 제작된 『묘만도』에 수록된 〈생묘生苗〉이다.

火食民間自古同 사람이 음식을 불에 익혀 먹는 것은 예로부터 같았는데
此鄉廢盡遂皇功 이 마을은 황제의 공덕을 저버렸다.
豚魚生啖稱佳味 돼지와 물고기를 날로 먹으며 맛있다고 한다.
大有茹毛飲血風 대체로 터럭을 먹고 피를 마시는 풍습이 있다네.

생묘는 태공台拱 · 개리凱里 · 황평黃平 · 시병施秉 등지에 있다. 그들은 대체로 본성이 야만스럽고, 먹는 것이 모두 살아 있는 것들이다. 물고기와 고기는 반숙한 것을 신선하다고 여긴다. 그래서 이름을 '생묘'라고 한다.
生苗在台拱凱里黃平施秉等處. 多野性, 所食皆生物. 魚肉以半熟為鮮故名生苗.

중국에 동화되지 않은 야만의 상태에 있는 민족은 '생', 중국화

黑生苗在清江境內性情兇惡訪知富戶所居則勾連惡黨執火把持長鏢利刃以刼之至雍正三年征服今皆守法

生苗 七十四

火食民間自古同此鄉靡盡遂皇功豚魚生啖稱佳味大有茹毛飲血風

生苗在台拱凱里黃平施秉等處多野性所食皆生物魚肉以半熟為鮮故名生苗

● 그림4.6 〈흑생묘〉『묘만도책엽』
● 그림4.7 〈생묘〉 귀주『묘만도』

되고 그래서 더 문명화된 민족은 '숙'으로 분류했다.[13] 이러한 구분법은 공교롭게도 프랑스 인류학자 클로드 레비 스트로스Claude Lévi-Strauss(1908-2009)가 야만과 문명을 각각 '날것[the raw]'과 '익힌 것[the cooked]'으로 구분한 것과 같다. '숙熟[익힌 것]'으로 분류된 민족들은 중국 정부나 토사의 통제하에 있으면서 한족의 생활방식을 택하거나 최소한 한족의 정서에 거슬리는 그들 고유의 생활방식을 포기한다. '생生[날것]'에 속하는 민족들은 중국 정부의 '한화漢化' 정책에 저항하고 그들의 통제하에 있기를 거부한다. 중국 정부의 입장에서 볼 때 유교를 통해 '날것'을 '익힌 것'으로 만드는 것이 교화이다.

문명화의 여부로 타자와 차별화하는 것은 근대 초기에 나타나는 한 현상이다.[14]

● 청나라 정부의 문명화 프로젝트

청대 중국의 통치자들은 광대한 영토와 수많은 민족들로 이루어진 중국을 어떻게 다스렸을까? 다민족 국가를 건설한 청나라 만주족 정부는 어떻게 헤게모니를 이루었는가?

현재 중국의 경계가 구획된 것은 강희제와 옹정제 그리고 건륭제가 통치했던 130여 년간에 일어난 일이었다. 대만, 중앙아시아, 몽골, 티베트 모두가 중국 본토에 복속되어 단일의 정치 체제를 형성하게 되었다. 제국의 경계를 확정하고 제국에 거주하는 사람들에 관한 지식을 생산하는 것, 즉 정확하고 상세한 지도와 민족지를 제작하는 것은 제국의 통치자가 권력을 성취하고 유지하는 관건이다. 이러한 취지에서 강희제는 1708년 유럽의 예수회 선교사들에게 그의 제국을 시각적으로 재현하는 지도의 제작을 의뢰하여 1718년에 『황여전람도皇輿全覽圖』가 완성된다.[15] 이 지도집에는 중국 전국지도 한 폭, 각 지방의 지도와 지역도 28폭이 포함되어 있다. 『황여전람도』에는 중국의 주요 산맥, 강 그리고 각 성省 · 부府 · 위衛 · 소所 · 현縣 · 진鎭의 소재지가 매우 자세하게 표시되어 있다. 이 지도집은 그의 제국을 한눈에 볼 수 있는 정확한 지도에 대한 강희제의 염원을 실천에 옮긴 것이다.

한 국가의 영토를 지도로 제작할 뿐만 아니라 이에 관한 민족지가 수반되어야만 진정으로 영토를 소유할 수 있다.[16] 도상이 포함되어 있는 1673년과 1692년 간본의 『귀주통지』 및 『묘만도』는 청 제국에 거주하는 민족들을 시각적으로 표상한 것이다.

청 제국에는 서로 다른 기원과 언어 그리고 문화를 가진 다양한 민족들이 살았다. 청나라 정부는 그들을 '문명화'시키고자 노력했다.[17] 중국 정부는 수세기 동안 변방에 거주하는 소수 민족들을 '문명화'시키려는 일련의 시도들을 꾸준히 해왔다. 이 문명화 프로젝트에는 문명화의 주체인 중앙 정부와 문명화의 대상인 주변 소수 민족 간에 불평등이 전제된다. 문명화의 주체인 중앙은 우월하고 그들의 문명화 대상인 변방의 소수 민족들은 열등하다는 거다. 문명화의 주체인 중앙은 지배의 과정이 피지배자에게 자신들이 갖고 있는 우월한 문화적, 종교적 그리고 도덕적 자산을 획득하거나 최소한 이것들에 접근하도록 도울 수 있다는 믿음에서 이데올로기적 근거를 삼는다.[18]

문명화 주체가 해야 할 첫 번째 일은 문명화 프로젝트의 대상에 대해 정의를 내리고 그들을 객관화하는 것이다. 그들은 문명화의 대상이 열등하며, 따라서 이들에게는 문명이 필요하다는 점을 부각시켜야 하며, 이 열등한 민족들을 문명화시킬 수 있다는 점을 증명해야 한다.[19] 문명화 프로젝트에서 문명화의 대상인 변방 소수 민족들은 여성, 청소년,

시대에 뒤떨어진 것으로 비춰진다. 반면 문명화의 주체는 남성, 성년, 현대적이다. 문명화의 주체는 변방의 소수 민족들을 에로틱하며 성적으로 문란한 것으로 묘사한다. 그들에게 변방의 소수 민족들은 여성과 같으며, 여성은 소수 민족을 표상한다. 다음은 『묘만도책엽』에 수록된 〈단군묘短裙苗〉이다.

> 단군묘短裙苗는 도균都勻과 팔채八寨에 있다. 남자는 짧은 상의와 넓은 바지를 입는다. 여인들의 상의는 옷깃과 소매가 없다. 앞은 배를 감싸지 않고, 뒤로는 허리를 가리지 않는다. 치마의 길이는 5촌이다. 촘촘하게 주름을 잡았으며 폭이 넉넉하다. 겨우 부끄러운 부분을 가렸을 뿐이다. 자초紫草를 따서 생계를 잇는다. 술을 좋아하고 취하면 산 위에 드러눕는다. 매서운 추위가 닥치면 시냇물에 들어가 목욕을 한다. 그들은 이것이 몸을 따뜻하게 하는 데 도움이 된다고 말한다.
> 短裙苗在都勻之八寨. 男子短衣寬褲. 婦人衣無衿袖. 前不護肚, 後不遮腰. 其裙長五寸. 打細摺而厚. 聊以蔽羞而已. 採紫草以營生. 性嗜酒, 醉則臥於山凹. 隆寒則入溪澗中洗浴. 云可助暖.

중앙의 문명화 주체에게 변방의 소수 민족들은 또한 어린이로 비춰진다. 어린이는 성인에 비해 열등하며 교육을 통해 개선될 수 있다. 그러므로 교육을 통해 이들을 문명화하는 것은 중앙이 해야 할 일이다. 변방 소수 민족들의 어린이 이미지는 한족과 소수 민족의 관계를 '형제민족'이라고 표현한 관방 담론에서도 잘 나타난다. 사회적으로나 경제적으로 우월한 형인 한족에 비해 동생인 소수 민족은 열등하지만 교육을 통해서 형처럼 될 수 있다. 마지막으로 변방의 소수 민족들은 현대적인 중앙의 한족에 비해 시대적으로 뒤떨어졌다. 그들은 문자가 없

● 그림4.8 〈단군묘〉『묘만도책엽』
● 그림4.9 〈평벌묘〉『묘만도책엽』

고, 모계사회이며 옛 생활방식을 유지하고 있기에 원시적이다.[20] 다음은 『묘만도책엽』에 수록된 〈평벌묘平伐苗〉이다.

> 평벌묘平伐苗는 귀정貴定의 신첨관新添管에 있다. 남자들은 풀을 엮어서 만든 상의와 짧은 치마를 입고, 여자들은 짧은 상의와 통치마를 입고 긴 비녀로 쪽을 짓는다. 혼인과 제사에는 모두 개고기를 사용한다.
> 平伐苗在貴定之新添管. 男子披草衣著短裙, 婦人短衣而穿桶裙, 以長簪綰髻. 婚姻祭享皆用狗.

중앙의 중국인들에 의해 중국 서남부 지역의 소수 민족들은 에로틱하며 성적으로 문란한 것으로 묘사된다. 그들은 풀을 엮어서 만든 옷을 입고 살며, 여인들은 부끄러운 부분만을 가릴 뿐이다. 중앙의 중국인들의 눈에 비친 변방의 소수 민족들은 원시적이고 열등하다. 중앙의 중국인들에게 중국 서남부 지역의 소수 민족들은 '내부 타자internal others'이다. 여성화된 변방의 소수 민족들은 남성적인 중앙의 문명화 대상이다.[21]

중국 내부의 이질적인 타자인 비한족 소수 민족들에 대해 관심을 보이고 있는 청나라 중앙정부는 '내적 오리엔탈리즘internal orientalism'의 소유자라고 할 수 있다. '내적 오리엔탈리즘'은 에드워드 사이드Edward W. Said가 원래 '동양에 대한 서양의 사고—지배방식'을 일컫기 위해 사용한 개념인 '오리엔탈리즘orientalism'에서 빌려온 개념이다. 에드워드 사이드의 오리엔탈리즘에서 동양은 유럽의 발전에 필적할 수 없는 타락하고 쇠퇴하는 문명으로 묘사된다. 『묘만도』에 나타난 중국 서남부 지역 소수 민족들에 대한 묘사는 유럽인들이 민족지에서 아프리카인들을 원시적이고 자연에 가까운 것으로 묘사한 것과 유사하다. 청나라 내부의 식민지라고 중국 서남부 지역에 대한 청나라 중앙정부의 통치는 콜로니얼리즘의 내부 확대와 내적 변형이라고 할 수 있다. 청나라 중앙정부는 중화공동체 속 내부 타자를 발견해 '내적 경계'를 긋고 그들을 식민지로서 상상하고 배제와 동화의 논리를 적용했던 것이다. 『묘만도』에서 시도한 문화적 다름의 시각적 재현은 내적 오리엔탈리즘의 소유자에게 식민지화된 내부 타자들의 지배를 정당화하는 근거를 제공한다.

● 『묘만도』와 청대 중국 정부의 문화수집

『궁중당건륭조주접宮中檔乾隆朝奏摺』에 의하면, 건륭 15년인 1750년 8월 11일에 사천 총독 책능策楞은 군기처軍機處 총관대신總管大臣인 부항傅恆(대략 1720-1770)으로부터 "알고 있는 서번西番과 과라猓玀의 남녀 생김새와 복식을 각각 그림을 그리고 해설하라.[將所知之西番猓玀男婦形狀, 幷衣飾服習, 分別繪圖注釋.]"는 상유上諭를 받게 된다. 『대청고종순황제실록大清高宗純皇帝實錄』에 의하면, 건륭 16년인 1751년 6월 7일에 건륭제는 군기처 대신들에게 다음과 같은 유지諭旨를 내린다.

> 나의 왕조는 천하세계를 통일했다. 나라 안팎의 오랑캐들 가운데 우리에게 진심으로 귀복歸服하여 교화되지 않은 자가 없다. 그들의 의관과 생김새가 서로 다르다. 지금 여러 곳에서 보낸 도상圖像을 갖고 있지만 아직 크기가 서로 다르고 완전히 다 갖추고 있지도 않다. 현재 갖고 있는 도식圖式 몇 장을 변경에 있는 총독總督과 순무巡撫에게 보내어 이 본보기에 맞추어 그들이 관할하고 있는 묘苗, 요猺, 려黎, 동僮 그

리고 나라 바깥에 있는 다양한 오랑캐들의 생김새와 복식服飾을 그림으로 그려 군기처로 보내게 한다. 군기처는 그 그림들을 모아서 짐이 열람할 수 있게 한다. 짐은 영토가 넓고 외지고 먼 지역까지도 귀복하여 모두 다 소유하게 되었다. 천하세계의 다채로운 색과 모양이 갖추어지면 이로써 왕회王會의 성대함을 밝히겠다.

我朝統一寰宇, 凡屬內外苗夷, 莫不輸誠向化. 其衣冠狀貌, 各有不同. 今雖有數處圖像, 尚未齊全. 著將現有圖式數張, 發交近邊各都撫, 令其將所屬苗猺黎僮, 以及外夷番罛, 俱照此式樣, 仿其形貌衣飾, 繪圖送軍機處, 匯齊呈覽. 朕以幅員既廣, 遐荒率服, 俱在覆含之內. 其各色圖樣, 自應存備, 以昭王會之盛.[22]

건륭제 때 청나라는 중국 역사상 최대의 영토를 차지하는 제국을 건설했다. 중국은 다민족 국가이다. 건륭제는 이 광대한 영토 내에 수없이 다양한 민족들이 살고 있음을 잘 알고 있었다. 그는 표준화된 틀 속에 이들에 관해 기록한 텍스트를 소유하고 싶었다. 지식은 곧 권력이다. 청 제국 내의 민족들의 생김새와 복식을 그린 그림 그리고 이에 관한 지식정보를 소유함으로써 건륭제는 그들에 대한 지배를 주장할 수 있다. 건륭제에게 있어 중국 서남부 변경의 총독과 순무들이 관할 지역 소수민족들의 생김새와 복식 그리고 풍습 등에 관해 묘사한 그림과 이에 관한 정보를 기록하여 중앙으로 보낸 『묘만도』는 토마스 리처즈Thomas Richards가 말하는 '임페리얼 아카이브imperial archive'와 같은 맥락에서 이해할 수 있다.[23] 중앙으로 수집되어 분류과정을 거친 제국 내 민족들에 관한 그림과 텍스트 자료를 소유함으로써 중앙 정부는 제국 내 모든 민족들에 대한 지배를 주장할 수 있게 된다. 다음은 『묘만도책엽』에 수록되어 있는 〈육동이인六洞夷人〉이다.

● 그림4.10 〈육동이인〉『묘만도책엽』

육동이인은 여평黎平에 있다. 여자들은 색동옷 입는 것을 좋아한다. 꽃문양으로 장식한 뾰족한 신을 신고, 정강이는 천으로 두른다. 아직 혼인을 하지 않은 남녀가 서로 옷을 자르고 허리띠를 교환하면 점을 쳐서 길일을 택하여 혼례를 치른다. 인근에 사는 여자 수십 명이 각자 남색 천으로 만든 우산을 들고 전송하는데 이것을 '송친送親'이라고 한다. 손을 맞잡고 노래를 부르고 춤을 춘다. 남자의 집에 도착하면 3일 밤낮을 즐겁게 술 마시고 번갈아 가며 노래하고, 신부를 데리고 함께 신부의 어머니 집으로 돌아간 뒤 헤어진다. 신랑은 매일 밤 여자의 집으로 몰래 들어가 부인과 함께 밤을 보낸다. 신부는 자식을 낳은 뒤에야 비로소 남자의 집으로 돌아간다. 여자의 집은 여러 필의 포목을 혼례 예물로 보내는데, 많으면 수십 필에 이른다. 여자들은 베를 짜는 데 부지런하며, 남자들은 또한 글을 쓰고 읽을 줄 안다. 상례와 장례는 모두 중국과 같다.

六洞夷人黎平有之. 婦女愛穿顏色衣裙, 細花尖鞋, 脛綣以袴. 未婚男女剪衣換帶. 即卜吉而嫁之. 隣近女子邀聚數十人, 各掌藍布傘往送, 名曰送親. 連袂歌舞. 至男家歡飲唱和三晝夜, 攜新婦同歸母氏而散. 新郎每夜潛入女家與婦同宿. 生子方過聘歸夫家. 女家以布數疋為嫁貲, 或多至數十疋者. 女則紡織維勤, 男亦知書識字. 喪葬之禮悉與漢同.

다음은 1796년 이후에 귀주에서 제작된 『묘만도』에 수록된 〈가유중가卡尤狆家〉이다.

邕管遷來有卡尤 가유는 읍에서 살다가 이곳으로 이주했다네.
青巾綰髻自風流 푸른 두건으로 머리를 묶은 모습이 맵시 있구나.

卡尤狆家

邕管遷來有卡尤青巾綰髻自

風流如花狆女爭逐出跳月場中

擲綵毬

卡尤狆家在貴陽平越都勻安

順興義各屬有黃羅班莫柳文

龍等姓五代時楚王馬殷自邕

管遷來衣尚青以帕束首婦女

多纖好長裙細褶多至二十餘

幅孟春跳月結綵毬視所歡者

擲之奔而不禁聘用牛多至三

五十頭

● 그림4.11 〈가유중가〉 귀주 『묘만도』

如花狆女爭途出 꽃처럼 화사하게 여인들은 다투어 밖으로 나온다네.
跳月場中擲綵毬 달놀이하며 비단 공을 던진다네.

가유중가는 귀양貴陽 · 평월平越 · 도균都匀 · 안순安順 · 흥의興義에 거주하는 민족이다. 그들은 황씨黃氏 · 나씨羅氏 · 반씨班氏 · 막씨莫氏 · 류씨柳氏 · 문씨文氏 · 용씨龍氏 등의 성씨를 갖고 있다. 오대五代(907-979) 때 초나라 왕 마은馬殷이 옹邕(지금의 광서성 남녕시南寧市 일대)에서 이곳으로 이주했다. 그들은 푸른색 상의를 입고 두건을 머리에 두르는 것을 좋아한다. 대부분의 여인들은 날씬하며 20개가 넘는 천 조각을 누벼서 만든 긴 주름치마를 즐겨 입는다. 음력 1월에는 '도월跳月'이라는 짝찾기 달놀이를 하는데, 이날 그들은 화려한 색채의 비단 리본으로 공을 만든다. 그들은 마음에 드는 이성을 보면 이 비단 공을 그에게 던진다. 그들은 달려가며 서로 공을 주고받는다. 약혼 선물로 30마리에서 50마리의 소를 준다.
卡尤狆家在貴陽平越都匀安順興義. 各屬有黃羅班莫柳文龍等姓. 五代時楚王馬殷自邕管遷來. 衣尚青以帕束首. 婦女多纖, 好長裙細褶多至二十餘幅. 孟春跳月結綵毬. 視所歡者擲之, 奔而不禁. 聘用牛多至三五十頭.

구미인들의 비서구권 민족들에 관한 지식은 '권력을 향한 서구인들의 의지'에 의해 형성되었다. 미국의 문화비평가인 제임스 클리포드James Clifford는 구미의 박물관들에 전시되어 있는 비서구 문화권의 원시예술품들을 서구의 타문화수집이란 관점에서 분석하면서 '문화수집Collecting Cultures'이라는 개념을 생각해냈다. 그에 의하면, 내 주변 및 내가 속해 있는 집단 주변의 물질 '세계'를 수집하고 '타자'가 아닌 자신이 속해 있는 세계를 구획하는 것은 일종의 문화적 동질성을 추구하는 보편적인 행위라고 할 수 있다. 세계의 문화를 수집하는 것은 곧 그 세계를 자신의 것으로 만들기 위한 문화적 행위이다.[24]

비서구 문화권 예술품에서 아름다움을 발견하게 된 것은 최근의 일이다. 20세기 이전에 비서구 문화권 예술품은 이와는 다른 이유에서 수집되고 평가되었다. 근대 초기에는 비서구 문화권 예술품의 희귀성과 기이함이 중요하게 여겨졌다. 유럽에서 16세기 중반부터 형성되기 시작하여 17세기에 전성기를 누린 '호기심의 방cabinet of curiosities'은 물질의 백과사전 같은 수집실이었다. 호기심을 불러 일으킬 만한 물건이 수집되어 있다고 하여 사람들은 이곳을 '호기심의 방'이라고 불렀다. '호기심의 방'에는 세계의 온갖 진기한 것들이 모여들었다. 각각의 개별적인 물질들은 그것이 수집된 지역 전체 또는 그곳에 사는 주민들을 표상했다. '호기심의 방'에 수집된 물질들은 하나의 소우주였다.[25]

우리가 위에서 살펴본 육동이인이 짝짓기에 사용한 허리띠 및 혼례에 사용된 우산 그리고 가유중가의 젊은 남녀가 음력 1월 달놀이 때 구애를 위해 사용했던 비단공이 중국 정부에 의해 수집되어 북경에 있는 중국국가박물관이나 민족문화궁에 전시되어 있다고 가정해보자. 육동이인의 허리띠와 우산 그리고 가유중가의 비단공은 귀주를 떠나 북경에 있는 박물관에 전시되어 탈맥락화함으로써 육동이인과 가유중가의 문화를 표상하는 민족지적 '상징물symbolate'이 된다. 『묘만도』에 그림으로 재현된 육동이인의 허리띠와 우산 그리고 가유중가의 비단공 또한 박물관에 전시된 민족지적 상징물과 같은 맥락에서 이해된다.

제임스 클리포드의 문화수집은 다민족 국가인 중국의 다양한 문화현상을 읽고 분석하는 데 매우 적합한 연구방법이라고 할 수 있다. 한 가지 예를 들어보자. 북경의 인민대회당에는 '지방청地方廳'이라는 34개의 작은 방들이 있다. 중국은 대만을 포함하여 23개의 성과 4개의 직할시, 5개의 자치구 그리고 2개의 특별행정구로 이루어져 있다. 이 모두를 합하면 34개이다. 그래서 인민대회당의 34개의 방은 곧 중국을 상징한다. 각 방은 하나의 지역을 대표한다. 그 지역의 특성에 맞게 방을 꾸며 놓았다. 이 또한 『묘만도』에 그려진 육동이인의 허리띠와 우산 그리고 가유중가의 비단공처럼 탈맥락화된 문화상징물인 것이다. 문화를 수집하여 한정된 공간에 둠으로써 문화수집자는 문화를 가져온 지역에 대한 지배력을 행사할 수 있다. 『묘만도』와 북경에 있는 인민대회당의 34개 지방청 그리고 중국국가박물관과 민족문화궁 등은 제임스 클리포드가 언급한 유럽의 호기심의 방과 같은 것이다.

현 중국은 56개 민족들로 이루어진 다민족 국가이다. '민족단결'은 현 중국 정부의 지상 목표인 '조화로운 사회[和諧社會]'를 이루기 위한 관건이다. 서로 다른 언어와 문화를 갖고 있는 민족들을 어떻게 조화롭게 하나로 통합하는가의 문제는 현대 중국 정부뿐만 아니라 역대 중국 정부들의 고민이었다. 수많은 소수 민족들을 하나로 통합하여 조화로운 중국을 건설하기 위한 역대 중국 정부의 노력들이 가시화되어 나타나는 문화현상들이 많다. 『묘만도』는 이러한 맥락에서 이해할 수 있다.

● 『황청직공도』와 18세기 청대 중국의 시각정치학

건륭 16년인 1751년에 건륭제는 각지의 총독과 순무들에게 명하여 청나라 강역에 거주하는 소수 민족들 및 유럽을 포함한 청나라와 외교관계를 맺고 있는 세계 각국 민족들이 전통 의상을 입고 있는 모습을 그림으로 그리고 그들에 관한 설명을 덧붙인 민족지의 제작을 명했다.

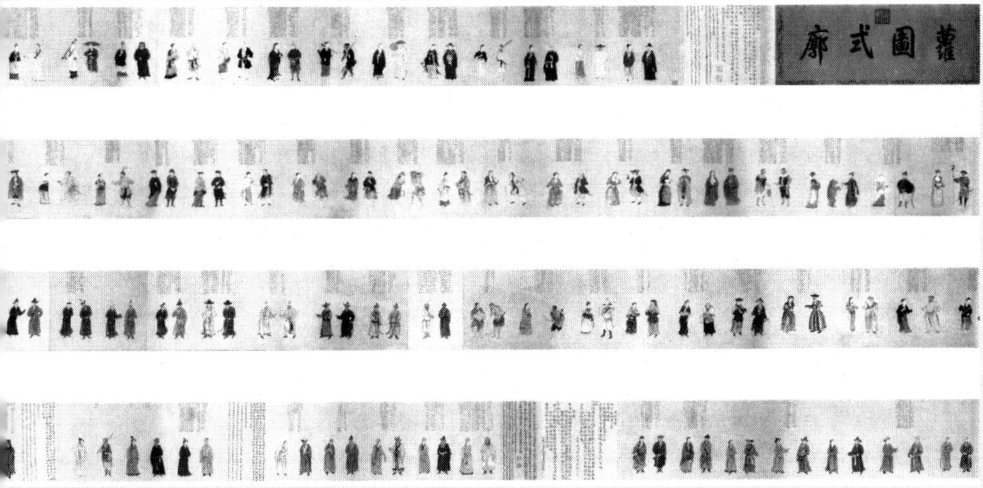

● 그림4.12 정관붕 등.『황청직공도』일부. 1751-1775. 두루마리. 종이에 수묵채색. 33.6×1941.3cm. 북경고궁박물원

그래서 총 9권의 『황청직공도皇清職貢圖』가 탄생했다. 『황청직공도』에는 전 세계 301종 민족들의 모습을 그린 그림들이 수록되었다. 각 그림마다 하나의 민족을 대표하는 한 쌍의 남녀가 그들 민족 고유의 전통 의상을 입고, 간혹 그들의 독특한 문화관습을 보여주는 문화상징물과 함께 등장한다. 그림과 함께 그림 속에 묘사된 민족이 살고 있는 지역, 그 지역과 청나라의 관계 그리고 이들 민족의 독특한 풍습에 관한 중국어와 만주어 설명이 곁들어진다.

『황청직공도』는 부항傅恒 등이 편찬하고, 궁정화가 정관붕丁觀鵬, 김정표金廷標, 요문한姚文瀚 그리고 정량程梁 등이 그림을 그렸다. 이 네 명의 궁정화가들이 소속되어 있는 여의관如意館에는 이들뿐만 아니라 카스틸리오네 · 아티레 · 지첼바르트 등과 같은 유럽 예수회 선교사들이 있었다. 정관붕 등 4명의 궁정화가들은 여의관에서 함께 활동하던 유럽 예수회 선교사들, 특히 카스틸리오네로부터 유럽 회화의 명암법과 원근법을 배웠기에 『황청직공도』에서 다양한 민족들을 묘사하는 데 있어 사실성과 조형미를 더할 수 있었다.

사천 총독 책능이 중앙에 올린 글 「사천총독책능주첩四川總督策楞奏摺」에 의하면, 건륭 16년인 1751년 8월 13일에 책능은 표준화된 그림 양식인 '번도이식番圖二式'과 그의 관할 지역에 거주하는 묘요苗猺 소수 민족 및 외국의 이민족들을 통일된 양식에 맞추어 그림을 그려서 군기처로 보내어 '왕회의 성대함을 밝게 빛나게 하라'는 건륭 16년 6월 1일에 건륭제가 내린 유지를 받들었다.[26] 군기처는 사천 총독 책능이 보낸 그림들을 접수한 뒤 표준화된 도식圖式을 만들었다.

건륭제의 청나라 정부는 사천에서 얻은 경험을 바탕으로 민족 도상圖像의 수집 규모와 범위를 전국으로 확대했다. 건륭제는 직접 북경에 있는 궁정화가 정관붕, 김정표, 요문한 그리고 정량 등에게 순서대로 각각 한 권씩 『황청직공도』 4권의 제작을 지시했다. 이 네 명의 궁정화가들은 각지에서 올라온 그림을 바탕으로 정식으로 『황청직공도』의 제작에 들어갔다. 북경에 온 외국 사신들의 모습은 정관붕과 가전賈全 등의 궁정화가들이 직접 그렸다. 건륭 22년인 1757년에 변방 각지에서 보내온 밑그림과 그에 관해 설명한 글은 군기처에 모두 모였고, 4년의 정리와 제작을 거쳐 건륭 26년인 1761년 가을에 첫 번째 『황청직공도』가 완성된다.

정관붕 등 4명의 궁정화가들이 그린, 건륭제의 도장이 찍힌 4권의 정본正本『황청직공도』는 자금성의 내정內廷인 건청궁乾清宮에 보관되었다. 이 정본 가운데 제2권만이 현재 중국역사박물관中國歷史博物館에 소장되어 있고, 나머지 세 권은 소재가 불명하다. 청나라 정부는 2부의 부본副本을 만들었다. 그 가운데 『황청직공도』 4권본 부본 한 부가 현재 북경고궁박물원에 소장되어 있다. 4명 궁정화가들의 낙관이 찍혀 있지 않고, 찍혀 있는 건륭제의 도장의 수가 비교적 적다는 것을 제외한 나머지는 모두 정본과 동일하다.

『황청직공도』 권1은 조선朝鮮, 유구琉球, 안남安南, 섬라暹羅(샴왕국, 태국의 옛 이름), 소록蘇祿(술루, 지금의 필리핀 술루 군도), 남장南掌(란쌍 왕국, 지금의 라오스), 면전緬甸(미얀마), 대서양大西洋(이탈리아와 포르투갈), 소서양小西洋(인도), 영길리英吉利(영국), 법란서法蘭西(프랑스), 일본, 문래文萊(브루나이), 유불柔佛(말레이시아 조호르), 하란荷蘭(네덜란드), 악라사鄂羅斯(제정 러시아), 송거로宋腒勝(태국 송클라), 간포채柬埔寨(캄보디아), 여송呂宋(루손 섬), 서장西藏(티베트), 이리伊犁(신강 위구르자치구 서북부에 있는 지명), 합살극哈薩克(카자흐), 포노특布魯特(키르키스스탄), 오십烏什(신강위구르자치구 서남부), 발다극산撥達克山(아프가니스탄 동북에 있는 산), 안집연安集延(우즈베키스탄 안디잔) 등 서양 및 외번外藩 그리고 청나라에 조공을 바치는 나라의 민족들의 모습을 그림으로 그린 70도圖. 권2는 관동關東(하남河南과 산동山東 지역), 복건福建, 호남湖南, 대만台灣, 광동廣東과 광서廣西 지역에 거주하는 소수 민족들을 그린 61도. 권3은 감숙甘肅과 사천四川에 거주하는 소수 민족들을 그린 92도. 권4는 운남雲南과 귀주貴州에 거주하는 소수 민족들을 그린 78도 등 4권으로 이루어진 채색본이다.

청나라와 외교 관계를 맺고 있는 국가들의 37개 민족들과 청나라의 통치하에 있는 264개 소수 민족들의 모습을 그린 301도와 그림에 관한 설명으로 이루어진 『황청직공도』 대부분의 그림들은 민족 고유 의상을 입은 한 쌍의 남녀를 묘사한다. 그림 속 인물들은 그들의 독특

● 그림4.13 작자 미상. 『황청직공도』 네 번째 두루마리의 일부. 대략 1748-1780. 종이에 수묵채색. 33.5×1603cm. 북경고궁박물원. 왼쪽에서 두 번째 장면은 우리가 『묘만도』에서 살펴봤던 가유중가에 관한 것이다. 젊은 남녀가 구애에 사용했던 비단공이 보인다.

한 문화관습을 보여주는 문화상징물과 함께 등장한다. 그림의 상단에는 그림 속에 묘사된 민족의 역사와 살고 있는 지역, 음식과 복식, 독특한 풍속과 기호 및 취향, 토산품 그리고 청나라와의 관계 등에 관한 설명이 만주어와 중국어로 적혀 있다.

청나라 정부는 정운붕 등 4명의 궁정화가가 그린 채색본 『황청직공도』와 함께 이 채색본을 저본으로 한 적어도 두 개 이상의 『황청직공도』 판본을 제작했다. 그 하나는 건륭 43년인 1778년에 『사고전서四庫全書·사부史部·지리류地理類』에 수록된, 서조신徐照薪이 글씨를 쓰고, 나선징羅善徵이 그림을 모각한 백묘사본白描寫本인 『황청직공도』 8권 8책이다.

또 다른 하나는 건륭 28년인 1762년 이전에 만들어진 8권 8책 간본刊本으로, 현재 북경고궁박물원에 소장되어 있다. 남녀가 함께 마주 보고 서 있는 모습을 묘사하고 있는 채색본 두루마리 『황청직공도』와는 달리 서책의 형태를 띠고 있는 백묘사본과 간본은 남녀가 각각 한 쪽씩을 차지하여, 남자는 앞쪽에 그리고 여자는 뒤쪽에 그려져 있다. 채색본이 290개 장면으로 이루어져 있는데 반해 백묘사본과 간본은 580개 그림으로 나눠져 있으며, 백묘사본과 간본은 4권 채색본의 각 권을 둘로 나누어 총 8권 8책으로 구성되어 있다. 건륭 22년인 1757년 이후 청나라가 서부 몽골인 중가르를 정복하여 청나라의 판도가 넓어짐에 따라 건륭 28년인 1762년 이후에 애오한愛烏罕(아프가니스탄), 곽한霍罕(우즈베키스탄 코칸트), 오이근제烏爾根齊(우즈베키스탄 우르겐치) 등 지역에 거주하는 민족들을 그림으로 그려 증보했는데, 이것이 권9이다.

위에서 언급한 채색본과 백묘사본 그리고 간본 『황청직공도』 이외에도 많은 모본摹本들이 출현했다. 이 가운데 가장 정교하고 정본에 가장 근접하게 제작된 것은 타이베이고궁박물원에 소장되어 있는, 건륭 연간에 궁정화가 사수謝遂가 그린 『직공도職貢圖』이다. 권1이 33.4×1,481.4cm, 권2가 33.8×1,410.4cm, 권3이 33.9×1,836.1cm, 권4가 33.8×1,707cm 등 길이가 다른 4권 두루마리로 이루어졌다. 다음은 『황청직공도』 권8에 수록된 〈귀양안순등처중가묘貴陽安順等處狆家苗〉의 도설圖說이다.

중가묘狆家苗 또한 오대五代 때 위수병衛戍兵들의 후예이다. 귀양貴陽 · 안순安順 · 남롱南籠 · 평월平越 · 도균都勻 등 5개 군郡 모두 이들이 거주하고 있다. 부락의 연혁은 대체로 보롱묘補籠苗와 같다. 대체로 씨족으로 구별하여 부르는 자들은 복식 또한 서로 흡사하다. 매년 맹춘인 음력 1

월에는 오색 천을 엮어 작은 공을 만들어, 남녀가 춤을 추다가 마음에 드는 사람을 발견하면 그에게 공을 던졌는데, 남녀가 몰래 도망가는 것을 금하지 않았다. 아내를 맞이할 때 소를 사용했는데, 얼굴이 예쁘고 못 생긴 것에 따라 그 수의 많고 적음이 정해졌다. 30두에서 50두의 소를 주는 경우도 있다. 제사에는 말린 생선을 선호했다. 세시에는 동고銅鼓를 쳤는데, 어떤 이가 땅을 파서 동고를 얻고, 제갈량이 남긴 것이라고 여겨 한 부자가 비싼 가격에 구매했다. 부세를 납부하는 것 또한 평민들과 일치한다.

狆家苗亦五代戍兵之後. 貴陽安順南籠平越都匀等五郡皆有之. 其部落沿革均與補籠苗同. 蓋別以氏族稱之者服飾亦俱相似. 每歲孟春編五色布為小毬, 男女跳舞, 視所歡擲之, 奔者不禁. 聘用牛, 視妍醜為多寡, 有至三五十頭者. 祭尚枯魚. 歲時擊銅鼓, 或掘地得之, 即以為諸葛所遺, 富者重價以購. 其輸賦亦與齊民一體.

'직공職貢'은 속국이나 약소국이 강대한 정권이나 중앙 정부에 바치는 부세나 공물을 뜻한다. 직공에는 세 가지가 있다. 매년 새해 첫날에 외교사절들이 왕의 조정에 모이는 것을 '연공年貢'이라 하고, 3년 또는 5년에 한 번씩 정기적으로 조공하는 것을 '상공常貢' 그리고 비정기적으로 행하는 것을 '특공特貢'이라고 한다. 건륭제의 글에서 언급된 '왕회'는 매년 새해 첫날에 행하는 연공이다.

고대 중국 정부가 조공을 바치려 온 사신들의 모습을 그리게 한 것이 바로 '직공도職貢圖'이다. 가장 이른 것은 남조南朝 시기 양 원제梁元帝(재위 552-554) 때 그린 직공도인데, 현재는 전해지지 않는다. 당나라(618-907) 때 염립본閻立本(대략 601-673)이 장안長安에서 태종太宗(재위 626-649)이 국내의 여러 민족들과 외국에 있는 속국 사신들을 접견하는

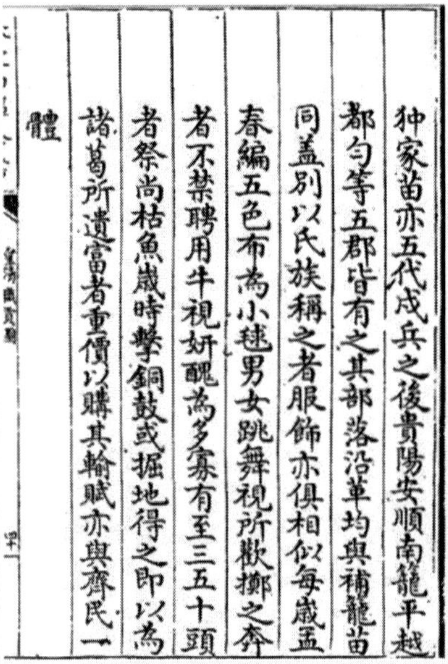

狆家苗亦五代戍兵之後貴陽安順南籠平越
都匀等五郡皆有之其部落沿革均與補籠苗
同蓋別以氏族稱之者服飾亦俱相似每歲孟
春編五色布為小毬男女跳舞視所歡擲之奔
者不禁聘用牛視妍醜為多寡有至三五十頭
者祭尚枯魚歲時擊銅鼓或掘地得之即以為
諸葛所遺富者重價以購其輸賦亦與齊民一
體

● 그림4.14 『황청직공도』 권8에 수록된 〈귀양안순등처중가묘貴陽安順等處狆家苗〉

모습을 그린 직공도가 현재 남경박물원에 소장되어 있다. 염립본 이후에도 8세기에 활동한 당나라 화가 주방周昉의 『만이직공도蠻夷職貢圖』, 이공린李公麟(1049-1106)의 『만국직공도萬國職貢圖』 그리고 전선錢選의 『서려공오도西旅貢獒圖』 등 많은 직공도가 제작되었다.

정관붕 등 네 명의 궁정화가들이 그린 『황청직공도』는 두루마리 그림이다. 사수가 그린 『직공도』 권1을 예로 들어 설명하자면, 폭 33.4cm, 길이 1,481.4cm의 긴 두루마리에 70개 민족의 남녀 각각 한 쌍이 그들 민족 고유의 의상을 입고 모두 두루마리 앞을 향해 서 있다.[27] 이 구도는 건륭제가 일람一覽할 수 있도록 하기 위해 의도적으로 만들어진 것이다. 두루마리 속 인물들은 건륭제 한 사람만의 '열람'을 위한 전시품이 되었다. 그래서 네 권의 두루마리로 이루어진 『황청직공도』는 건륭제에게 그가 궁금해하고 예의주시하고 있는 민족들과 지역들을 그림으로 전시하고 있는, 휴대할 수 있는 갤러리 또는 시각적인 일람표를 의미한다고 할 수 있다.[28]

다음은 『황청직공도』의 발문跋文이다.

> 건륭 치세 무진년(1748, 건륭13)에 왕의 군대가 금천金川을 평정했다. 황상께서 여러 대에 걸쳐 우리에게 복속한 번속藩屬들이 늘어나고 넓혀졌음을 어여삐 여기시어 관리들에게 칙서를 내려 직공도를 그리게 했다. 이로써 앞으로 다가올 미래를 밝게 비추고 나라를 잘 다스리기 위한 거울로 삼으려는 것이다.
>
> 乾隆歲戊辰, 王師平定金川, 皇上念列朝服屬外臣, 式增式擴, 爰敕所司繪職貢圖, 以昭方來而資治鏡.

'직공도'는 왕조의 통치가 강성함을 상징한다. 강대해진 국력을 과

시하기 위한 영토의 확장과 민족 화합의 기록이며 상징이라고 할 수 있다. 전쟁에서의 승리로 자신감에 차 있던 건륭제는 묘강苗疆(중국 서남부 지역)과 금천金川(지금의 사천 서북부 장족 거주지인 고원지대)을 평정한 뒤 『황청직공도』의 제작을 명했다. 『황청직공도』의 기획부터 완성까지 『황청직공도』 제작의 전 과정이 건륭제의 감독하에 이루어졌다. 『황청직공도』는 당시 출판된 지리서인 『황여서역도지皇輿西域圖誌』(1762) 및 『건륭황여전도乾隆皇輿全圖』(1770) 등과 함께 청나라 정부가 외교 및 소수 민족 정책을 수립하는데 있어 중국 변방 소수 민족과 외국에 관해 전반적으로 파악하기 위한 매우 중요한 자료로 활용되었다.

● 실증적 민족지 『황청직공도』

건륭제가 1751년 6월 1일에 『황청직공도』의 서문이라고 할 수 있는 유지諭旨를 내렸을 때 중가르와 그 통할하에 있던 천산남로天山南路와 이리伊犁 그리고 과포다科布多(몽골 서부 호브드) 지역은 아직 청나라 판도에 포함되지 않았다. 당시 청나라의 통할 범위는 동북삼장군東北三將軍의 관할 지역, 내외 찰살극扎薩克(카자흐) 몽골, 옛 명나라 영토, 서장西藏 달라이라마 지방 정권, 대만 열도 그리고 내지 및 청장青藏 지대의 각종 토사土司 등이었다. 건륭제가 1751년 6월 1일에 내린 유지의 대상은 18개 성省 총독과 순무들의 관할하에 있는 '묘요려동苗猺黎僮'과 '외이번중外夷番眾'이었다. 건륭제의 유지에서 말하는 '묘요려동'은 각 성의 총독과 순무의 관할하에 있는 민족들이며, '외이번중'은 청나라의 통제 범위 내에 있지 않는 외국인들(外夷)과 총독과 순무의 통할하에 있지 않고 토사들에 의해 자치적으로 다스리는 서부 지역의 소수 민족들을 가리킨다. 『황청직공도』에는 만주족과 한족 그리고 몽골족이 포함되어 있지 않다. 건륭제가 유지의 첫머리에서 말하는 '아조통일구우我朝統一區宇'에서 '조朝'의 주체는 만주족뿐만 아니라 한족과 몽골족이 포함된다. 청나라 정부는 만주족과 더불어 한족과 몽골족을 건국의 주체라고 인식했다. 그래서 이 세 민족들은 '직공도'의 대상에 포함되지 않았다. 그러므로 『황청직공도』는 청 제국에 조공을 바치는 '타자他者'들에 관한 기술이라고 할 수 있다.

『황청직공도』가 이전 민족지들과 다른 점은 직접적인 관찰에 의해 만들어졌다는 것이다. 다음은 『사고전서총목제요四庫全書總目提要』에서 설명하고 있는 『황청직공도』에 관한 제요提要의 일부분이다.

> 어떤 이는 폐백을 받들어 대광주리를 바치고 있는데, 이것은 직접 그림에 묘사된 그 사람을 보고 그린 것이다. 어떤 이는 도끼에 손에 쥐고 수레를 타고 있는데, 이것은 실제로 그림에 묘사된 그 지역을 경유하여 그린 것이다.
>
> 或奉贄貢篚[29], 親覩其人, 或仗鉞乘軺, 實經其地.

건륭제가 왜 『황청직공도』의 제작을 명했을까? 앞에서도 밝혔듯이, 제국의 경계를 확정하고 제국에 거주하는 사람들에 관한 지식을 생산하는 것, 즉 정확하고 상세한 지도와 민족지를 제작하는 것은 제국의 통치자가 권력을 성취하고 유지하는 관건이다. 『황청직공도』를 제작하려는 계획은 제1차 금천金川 전투가 끝난 건륭 14년인 1749년 이듬해인 건륭 15년 1750년에 실행에 옮겨졌다. 『궁중당건륭조주첩』에 의하면, 건륭 15년인 1750년 8월 11일에 사천 총독 책능은 당시 청나라 권력의 핵심인 군기처 총관대신인 부항으로부터 "현재 알고 있는 서번西番(서역

일대와 중국 서부 변경지역)과 과라猓玀(중국 서남부에 거주하는 소수 민족인 이족彝族)의 남녀 생김새와 복식을 각각 그림으로 그리고 해설하라.[將所知之西番猓玀男婦形狀, 幷衣飾服習, 分別繪圖注釋.]"는 유지上諭를 받게 된다. 『황청직공도』 제작의 서막이 열린 것이다. 책능은 상유를 받은 즉시 다음과 같이 행했다.

> 자신이 직접 지나간 이민족의 땅과 자신이 만난 이민족 사람들 그리고 간혹 자신이 관리하는 문관과 무관들을 참고하여 그린 24폭의 그림과 이 지역의 토지와 풍속, 복식 및 기호와 취향 등에 관한 대체적 정황을 빠짐없이 하나씩 하나씩 상세하게 기록하여 책으로 만들어 삼가 올려 황제가 볼 수 있게 했다.
> 所經歷之夷地, 及接見之番民, 或參考于該管之文武, 繪圖二十四幅, 並將該處地土風俗服飾好尚大概情形, 逐一注明成帙, 恭呈御覽.

우리는 이 대목에 주목할 필요가 있다. 산제이 수브라마냠Sanjay Subrahmanyam에 의하면, 근대 초기에는 '보편제국universal empire'의 건설, 공간과 지도 제작에 관한 개념의 중대한 변화, 실증적인 민족지의 출현 그리고 정착 농경사회와 도시 사회 그리고 유목 집단과의 장기적인 구조적 갈등 고조 등과 같은 현상이 나타난다. 사천 총독 책능이 말하고 있는 "직접 지나간 이민족의 땅과 자신이 만난 이민족 사람들"은 그가 상유에 의해 제작한 민족지가 그의 직접적인 체험을 통해 만든 것임을 입증해준다. 여기에서 우리는 수브라마냠이 말하는 근대 초기 보편제국에서 나타나는 현상 가운데 하나인 '실증적인 민족지의 출현'을 목격하게 된다.

유교 국가의 통치자를 자처했던 이전 왕조의 통치자들과는 달리

서로 다른 문화와 전통을 지닌 다양한 민족들을 다스려야 했던 18세기 청나라 만주족 통치자들은 당시 유럽 제국주의 국가들처럼 새로운 영토와 민족에 관한 정보를 체계적으로 수집했다.[30] 건륭제는 표준화된 틀 속에 청 제국뿐만 아니라 중국에 조공하는 외국의 다양한 민족들의 모습을 그림으로 그리고 이들에 관해 기록한 텍스트를 소유하고 싶었다. 지식은 곧 권력이다. 표준화된 틀 속에 청 제국 내의 민족들의 생김새와 복식을 그린 그림 그리고 이에 관한 지식정보를 소유함으로써 건륭제는 그들에 대한 지배를 주장할 수 있다.

건륭제가 『황청직공도』의 제작을 명한 것은 광활한 영토에 분포되어 있는 다양한 민족들이 청나라 정부의 통치하에 하나로 통일되었음을 과시하기 위함이었다. 직공도는 왕조의 통치가 강성함을 상징한다. 강대해진 국력을 과시하기 위한 영토의 확장과 민족 화합의 기록이며 상징이라고 할 수 있다. 전쟁에서의 승리로 자신감에 차 있던 건륭제는 '묘강'과 '금천'을 평정한 뒤 『황청직공도』의 제작을 명했다.

건륭제 때 제작된 대다수 다양한 민족 이미지와 『황청직공도』를 비롯한 직공도 그리고 원명원의 장춘원 북쪽 모퉁이에 세워진 유럽식 궁전인 서양루 등이 모두 청나라 정부가 제국의 주변지역에 대한 관심 및 유럽 같은 중국의 '천하세계' 테두리 바깥의 집단들과의 접촉이 증가하던 시기에 제작되었다는 것은 매우 의미심장하다.

사천 총독 책능과 『사고전서총목제요』의 경우에서 볼 수 있었듯이 건륭제의 명에 의해 제작된 『황청직공도』는 직접적인 체험에 바탕을 두고 제작된 민족지이다. 실증적인 민족지의 출현은 수브라마냠이 말하는 근대 초기에 보편제국에서 나타나는 현상 가운데 하나이다. 이로써 우리는 수브라마냠이 말하는 근대 초기의 특징으로 나타나는 문화 현상들이 유럽에서만 일어난 유럽 특유의 현상이라기보다는 글로벌한 현상이었다는 점과 18세기 청나라 중국 또한 이러한 근대 초기 보편제국의 하나였음을 알 수 있다.

● 『조보鳥譜』

1684년 이후 청의 만주족 정부는 그들 제국 내에 거주하는 민족들에 관한 모든 정보를 열정적으로 수집하기 시작했다.[31] 특히 건륭제는 그에게 조공을 바치러 오는 민족들뿐만 아니라 그들이 조공으로 바치는 문화상징물과 동·식물을 그림으로 그리게 했다. 그 결과물로 탄생한 것이 『황청직공도』·『묘만도』·『조보鳥譜』·『수보獸譜』·『가산천형嘉産薦馨』 등과 같은 민족지와 박물지이다.[32]

당시 여의관如意館의 궁정화가였던 여성余省과 장위방張為邦은 1750년 건륭제의 명에 의해 옹정제 때 궁정화가였던 장정석蔣廷錫(1669-1732)이 그린 『조보』를 모방하여 『방장정석조보仿蔣廷錫鳥譜』(이후 『조보鳥譜』로 간칭簡稱)와 『고금도서집성古今圖書集成』에 수록된 동물 그림을 참조하여 『수보』를 제작했다. 여성과 장위방이 제작한 『조보』와 『수보』는 날짐승과 들짐승의 모습을 공필工筆로 세밀하게 그린 채색 화보이다. 그림의 왼쪽에는 만주어와 중국어로 쓴[33] 동물의 종류·이름·형태적 특징·산지·번식습성·서식환경·생육방법 등에 관한 설명을 덧붙였다.

1750년에 건륭제의 명에 의해 제작에 들어가 1761년에 완성된 『조보』는 총 12책으로, 가로 43.9cm×세로 41.9cm 크기에 360종의 조류를 다루었다. 『조보』 1책부터 4책까지는 대만 고궁박물원, 나머지 5책부터 12책까지는 북경고궁박물원에 소장되어 있다.

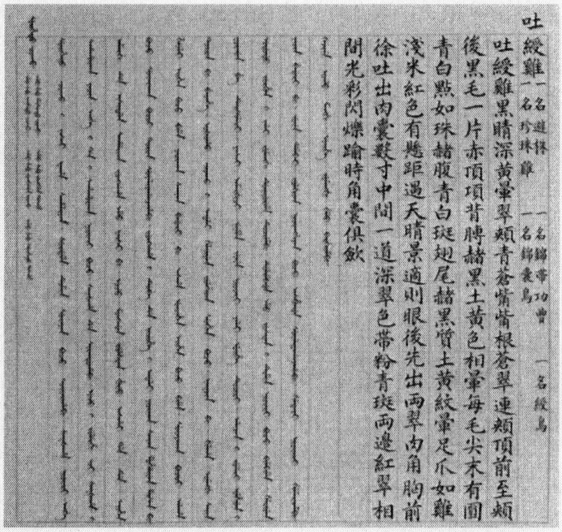

吐綬雞 一名避株鵫 一名珍珠雞 一名錦帶功曹 一名錦囊鳥 一名綬鳥

吐綬雞黑睛深黃暈翠頰青蒼觜觜根蒼翠連頰頂前至頰後黑毛一片赤頂項背膊赭黑土黄色相暈每毛尖末有圓青白點如珠赭腹青白斑翅尾赭黑質土黄紋暈足爪如雞淺米紅色有魋距遇天晴景適則眼後先出兩翠肉角胸前徐吐出肉囊數寸中間一道深翠色帶粉青斑兩邊紅翠相間光彩閃爍蹲時角囊俱斂

● 그림4.15 『조보』 '토수계'

토수계吐綬雞〔일명 '피주避株', '금대공조錦帶功曹', '수조綬鳥', '진주계珍珠雞', '금낭조錦囊鳥'라고도 한다.〕

토수계는 검은 눈동자에 매우 짙은 누런색 눈자위, 비취빛 뺨, 짙은 푸른색 부리, 부리의 뿌리는 짙은 초록색을 띠고 있다. 뺨에서 정수리 앞쪽과 뺨 뒤쪽까지는 온통 검은 털이며 정수리는 붉은색을 띠고 있다. 목과 등 그리고 상박은 홍갈색, 검은색, 황토색이 얼룩얼룩하고 털끝에는 둥근 회백색 점들이 진주처럼 나 있다. 홍갈색 배에는 회백색 반점이 나 있고, 날개 꽁무니는 홍갈색과 검은색 바탕에 황토색 무늬가 얼룩얼룩하다. 발톱은 닭과 같은데 옅은 홍색이며 매달려 있는 뒷발톱이 있다. 날씨가 맑고 햇살이 알맞으면 눈 뒤에서 두 개 비취빛 육각肉角을 드러내고 난 뒤 가슴 앞으로 천천히 두어 치 길이의 육낭을 길게 내뿜는데, 가운데는 한 줄기 짙은 비취빛이 분청색 반점을 띠고 있다. 양 가장자리에는 붉은색과 비취색이 서로 엇갈려 있으면서 광채를 발한다. 날아오를 때는 뿔과 주머니를 모두 거둬들인다.

吐綬雞〔一名避株, 一名錦帶功曹, 一名綬鳥, 一名珍珠雞, 一名錦囊鳥.〕

吐綬雞黑睛深黃暈, 翠頰, 青蒼觜, 觜根蒼翠, 連頰頂前至頰後黑毛一片, 赤頂. 項背膊赭黑土黃色相暈, 每毛尖末有圓青白點如珠. 赭腹, 青白斑, 翅尾赭黑質土黃紋暈. 足爪如雞, 淺米紅色, 有懸距. 遇天晴景適, 則眼後先出兩翠肉角, 胸前徐吐出肉囊數寸, 中間一道深翠色帶粉青斑, 兩邊紅翠相間, 光彩閃爍. 踰時角囊俱斂.

봉새〔鳳〕은 일명 서언瑞鶠, 곤계린鶤雞麟 또는 장리長離, 장려長麗라고도 쓴다. 『이아爾雅』에 이르기를, "언봉鶠鳳의 암컷은 황皇이다."라고 했다. 주注에 이르기를, "서영조瑞贏鳥는 오채색으로, 높이는 6척 남짓이다."라고 했다. 『한시외전韓詩外傳』에 이르기를, "봉새의 모양은 기러기 앞

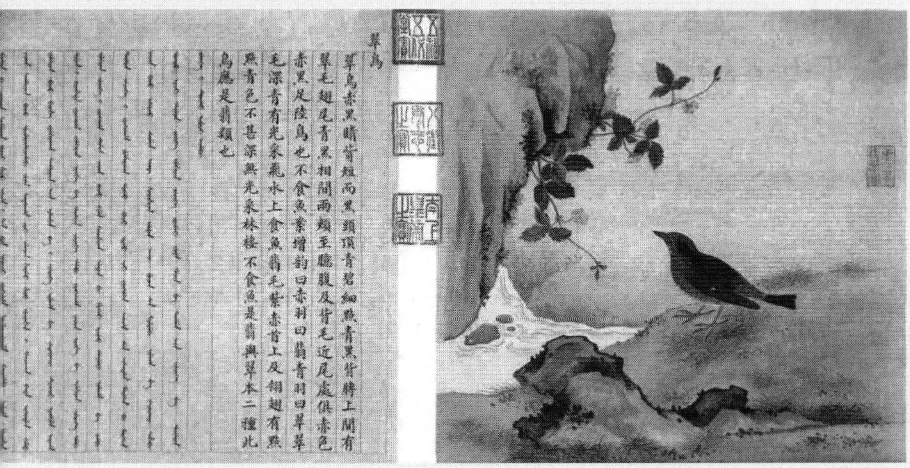

● 그림4.16 『조보』 '봉새'
● 그림4.17 『조보』 '물총새'

기린의 뒤, 뱀의 목에 물고기 꼬리, 용의 무늬에 거북이 등, 제비의 턱에 닭 주둥이다. 작은 소리는 쇳소리가 나고, 큰 소리는 북소리이다. 정기精氣를 끌어올려 날개를 떨치니 오색을 다 갖추었다."라고 했다. 『산해경山海經』에 이르기를, "단혈산丹穴山에 새가 있는데, 오채에 무늬가 있어 이름을 봉황이라고 한다. 먹고 마심이 자연스러우며, 절로 노래하고 절로 춤춘다. 봉황이 나타나면 천하가 안녕해진다."라고 했다. 『수경獸經』에 이르기를, "다섯 마리 봉새는 붉은 것이 단혈丹穴, 푸른 것은 우상羽翔, 흰 것은 화익化翼, 검은 것은 음저陰翥, 누런 것은 토부土符라고 한다."라고 했다. 『인경경人鏡經』은 다섯 마리 봉새〔五鳳〕를 방위로 구분하여, 동쪽은 발명發明, 서쪽은 숙상鷫鸘, 남쪽은 초명焦明, 북쪽은 유장幽腸, 가운데는 옥작玉雀이라 했다. 『물류지物類志』에는 봉새가 일명 서언瑞鶠, 별명은 곤계鶤雞이며, 늙은 것을 장려長麗라고 한다고 했다. 『대대례大戴禮』에 이르기를, "날짐승은 360인데 봉황이 그 우두머리이다."라고 했다.

鳳, 一名瑞鶠, 一名鶤雞鱗, 一名長離, 亦作長麗. 爾雅云, 鶠鳳, 其雌皇. 注云, 瑞贏鳥五彩色, 高六尺許. 韓詩外傳云, 鳳象鴻前麟後, 蛇頸魚尾, 龍文龜背, 燕頷雞喙. 小音金, 大音鼓. 延精奮翼, 五色備擧. 山海經云, 丹穴之山有鳥焉, 五彩而文名曰鳳凰. 飮食自然, 自歌自舞. 見則天下安寧. 禽經云, 五鳳赤曰丹穴. 青曰羽翔, 白曰化翼, 黑曰陰翥, 黃曰土符. 人鏡經五鳳以方分, 東方發明, 西方鷫鸘, 南方焦明, 北方幽腸, 中央玉雀. 物類志鳳一名瑞鶠, 別名鶤雞, 其老者為長麗. 大戴禮云, 羽蟲三百六十而鳳皇為之長.

물총새〔翠鳥〕는 적흑색 눈동자에 주둥이가 짧고 검다. 머리꼭대기는 청벽색이고, 작은 점들은 청흑색이다. 등 위에 간간이 비취색 털이 있다. 날개와 꼬리 사이에는 청흑색이다. 양쪽 빰, 가슴과 배 그리고 등에 난 털 꼬리 가까이는 모두 적색을 갖추었다. 적흑색 다리. 육지 위에 사는 새이다. 물고기를 먹지 않는다. 『증운增韻』을 살펴보면, '적우赤羽', '비청우翡青羽', '취취翠翠'라고 한다. 털은 짙은 청색으로 광채가 난다. 물위를 날아다니며 물고기를 먹는다. 비翡는 털이 자적색이다. 머리 위와 날개에 점점이 푸른색이며 그다지 짙지 않고 광채가 없다. 숲에 살며 물고기를 먹지 않는다. 이것은 비翡와 취翠가 본래 두 종류로 이 새는 마땅히 비翡의 종류이다.

翠鳥, 赤黑睛, 嘴短而黑. 頭頂青碧, 細點青黑. 背膊上間有翠毛, 翅尾青黑相間, 兩頰至臆腹及背毛近尾處俱赤色, 赤黑足. 陸鳥也. 不食魚. 案增韻, 曰赤羽, 曰翡青羽, 曰翠翠. 毛深青有光采. 飛水上食魚. 翡毛紫赤, 首上及翮翅有點點青色, 不甚深. 無光采. 林棲不食魚, 是翡與翠本二種, 此鳥應是翡類也.

● 『수보獸譜』

『조보』와 마찬가지로 『수보』는 1750년 건륭제의 명에 의해 제작을 시작하여 1761년에 완성되었다. 총 6책으로 이루어진 『수보』는 1책당 30폭씩 총 180종의 들짐승에 관해 다루었다. 이 가운데 중국에서 전통적으로 길조로 여겨지는 신화 속에 등장하는 들짐승이 대략 107종으로 59%를 차지한다. 실제 중국에 서식하는 들짐승이 61종으로 전체 들짐승 가운데 34%를 차지하고, 외국에서 들여온 들짐승이 12종으로 7%를 차지한다. 다음은 『수보』 제1책에 수록되어 있는 코끼리이다.

코끼리는 전滇(지금의 운남성雲南省 지역), 월粵(지금의 광동성廣東省, 광서성廣西省 지역), 일남日南(지금의 베트남 중부 지역) 그리고 서역西域 여러 나라에서 나는데, 푸른색과 흰색 두 가지 색이 있다. 흰 코끼리는 오직 비잔틴제국의 대식국大食國에만 있다. 몸은 소 열 마리를 합한 크기이며, 눈은 돼지 같고, 네 다리는 기둥 같으며, 발은 없는데 발톱은 있으며, 긴 코를 아래로 늘어뜨려 말거나 펴서 쓰임에 이를 수 있다. 어금니가 양 입술 사이로 나왔는데, 수컷은 길이가 육칠 척이 된다. 어금니를 갈게 되면 스스로 땅에 묻어 감춘다. 오랫동안 기억할 수 있고, 물에 뜰 수 있다. 또한 길의 허실을 구별할 수 있어 수레를 이끌 때 코끼리를 쓴다. 이야기하는 사람은 코끼리가 천상天象에 합한다고 말하는데 대체로 요광瑤光의 정령일 것이다.

象, 產滇粵日南及西域諸國, 有蒼白二色, 白者惟拂菻大食有之. 肉兼十牛, 目才若豕, 四足如柱, 無趾而有爪甲, 長鼻下垂, 能卷舒致用, 牙出兩吻間, 雄者長六七尺, 蛻牙則自埋藏之. 性久識, 能浮水, 又能別道之虛實, 故導車用焉. 說者謂其合于天象, 蓋瑤光之精也.

기린은 어진 짐승〔仁獸〕이다. 노루의 몸에 소의 꼬리, 말의 굽에 뿔이 하나이다. 뿔의 끝에는 살이 있다. 나무와 흙의 정기를 타고나 그 색이 청황색이다. 수컷을 기麒, 암컷을 린麟이라고 한다. 인仁을 머금고 의義를 품었기에 소리에 율려律呂가 맞고 움직임에 위의威儀가 있다. 『효경원신계孝經援神契』에서 이르기를, "덕이 새와 짐승에 미치면 기린이 모여든다."라고 했다. 태평함을 나타내는 조짐이며 인후함을 드러내는 징후이다. 그러므로 사령四靈을 말하자면 기린이 그 으뜸이 된다.

麒麟, 仁獸, 麕身, 牛尾, 馬蹄, 一角, 角端有肉. 稟木精而資土氣, 故其

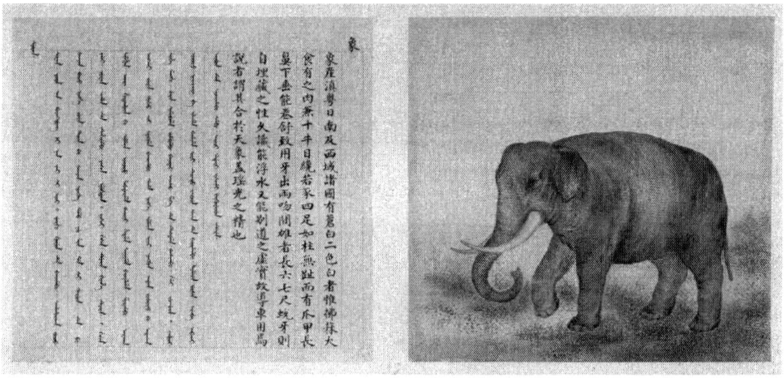

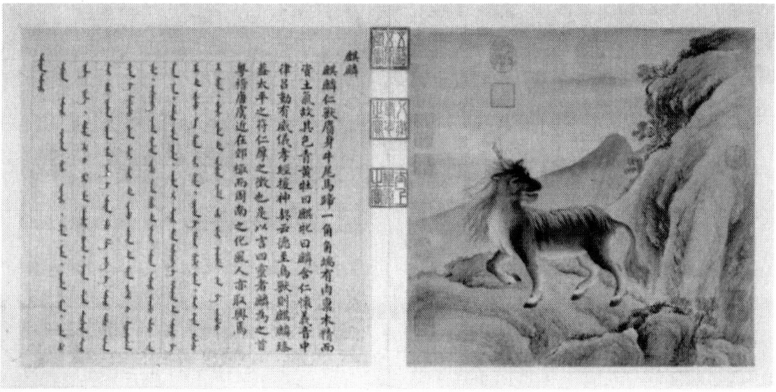

- 그림4.18 『수보』 '코끼리'
- 그림4.19 『수보』 '기린'
- 그림4.20 『수보』 '이리'

色青黃. 牡曰麒, 牝曰麟, 含仁懷義, 音中律呂, 動有威儀. 孝經援神契云: 德至鳥獸則麒麟臻. 蓋太平之符, 仁厚之徵也, 是以言四靈者, 麟為之首.

이리는 크기가 개와 같다. 뾰족한 머리에 나란한 겨드랑이, 앞은 높고 뒤는 넓으며, 색은 누런색과 검은색이 섞였으며 또한 푸른색과 흰색인 것도 있다. 성질이 탐욕스럽고 행동은 잘 돌아본다. 아이 울음소리를 내어 사람을 유혹할 수 있다. 『비아埤雅』는 이리의 영묘한 지혜를 말하는데, 먹잇감을 쫓을 때는 반드시 거꾸로 서서 향할 곳을 점친다. 지금의 사냥꾼들은 이리를 만나면 문득 기뻐하는데, 『관자管子』에서 말하는 '이리 깃발〔狼章〕을 들면 산행을 한다'는 것은 혹 이것을 이르는가? 가죽은 갖옷을 만들 수 있으므로 수인족獸人族은 겨울에 이리를 바친다.

狼, 大如狗, 銳頭駢脇, 高前廣後, 色黃黑雜, 亦有蒼白者. 性貪, 行善顧, 能作兒啼聲以誘人. 埤雅謂其靈智, 將逐食必先倒立以卜所向. 今獵師遇狼輒喜, 管子所云, 舉狼章則山行, 或以是歟. 皮可為裘, 故獸人冬獻狼.

독각수獨角獸는 아시아주 인도에서 난다. 모양이 말과 같다. 색은 누런색이며, 일각의 길이가 사오 척이다. 날카로우며 뿔로 받기를 잘하며, 사자와 싸울 수 있다. 뿔의 결은 밝고 윤기가 나며, 음료를 마시는 그릇으로 만들면 독을 물리칠 수 있다.

獨角獸, 產亞細亞州印度國. 形如馬, 色黃, 一角長四五尺, 銛銳善觸, 能與獅鬥, 角理通明光潤, 作飲器能辟毒.

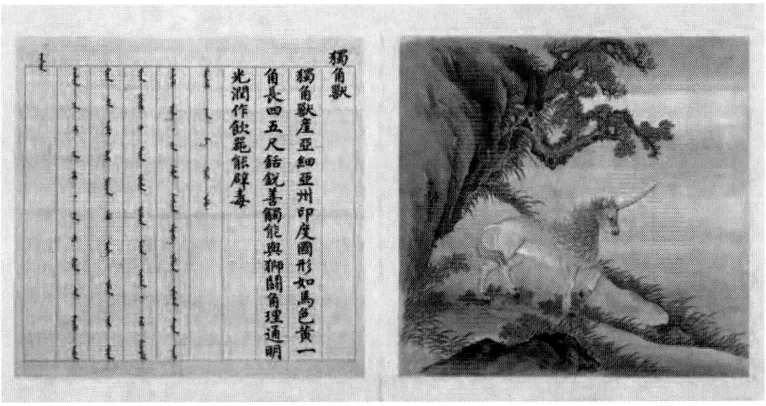

● 그림4.21 『수보』 '독각수'

『조보』와 『수보』의 교감 및 그림 왼쪽에 있는 만주어와 중국어 설명은 부항傅恒, 유통훈劉統勛, 조혜兆惠, 아리곤阿里衮, 유륜劉綸, 서혁덕舒赫德, 아계阿桂, 우민중于敏中 등이 건륭제의 명을 받들어 한 것으로, 이 8명은 당시 조정의 중신들로 건륭제 치세 기간에 정치, 군사, 문화사업 등에서 매우 중요한 공헌을 했던 인물들이다. 이를 통해 건륭제가 이 두 박물지를 얼마나 중시하고 있는지를 짐작할 수 있다.

유럽에서 제작된 민족지 및 박물지가 18세기 청나라 건륭제 때 제작된 민족지 『황청직공도』 및 박물지 『조보』·『수보』와 많은 점에서 유사성을 보여준다. 예를 들어, 마가렛 호젠Margaret Hodgen은 민족지가 직접적인 관찰에 바탕을 두며 정보를 수집하고 체계적으로 분류한다는 점에서 이전의 외국 민족들에 관해 기술한 글들과는 다르다고 주장하는데[34] 『황청직공도』 및 『조보』·『수보』 또한 직접적인 관찰을 통해 제작되었다. 프랫Pratt에 의하면, 유럽 민족지의 출현은 최소한 어느 정도 18세기 초반 유럽에서 발생한 인식론의 전환에 기인한 것이다. 프랫은 대략 1750년경에 시작된 정치적이고 경제적인 팽창과 함께 유럽 여행기의 검토를 통해 이러한 전환에 접근하고 있다.[35] 프랫은 또한 18세기 사회적, 경제적 그리고 정치적 영향력 간의 관계 및 새로운 영토를 탐색하고 그에 관한 조사·연구의 결과를 기록하려는 욕구에 관해 탐구한다. 그녀는 북유럽에서 지식 구조로서의 박물지의 출현을 주장하고 있다.[36] 청나라의 경우 건륭제의 명에 의해 민족지인 『황청직공도』와 박물지인 『조보』·『수보』의 제작이 시작된 것이 1750년이며, 이 시기는 건륭제가 주변 지역에 대한 정벌을 통해 새로운 영토를 획득하고 청나라를 판도를 넓혀가던 때였다.

서구 학자들이 축적해 놓은 유럽 민족지와 박물지에 관한 연구 방법은 『조보』와 『수보』뿐만 아니라 뒤에서 다루게 될 다보각多寶閣의 상징적 의미를 이해하는 데도 도움이 된다. 『인류학과 식민적 조우Anthropology and the Colonial Encounter』에서 아사드Asad는 지식의 생산과 유포에 대한 독점권을 갖고 있는 권력 중심이 어떻게 주변 집단 및 세계들을 정의하고 그들을 지배하는지에 관해 다루고 있다.[37] 유럽 바깥 세계를 묘사한 유럽인들의 기행문을 연구한 프랫은 1735년에 일어난 두 가지 의미 있는 사건들, 즉 세계의 모든 동·식물을 체계적으로 분류한 린네Linaeus(1707-1778)의 『자연의 체계Systema Naturae』 출간과 지구의 정확한 모양을 모색한 노력들에 주목한다. 그는 이 두 사건의 동시 발생이 당시 유럽 엘리트들의 자신들과 다른 세계와의 관계에 대한 이해에 변화가 생겼음을 알려주는 것이라고 주장한다. 이러한 세계를 바라보는 새로운 방식은 세계에 있는 모든 것들이 체계적인 분류에 의해 배열될 수 있다는 확신과 통찰력에 의해 특징 지워진다. 자연계에 대한 과학적인 방법과 조사의 적용이 유럽에서 민족지가 출현하게 된 발판이 되었다.[38]

들짐승과 날짐승의 이미지와 그에 대한 설명을 확보하는 것은 곧 그 동물들이 서식하는 지역들에 대한 지배를 상징하게 된다. 우리는 18세기에 제작된 박물지인 『조보』와 『수보』를 통해 지식정보의 생산과 유포에 대한 독점권을 가진 권력의 핵심인 청나라 정부가 어떻게 주변 세계들을 정의했으며 세계를 지배하기 위해 어떠한 노력을 기울였는지에 관해 알 수 있다.

5장

황제의 문화 수집과 예술품 복제

● 그림5.1 작자 미상. 〈옹정십이미인도雍正十二美人圖〉 12폭 병풍 가운데 '박고유사博古幽思.' 1709-1723. 병풍. 비단에 수묵채색. 184×98cm. 북경고궁박물원

5장 황제의 문화수집과 예술품 복제

● 옹정제의 골동품 수집

〈옹정십이미인도雍正十二美人圖〉로 더 잘 알려진 〈옹친왕제서당심거도雍親王題書堂深居圖〉라는 그림이다. 12폭의 병풍으로 이루어진 이 그림은 옹정제(재위 1723-1735)가 황제가 되기 전 황자皇子였던 시절(1709-1723)에 제작되었다. 장시간에 걸쳐 제작되었기에 한 사람의 손에 의해 그려진 것이 아니다. 12명의 귀부인들은 모두 한족 여인의 복장을 하고 있다. 이 12폭 병풍은 옹정제가 황자 시절 아버지 강희제로부터 하사 받은 원림인 원명원圓明園에 있는 심류독서당深柳讀書堂에 전시되어 있었다고 한다. 우리가 감상할 그림은 12폭 병풍 가운데 '박고유사博古幽思'라는 이름을 가진 그림이다. 이 그림에서는 한 아름다운 귀부인이 반죽斑竹으로 만든 육각형 의자에 앉아 고개를 숙인 채 생각에 잠겨 있다. 그녀의 뒤에 배경으로 있는 대형 다보각多寶閣에는 매우 진귀한 골동품들이 진열되어 있다. 귀부인의 앞에 있는 화려하고 정교하게 장식된 나전칠기로 만들어진 네모진 탁자 위에는 한나라 때 만들어진 청동호壺와 네모난 벼루 그리고 꽃을 꽂은 작은 병이 놓여 있다. 나전칠기 탁자 옆에는 서책이 놓여 있고, 그 바로 옆 다보각에 놓여 있는 청동기는 청동으로 만든 제례용 술잔인 고觚이다. 배와 다리 부분에 네 개의 모서리가 있어 그 이름이 모난 술잔이다. 공자孔子가 일찍이 "모난 술잔이 모가 나지 않으면 그것이 모난 술잔인가? 모난 술잔인가?[觚不觚, 觚哉, 觚哉.]"라고 했던 그 모난 술잔이 바로 이 청동 술잔이다. 그 위에 있는 붉은색 유약을 바른 병은 홍유승모호紅釉僧帽壺이다. 승모호僧帽壺는 병의 주둥이가 승려의 모자를 닮았다고 하여 붙여진 이름이다. 라마불교에서 사용하는 용기이다. 명나라 영락永樂(1403-1424)과 선덕宣德(1426-1435) 연간에 경덕진景德鎮에서 대량으로 승모호를 제작했다. 그림 속에 있는 것과 같은 모양의 홍유승모호가 현재 북경고궁박물원에 소장되어 있다. 홍유승모호 왼쪽에 놓여 있는 청동기는 고대에 제사와 연회에서 연주되었던 편종編鐘으로 사용되었던 청동 용종甬鐘이다. 그 옆에 있는 자기는 여요汝窯에서 제작된 천람유수선분天藍釉水仙盆이다.

골동품 수집을 좋아했던 옹정제는 자신이 소장하고 있는 골동품들을 그림으로 그리게 했다. 그래서 탄생한 것이 〈고완도古玩圖〉이다. 이 가운데 현존하는 것은 옹정 6년인 1728년에 제작된 권6과 옹정 7년인 1729년에 제작된 권8이다. 이 두 권의 두루마리는 원명원에 있는 여의관如意館에서 제작되었다. 한 사람이 아닌 다수의 궁정화가들이 매우 오랜 시간에 걸쳐 자금성과 원명원에 소장되어 있는 골동품들을 그림으로 그렸다. 현재 런던의 영국박물관British Museum에 소장되어 있는 권6에는 20점의 청동기, 106점의 자기, 1점의 산호, 83점의 옥기, 2점의 목기 그리고 11점의 기타 물품 등 223점에 달하는 골동품이 묘사되어 있다. 시기적으로는 신석기 시대에서부터 1720년 이후까지 걸쳐 있다. 대부분의 골동품들이 그 크기에 맞춰 특별히 제작된 자단목이나 여러 가지 색채로 장식한 받침대 위에 놓여 있다. 이 두루마리는 영국박물관 95호실의 전용 갤러리에 영구 전시되어 있는 중국 예술 퍼시발 데이비드 재단The Percival David Foundation of Chinese Art 컬렉션에 포함되어 있다. 대

● 그림5.2 〈고완도古玩圖〉 권6. 1728. 두루마리. 종이에 수묵채색. 62.5×1,502cm. 영국박물관

● 그림5.2 〈고완도古玩圖〉 권6. 1728. 두루마리. 종이에 수묵채색. 62.5×1,502cm. 영국박물관

략 1,700점에 달하는 송나라, 원나라, 명나라 그리고 청나라 때 경덕진景德鎭에서 수출용이 아닌 황실에서 사용할 목적으로 제작한 중국 자기를 수집한 퍼시발 데이비드의 컬렉션은 세계에서 가장 뛰어난 중국 자기 컬렉션이다. 〈고완도〉에 그려져 있는 상당수의 자기가 현재 퍼시발 데이비드 컬렉션에 포함되어 영국박물관 95호실에 전시되어 있다.[1]

퍼시발 데이비드 경Sir Percival David(1892-1964)은 중국 자기 연구자이자 수집가로 잘 알려진 뭄바이 태생의 영국 자본가이다. 그의 아버지 사순 데이비드 경Sir Sassoon David(1849-1926)은 인도 은행Bank of India을 설립했다. 퍼시발 데이비드 경은 1923년 처음으로 중국을 방문하고 중국 자기에 매료되어 그의 남은 인생을 중국 자기의 수집과 연구에 바쳤다. 그는 명나라 때 조소曹昭가 쓴 골동품 감식에 관한 책인 『격고요론格古要論』을 번역했다. 중국 자기를 향한 그의 열정과 안목의 깊이를 엿볼 수 있는 대목이다. 퍼시발 데이비드 컬렉션의 시작은 1927년으로 거슬러 올라간다. 자금성에 있던 환관들과 내무부 관원들이 궁중 보물들을 궁 밖으로 내다 팔았다. 서태후西太后(1835-1908)는 1901년에 수많은 자금성의 보물들을 여러 은행에서 빌린 대출금에 대한 담보물로 유용했다고 한다. 골동품 시장에 자금성의 보물들이 나오자 데이비드 경은 40여 점을 구매하여 미국으로 유출했다. 1930년에 데이비드 경은 다시 중국으로 돌아와 북경에서 여러 명의 골동품상들로부터 몇 점의 보물들을 더 구매했다. 1931년에 데이비드 경의 컬렉션은 런던에 있는 도체스터 호텔Dorchester Hotel에 전시되어 세계 2차 대전 동안 전란을 피해 시골의 안전한 곳으로 옮기기 전까지 그곳에 있었다. 1950년에 데이비드 경은 중국 예술에 관해 연구한 엄청난 양의 책들과 함께 자신이 평생 수집한 자기 컬렉션을 런던대학University of London에 기증했다. 데이비드 경의 자기 컬렉션은 1952년 6월 10일 런던의 고든 스퀘어Gordon Square에 있는 한 건물에서 일반에게 공개되었다. 재정난으로 고든 스퀘어에 있던 데이비드 경의 컬렉션을 전시하던 건물이 2007년에 문을 닫게 됨에 따라 데이비드 경의 자기 컬렉션은 영국박물관에 장기 대여되어, 데이비드 경의 1,700여 점의 자기 컬렉션은 영국박물관의 95호실에 영구히 일반에게 공개 전시되어 지금에 이른다.

런던의 빅토리아 앤드 앨버트 박물관Victoria & Albert Museum에는 앞의 권6과는 다른 시리즈의 〈고완도〉가 소장되어 있다. 옹정 7년인 1729년에 제작된 이 두루마리에는 262점의 골동품이 그려져 있다. 이 두루마리의 겉면에는 '下卷八'이라 적혀 있다. 두 가지 가능성을 생각해볼 수 있다. 하나는 두루마리 시리즈를 상하上下 둘로 나누는 것이고, 또 다른 하나는 상중하上中下로 나누는 것이다. 한 두루마리에 어림잡아 250점의 골동품이 그려져 있고 하나의 시리즈가 최소한 8권이 있었다고 가정한다면 상하 두 개 시리즈로 나눠진 〈고완도〉는 4,000점의 골동품, 상중하 세 개 시리즈로 나눠진 〈고완도〉에는 6,000점의 골동품이 그려져 있었다는 계산이 나온다.

현존하는 두 권의 두루마리 〈고완도〉에 그림으로 수록된 골동품들은 모두 중국 역사상 찬란한 문화를 꽃피웠던 시대에 제작된 것들이다. 자기를 예로 들자면, 여요汝窯와 관요官窯 그리고 가요哥窯 등을 포함한 송나라(960-1279) 때 만들어진 단색 자기로부터 명나라(1368-1644) 선덕(1426-1435) 연간에 만들어진 청화백자青花白瓷와 성화成化(1465-1487) 연간에 제작된 두채자기斗彩瓷器에 이르기까지 송나라와 명나라의 황실 후원을 받아 제작된 자기들이 〈고완도〉에 포함되었다.

● '장藏'의 의미

1924년 중화민국 임시정부는 청나라의 마지막 황제인 선통제宣統帝 애신각라愛新覺羅 부의溥儀(1906-1967)를 자금성紫禁城에서 축출한 뒤 청실선후위원회淸室善後委員會를 결성하고 자금성에 있는 보물들의 목록을 작성했다. 1925년에 발간된 28권 분량에 달하는 위원회의 조사 보고서 『고궁물품점차보고故宮物品點查報告』에 따르면, 청나라 황실은 청동기와 옥기, 자기, 서예, 법랑자기, 칠기 등의 예술품들을 포함하여 100만 점이 넘는 보물들을 남겼다. 이 어마어마한 양의 보물 대부분을 수집한 황제는 바로 건륭제였다.

건륭제는 1736년 25세의 나이에 청나라의 여섯 번째 황제의 자리에 올라 60년 뒤인 1795년에 60년 동안 청나라를 통치했던 할아버지 강희제(재위 1662-1722)보다 더 오래 재위하면 불효라는 생각에 자진해서 황제의 자리에서 물러났다. 건륭제의 재위 기간 동안 청나라는 중국 역사상 가장 번영한 시기였다. 경제적으로 번성했고, 인구가 증가했으며, 영토가 확장되었다. 청나라의 파워가 절정에 달했을 때 건륭제는 중국 전역에 걸쳐 그리고 해외로부터 수많은 진기한 것들을 모으기 시작했다. 건륭제가 수집한 보물들의 대부분은 오늘날 박물관의 컬렉션으로 전해진다. 건륭제가 소장했던 엄청난 양의 보물들은 그 자체가 중국 문화와 예술을 표상한다. 건륭제가 왜 이처럼 진귀한 물건들의 수집에 열을 올렸을까? 그의 야심은 중국 역사상 가장 많은 컬렉션을 소유함으로써 '천하세계'에 존재하는 모든 범주의 만물萬物을 망라하는 통치자로 군림하는 것이었다.[2]

네이버 국어사전에서 '컬렉션collection'을 검색하면, '미술품이나 우표, 화폐, 책, 골동품 따위를 모으는 일. 또는 그 모아진 물건들. '수집'으로 순화.' 이렇게 정의하고 있다. 그래서 특정한 범주의 물건들이 어떤 의미나 의도에 의해 모여졌을 때 컬렉션이 성립된다. 건륭제의 청나라 황실은 다양한 방법으로 엄청난 양의 진귀한 물건들을 수집했다. 조공朝貢과 선물이란 명목하에 청나라의 세력권 안에 있는 지역뿐만 아니라 세계 각국에서 가져온 수많은 진귀한 물건들이 청나라 황실로 모여들었다. 건륭제는 자신이 갖고 싶은 물건이 있으면 황실의 공방이라고 할 수 있는 조판처에 제작을 의뢰했다.

우리가 흔히 말하는 '컬렉션collection'에 해당하는 중국어는 '장藏'이다.[3] 이 한자는 동사로는 '숨기다[匿]'를 뜻하고, 명사로 쓰일 때는 '재물을 보관하는 곳집' 또는 '숨긴 물건'을 의미한다. '장藏'은 또한 몸 안의 다섯 개 장기臟器를 뜻하는 '장臟'과 통용된다. 사람이 생명을 유지하는데 필요한 에너지를 내장에 저장하고 있듯이 황제가 수집한 보물들 가운데 매우 중요하게 여겨지는 것들은 바깥으로 드러내지 않고 조심스럽게 '숨겨서' 궁궐에 보관된다. 건륭제의 재위 기간에 궁궐의 살림을 도맡았던 내무부內務府는 다양한 루트를 통해 궁궐로 모여든 온갖 진귀한 물건들을 황제가 수집하여 깊숙한 곳에 감추고 간직할 것과 그렇지 않은 것으로 분류했다. 이때의 일을 『석거보급石渠寶笈』과 『비전주림秘殿珠林』를 편찬한 심초沈初(1729-1799, 1764년 진사進士)는 『서청필기西清筆記』 권2에서 다음과 같이 회고했다.

> 황제께서 서화를 자세히 조사하여 1등급과 2등급으로 나누어 열람할 수 있도록 바치라고 명하셨다. 1등급은 감추어 깊이 간직하고〔弆藏〕, 2등급의 서화는 진열하는 데 쓴다. 청동기 또한 이와 같다.
>
> 上命審定書畫分一二等呈覽, 一等弆藏, 二等以備陳設. 銅器亦如之.

위의 글에서 원문 '거장弆藏'은 '남몰래 감추어 깊숙한 곳에 간직한다'는 뜻이다. 건륭제에게 컬렉션은 전시를 위한 것이 아니다. 심초의 말에서 엿볼 수 있듯이 건륭제는 그가 소유한 것들에서 궁궐 깊숙한 곳에 숨겨두고 혼자만 완상할 것과 전시하여 다른 사람들에게 드러내어 보여줄 것을 구분했다. 건륭제가 궁궐 깊숙한 곳에 숨겨두고 혼자만 완상했던 것은 어떤 것들이었을까? 황제의 공방인 조판처에 제작을 명하여 만든 물건들 가운데 품질이 기준에 미치지 못하는 것들은 선물로 주거나 궁궐 살림에 보태기 위해 팔았다. 예를 들어 경덕진景德鎮에서 황실에 공급하는 자기 제작을 감독했던 당영唐英(1682-1756)은 1735년에 황제가 다른 사람들에게 선물로 줄 것으로 쓰일 2천에서 3천 점에 달하는 품질이 떨어지는 자기를 북경에 보냈다고 한다. 1742년에 건륭제는 저급한 자기를 더 이상 북경으로 보내지 말고 그 대신에 경덕진 주변 지역에 팔도록 명했다. 이러한 자기들은 비록 황실의 가마에서 제작되어 황제의 소유물에 속하지만 건륭제가 수집하여 깊숙한 곳에 감추어 수장할 대상에서 제외된다.

1927년에 데이비드 경은 솔트 인더스트리 뱅크Salt Industry Bank로부터 1점의 여요 자기를 포함한 50점의 자기를 구매했다. 이 자기들은 다보각多寶閣에 '감추어져' 보관되어 있었다. 데이비드 컬렉션은 건륭제가 언급한 1등품들이다. 우리는 런던의 영국박물관 95호실에서 건륭제가 '남몰래 감추어 깊숙한 곳에 간직'하고 감상했던 자기들을 자유롭게 감상할 수 있다.

● 건륭제의 소장 목록

건륭제는 장조張照(1691-1745) 등에 명하여 내부內府에 수장되어 있던 불교와 도교 관련 서화의 목록을 편찬하게 했다. 그리하여 24권의 『비전주림秘殿珠林』이 건륭 9년인 1774년에 완성되었다. 앞은 불교 그 뒤는 도교, 서책은 앞에 두고 그림은 뒤에 두었으며, 책冊과 두루마리[卷] 그리고 족자[軸]의 순으로 배열했다. 수록한 서화에는 등급을 매겨, '상등上等'과 '차등次等'으로 나누었다. 이름난 예술가의 진적眞迹이면서 필묵筆墨이 빼어난 상등의 작품에는 재질과 크기, 발문, 소장자의 인장 등 작품에 관한 정보를 상세히 기록했다. 지명도가 높은 예술가의 진적이지만 작품성이 다소 떨어지거나 진위를 판별하기 어려운 차등의 작품에는 간단하게 관지款識와 발문을 쓴 이의 이름을 기재했다. 권1은 순치 · 강희 · 옹정 · 건륭 등 네 황제들의 묵적墨跡, 권2-14는 불교 관련, 권15-21은 도교 관련, 권22-24는 불교와 도교 관련 목록을 병기했다. 권22까지는 건청궁乾清宮 소장의 작품, 권23은 자녕궁慈寧宮과 만선전萬善殿 소장의 불교와 도교 경전, 권24는 만선전, 흠안전欽安殿, 자녕궁, 천궁궁天穹宮, 중정전中正殿 소장 불상佛像, 도교 신상神像, 불교와 도교 경전 등을 수록했다.[4]

『비전주림』과 쌍벽을 이루는 『석거보급石渠寶笈』은 청나라 궁중에서 소장하고 있던 비非종교류 서화 목록이다. 초편初編 44권은 건륭제의 명에 의해 장조張照, 양시정梁詩正(1697-1763) 등이 엮어 만든, 건륭제의 내부內府에 소장하고 있던 역대 서화 목록으로 건륭 10년인 1745년에 완성되었다. 체재는 건륭제의 내부가 수장하던 불교 · 도교 관련 서화를 기록한 『비전주림』을 모방하여, 수장하는 전각에 따라 분류하여, 1-9권은 건청궁乾清宮, 10-18권은 양심전養心殿, 19권은 삼희당三希堂, 20-27

권은 중화궁重華宮, 28-40권은 어서방御書房, 41권은 학시당學詩堂, 42권은 화선실畫禪室, 43권은 장춘서옥長春書屋 · 수안실隨安室 · 유우재攸芋齋, 44권은 취운관翠雲館 · 수방재漱芳齋 · 정이헌靜怡軒 · 삼우헌三友軒으로 각각 연대에 따라 서책書冊, 화책畫冊, 서화합책書畫合冊, 권卷, 축軸의 순서로 배열했다. 작품 각각에 대해서는 재질, 크기, 관식款式, 인기印記, 수장가들의 제발, 어제어새御題御璽 등을 기록하고 품제品第를 행했다. 건륭 58년인 1793년에는 이편二編 40책冊이 편찬되고, 가경嘉慶 21년인 1816년에는 삼편三編 28함函이 편찬되었다.

『서청고감西清古鑒』은 건륭 14년인 1749년에 양시정 등이 건륭제의 명을 받고 편찬을 시작하여 건륭 20년인 1755년에 완성한 황실 내부內府 소장 청동기 목록이다. 문물과 서책의 수장과 정리를 매우 중요하게 생각했던 건륭제는 황실 내부에 수장되어 있던 상商나라와 주周나라 때 청동기로부터 당唐나라 때 청동기에 이르기까지 93건의 청동거울을 포함하여 황실 내부에 수장되어 있던 1,529건의 청동기를 송나라 때 만들어진 『고고도考古圖』와 『선화박고도宣和博古圖』의 체제를 따라 분류하고 도해圖解하게 했다. 상나라와 주나라 때 청동기가 대다수를 차지한다. 각 청동기마다 그림을 그리고 해서체로 쓴 설명을 달았다. 청동기의 크기와 치수를 상세하게 기재했으며, 청동기에 새겨진 명문銘文을 주석했고, 청동기에 대한 고증을 덧붙였다. 모두 40권이며 부록인 『전록錢錄』이 16권이다.

건륭제가 소장했던 청동기 목록은 『서청고감』 이외에도 『서청속감갑편西清續鑒甲編』, 『서청속감을편西清續鑒乙編』, 『녕수감고寧壽鑒古』 등이 있다. 『서청속감갑편』은 건륭 58년인 1793년에 왕걸王杰(1725-1805) 등이 건륭제의 명에 의해 편찬했다. 모두 20권이며, 청 황실 내부에 수장된 상나라로부터 당나라 때까지의 청동기 944건과 당송 이후 청동기와 새인璽印 31건을 수록했다. 『서청속감을편』은 건륭 58년인 1793년에 왕걸 등이 건륭제의 명을 받아 편찬했는데, 모두 20권이며, 성경盛京[지금의 심양瀋陽]에 있는 황궁에 소장된 상나라로부터 당나라에 이르기까지 청동기 900건을 수록했다. 『녕수감고』는 건륭 연간에 편찬했는데, 모두 16권으로 되어 있으며, 녕수궁寧壽宮에 수장된 청동기 701건을 수록했다.

'서청사감西淸四鑒'이라 일컬어지는 『서청고감』, 『서청속감갑편』, 『서청속감을편』, 『녕수감고』 등은 모두 건륭제의 명에 의해 편찬된 것으로, 4,115건의 청동기를 수록한 도록들이다. 건륭제의 청동기 소장 목록 편찬 프로젝트는 그가 『서청고감』의 편찬을 명한 1749년부터 『서청속감갑편』과 『서청속감을편』을 편찬한 1793년까지, 그의 치세 기간 3/4에 해당하는 44년이나 지속되었다. 이 프로젝트를 통해 건륭제는 자신이 소유한 중국 문화의 가장 오래된 창조물인 청동기를 목록화하고 이에 관한 지식정보를 상세히 기록함으로써 중국의 오랜 역사에 경의를 표했다.[5]

강희제와 옹정제 그리고 특히 그 뒤를 이은 건륭제는 문치文治와 만주족[滿], 한족[漢] 문화의 융합을 중시했다. 앞 두 황제들의 치세를 거쳐오면서 축적된 정국 안정과 경제 번영이 건륭제가 이러한 대형 서화 목록을 편찬할 수 있도록 한 문화적, 물질적 토대가 되었다. 그렇지만 이 서화 목록들은 건륭제가 남몰래 감추어두고 홀로 감상했던 보물들이다.

미국의 문학비평가인 에우제니오 도나토Eugenio Donato(1937-1983)에 의하면, 박물관이 수집하고 전시하는 일련의 이질적인 사물들은 그것을 정리하고 분류하는 과정을 거쳐 일관성 있는 재현적 세계를 구성한다는 '허구'에 의해서 유지된다고 한다. 도나토는 이 허구가 사라져버린다면 박물관에는 의미 없고 가치 없는 '골동품'만이 남게 되리라고 지적한다.[6] 건륭제는 '천하세계'에서 수집한 보물들을 정리하여 분류하고 목록화했다. 이러한 문화적 행위를 통해 그는 '세계'를 소유하게 된다.

● 건륭제의 골동품 감상

그림(그림5.3) 속에서 건륭제는 한족 문인의 옷차림을 하고 넓은 평상 위에 앉아 있다. 그는 왼손에 아무것도 적혀 있지 않은 종이를 들고, 오른손에는 먹물을 머금은 붓을 들고서 뭔가를 쓸 준비를 하고 있다. 그가 앉은 평상 위 왼쪽에는 두루마리와 책 그리고 여의如意가 놓여 있다. 그의 오른쪽에 서 있는 시동은 청화백자 물병을 들고 건륭제 옆에 있는 탁자 위 둥근 자기 잔에 물을 따르고 있다. 건륭제의 주위를 둘러싸고 있는 여러 개의 탁자 위에는 청동기, 벽璧, 작은 조각상, 청화백자, 서책과 두루마리 등 다양한 종류의 진귀한 골동품들이 놓여 있다. 바로크풍의 둥근 나무 탁자를 제외하고 그림 속 가구들은 모두 우아하고 고풍스런 멋을 풍기는 중국의 전통 가구이다. 건륭제 앞 바닥 위에는

● 그림5.3 작자 미상. 〈시일시이도是一是二圖〉 일부. 족자. 종이에 수묵담채. 90.3×119.8cm. 북경고궁박물원.

축소된 세계를 상징하는 분경盆景이 놓여 있다. 분경 가까이는 청동으로 만든 화로가 놓여 있는데, 지금이 추운 계절임을 암시한다. 건륭제의 뒤에는 산수화가 그려진 대형 병풍이 세워져 있다. 병풍 양옆에는 탁자 위에 둥글게 생긴 골동품이 놓여 있는데, 건륭제의 오른쪽으로는 원통의 대형 청동기, 그의 왼쪽으로는 청동기만큼이나 큰 청화백자 항아리가 네모난 탁자 위에 놓여 있다.

예술품을 수집하고 감상하는 것은 부유한 엘리트 문인들이 반드시 갖추어야 할 문화적 소양이었다. 어떠한 골동품을 수집하고 감상하는지, 병풍에는 어떠한 그림이 그려져 있는지를 살펴보면 골동품과 병풍을 소유한 사람의 예술적 안목과 취향 그리고 그의 교양 수준 등을 가늠할 수 있다.

병풍의 오른쪽 옆 네모난 탁자 위에 놓여 있는 원통의 대형 청동기는 신新나라(9-25)를 세운 왕망王莽(재위 9-23)이 계량의 표준으로 삼기 위해 주문 제작한 것이다. 황제만이 도량형을 정할 수 있기에 도량의 표준이 되는 계량기를 새로이 주조하는 것은 새로이 등극한 황제의 적법한 권력과 통치를 상징한다. 그래서 가량에는 표준을 세워보겠다는 건륭제의 염원이 담겨 있다. 이렇게 중대한 의미를 지닌 청동기이기에 건륭제는 대학사大學士인 장약애張若靄(1713-1746)에게 명하여 가량에 새겨져 있는 글을 종이에 옮겨 적게 하고 가량이 놓여 있는 탁자의 서랍에 보관했다.

건륭제의 왼쪽에 놓여 있는 청화백자는 명나라(1368-1644) 선덕(1426-1435) 연간에 제작된 것이다. 이 청화백자에는 인도에서 산스크리트어를 쓰는 데 사용되는 문자인, 데바나가리 문자로 쓴 다라니경이 적혀 있다. 다라니경은 석가 가르침의 요체로서, 신비한 힘을 가진 것으로 믿어지는 주문이다. 이 청화백자를 소유함으로써 건륭제는 티베트인들

● 그림5.4 가량嘉量. 신新나라(9-23). 청동기. 높이 25.6cm. 타이베이고궁박물원

● 그림5.5 작자 미상. 『고완도古玩圖』의 일부. 명나라 선덕 연간에 제작된 청화백자 항아리. 1728. 두루마리. 종이에 수묵채색. 높이 62.5cm. 빅토리아 앤드 앨버트 박물관Victoria & Albert Museum of Art

● 그림5.6 작자 미상. 수선분. 북송. 12세기. 여요 자기. 높이 6.7cm, 길이 23cm, 너비 16.4cm. 타이베이고궁박물원

에게 티베트 불교를 옹호하는 통치자의 면모를 보여줄 수 있다. 명나라 선덕제 때 탄트라 의식에 사용되었던 이 청화백자는 1728년에 옹정제를 위해 제작된 『고완도』에 포함되었다.

분경을 담고 있는 엷은 푸른색의 자기로 만든 타원형 화분은 북송(960-1127) 때 제작된 여요汝窯 자기이다. 아마도 휘종徽宗(재위 1100-1126)의 치세 기간에 궁궐에 진상되었던 걸작들 가운데 하나였을 것이다. 당나라 때 귀족들이 좋아했던 금은으로 테를 두른 정요定窯 백자는 담백함과 자연스러움을 추구했던 북송 때 사대부 문인들의 취향에는 맞지 않았다. 그들은 정요 백자를 격조가 떨어지는 것으로 취급했다. 대안을 찾아야 했다. 하남성 여주汝州의 도공들은 북송 사대부 문인들의 까다로운 심미적 기준에 완벽하게 부응하는 멋들어진 자기를 만들었다. 현존하는 여요 자기는 백여 점에 불과하다. 이 수선분水仙盆과 앞서 살펴보았던 청동기 가량 그리고 청화백자 항아리는 건륭제가 수집한 황실 컬렉션의 일부이다. 수선분과 청동기 가량은 현재 타이베이고궁박물원에, 청화백자 항아리는 북경고궁박물원에 소장되어 있다.

● 건륭제의 '호기심의 방' 다보각多寶閣

건륭제를 비롯한 18세기 청나라 통치자들은 무언가를 축소하여 표현하는 것을 좋아했다. 이러한 그들의 취향을 잘 반영하고 있는 것 가운데 하나가 '다보각多寶閣'이다. 크기가 작은 것은 나무로 만든 상자의 형태를 띠고 있는데, 이 상자에는 청동기와 옥기, 비연호鼻煙壺 · 상아 · 칠보 · 보석 · 붓과 먹 · 책과 그림 · 거울 같은 진귀한 물건들을 작게 만든 미니어처들이 그 크기에 맞게 제작된 수많은 서랍 안에 들어 있다.

우리가 위에서 감상했던 〈옹정십이미인도〉에서 보았던 진열장처럼 크기가 큰 다보각도 있다. 다보각은 18세기 청나라 궁중에서 서재를 구성하는 매우 중요한 인테리어 장식품이었다. 다보각은 조판처에서 제작했다. 건륭제는 바깥으로 드러내지 않고 궁궐 깊숙이 '숨겨서' 보관하며 혼자만이 감상할 진귀한 물건이라 생각되는 것들을 다보각에 담아 보관했다.

우리가 감상할 다보각은 현재 타이베이고궁박물원에 소장되어 있는 홍칠창금용봉문소궤다보각紅漆戧金龍鳳紋小櫃多寶閣이다. 이 다보각의 겉면은 아로새긴 금과 여러 색채의 안료로 장식한 꽃문양이 있는 칠기 상자로 되어 있다. 칠기 상자 안에는 용봉 문양으로 장식된 3개의 황금빛 상자가 들어 있다. 이 3개의 작은 상자 안에는 44점의 진귀한 보물들이 그 크기에 맞게 제작된 다양한 크기의 서랍과 칸 안에 담겨 있다. 고대에서부터 청나라 때까지 제작된 19점의 옥기들이 컬렉션의 주를 이루며, 그 밖에도 꽃병, 비연호와 같은 작은 용기, 자기나 청동 그리고 홍옥수로 만든 동물상, 상아로 만든 미니어처 조각상, 미니어처 두루마리와 화첩 그리고 심지어 이 다보각 안에 들어 있는 진귀한 보물들의 목록과 위치를 기록한 작은 책자까지도 포함되어 있다. 그림5.7의 왼쪽 아랫부분에 작은 두루마리가 놓여 있다. 건륭제가 그린 매화 그림이 들어 있다고 한다. 그 오른쪽 옆에 있는 것은 신석기 시대에 제작된 옥으로 만든 핀이며, 또 그 오른쪽 옆에 있는 것은 일본에서 들어온 '마키에蒔繪'라고 하는 미니어처 칠기 상자이다. 이 다보각에 보관하고 있는 진귀한 물건들은 시간적으로는 중국의 문명이 시작된 신석기 시대로부터, 공간적으로는 청 제국 너머 일본에서 들여온 것까지, 세계의 만물을 포괄하고 있다.

건륭제 때 유행한 다보각은 중국판 '호기심의 방cabinet of curiosities'

● 그림5.7 홍칠창금용봉문소궤다보각紅漆戧金龍鳳紋小櫃多寶閣. 청대. 건륭 연간. 금도금한 칠기. 높이 25.6cm. 가로 26.6cm. 세로 19.5cm. 타이베이고궁박물원

이라고 할 수 있다. 자금성의 양심전 안에 있는 건륭제의 서재인 삼희당三希堂과 '건륭화원乾隆花園'이라고도 불리는 녕수궁寧壽宮 화원 안에 있는 권근재倦勤齋는 열렬한 예술품 수집광이었던 건륭제의 대형 다보각이다. 원명원 내에 있는 유럽에서 가져온 진기한 물건들로 가득한 서양루西洋樓는 건륭제가 소유한 또 다른 하나의 호기심의 방이다. 서양루에는 대형 거울 · 태피스트리 · 자명종 · 기계로 작동하는 장난감 등 건륭제가 유럽으로부터 수집한 온갖 진기한 물건들이 전시되어 있다.[7]

유럽에서 16세기 중반부터 형성되기 시작하여 17세기에 전성기를 누린 '호기심의 방'은 물질의 백과사전 같은 수집실이었다. 호기심을 불러일으킬 만한 물건들이 수집되어 있다고 하여 사람들은 이곳을 '호기심의 방'이라고 불렀다. 호기심의 방에는 세계의 온갖 진기한 것들이 모여 있다. 각각의 개별적인 물질들은 그것이 수집된 지역 전체 또는 그곳에 사는 주민들을 표상했다. 호기심의 방에 수집된 물질들은 하나의 소우주였다.

위에서 살펴본 다보각에 포함된 미니어처들의 상징적 의미를 코담배병 비연호의 예를 통해 알 수 있다. 비연호鼻煙壺는 우리말로 풀이하면 코담배병이다. 말 그대로 코담배를 넣어두는 작은 단지이다. 청나라 때 많이 제작되었다. 유리, 자기, 옥, 상아 등으로 정교하게 만든다. 건륭제는 비연호를 신하들이나 외국사절들에게 완상용으로 많이 선물했다고 한다. 건륭제 때 제작된 비연호 가운데 옥으로 만든 것이 많다. 건륭제 치세 기간 당시 옥은 청나라가 새로이 정복한 신강新疆[새로운 땅]에서 조공으로 바친 것이다. 비연호에 담겨 있는 담배는 멀리 '서양西洋'에서 조공으로 바친 이국적인 산물이다.[8] 조공을 통해 사방에서 수집된 기이한 사물을 소유하는 것은 곧 그 대상 지역에 대한 지배를 의미하게 된다. 그러므로 이렇게 기이한 사물들을 하나의 제한된 공간에 집중하여 소유하는 것은 또한 세계에 대한 지배를 의미하게 된다. 각 지역의 문화를 구성하는 다양한 문화상징물들은 특정한 시간과 공간의 역사적 맥락에서 벗어나 문화적 동질성을 갖게 된다.

18세기 청나라 통치자들의 축소된 세계의 재현은 호기심의 방 이외에도 다양한 매체를 통해 표현되었다. 강희제 때 완성된 『강희자전』과 『고금도서집성』 그리고 건륭제가 기획한 '천하세계'에 있는 모든 텍스트들을 망라하는 『사고전서』는 축소된 세계의 텍스트적 재현이라고 할 수 있다.

16세기 유럽의 귀족들은 쿤스트캄머Kunstkammers에 열광했다. '예술의 방'이라는 뜻을 지닌 쿤스트캄머는 세계에 있는 모든 종류의 사물들을 수집함으로써 대우주를 재창조하겠다는 당시 유럽인들의 욕구를 보여준다. 쿤스트캄머의 수집품들은 크게 '쿤스트Kunst[예술]'와 '분더Wunder[진기한 것]'로 이루어졌다. 쿤스트는 사람이 만든 인공물이고, 분더는 동·식물 및 광물 등 자연물이다. 쿤스트캄머의 컬렉션에는 도서관, 식물원 그리고 동물원이 포함된다. 쿤스트캄머는 르네상스 시대 유럽인들의 백과사전적인 욕망을 반영한다.[9] 대우주macrocosm에 존재하는 만물의 표본들을 소유함으로써 쿤스트캄머는 소우주microcosm의 세계를 표상한다.[10] '천하세계'에서 조공으로 바친 재료로 만든 미니어처들을 담아 놓은 건륭제의 다보각 또한 쿤스트캄머와 같은 맥락에서 이해할 수 있다.

● 건륭제가 다보각에 보관한 청동기

건륭제는 가끔 자신이 특히 좋아하는 골동품을 보관하기 위한 다보각 제작을 의뢰했다. 이 9점의 청동기(그림5.8)는 특별히 주문 제작한

● 그림5.8 범금작칙다보각范金作則多寶閣. 청대. 건륭(1736-1795) 연간. 청동과 자단목紫檀木. 타이베이고궁박물원

a. 『범금작칙도책范金作則圖册』. 건륭 연간. 화첩. 종이에 채색. 40×44cm.

b. 사존史尊. 청나라 초반. 17세기. 도책에는 '주나라 사존 갑[周史尊 甲]'이라 기록되어 있다. 높이 11.1cm. 구경 9.9cm.

c. 선문치蟬紋卮. 춘추 시대. 기원전 8세기에서 기원전 6세기. 도책에는 '한나라 선문치 신[漢蟬紋卮 辛]'이라 기록되어 있다. 높이 7.7cm. 배 너비[腹寬] 10.7cm.

d. 절곡문궤竊曲紋簋. 명나라 말 청나라 초. 17세기. 도책에는 '주나라 환문돈[周環紋敦 丁]'이라 기록되어 있다. 높이 6.7cm. 구경 9.6cm.

e. 조두관澡豆罐. 시대 불명. 도책에는 '한나라 조두관 임[漢澡豆罐 壬]'이라 기록되어 있다. 높이 6.2cm. 복경腹徑 7.4cm.

f. 현문치弦紋觶. 상나라 후반. 도책에는 '주나라 현문치 병[周弦紋觶 丙]'이라 기록되어 있다. 기원전 12세기에서 기원전 11세기. 높이 13cm. 구경 7.6cm. 족경 5.9cm.

g. 난령鑾鈴. 서주 시대. 기원전 11세기에서 기원전 8세기. 도책에는 '주나라 무요 무[周舞鐃 戊]'라 기록되어 있다. 길이 17.8cm. 너비 9.9cm.

h. 직내과直內戈. 상나라 후반. 기원전 14세기에서 기원전 11세기. 도책에는 '주나라 비수 기[周匕首 己]'라 기록되어 있다. 길이 26.3cm. 너비 7.3cm.

i. 섬여연적蟾蜍硯滴. 명나라. 도책에는 '당나라 섬여연적 계[唐蟾蜍硯滴 癸]'라 기록되어 있다. 높이 4.9cm. 길이 8.4cm.

j. 궁형기弓形器. 상나라 후반. 기원전 14세기에서 기원전 11세기. 도책에는 '한나라 기령 경[漢旂鈴 庚]'이라 기록되어 있다. 길이 19.5cm. 너비 5.6cm.

자단목紫檀木 받침대 위에 놓여 있다. 이 9점 모두 하나의 다보각에 보관되어 있던 것이다. 원래는 10점이었는데 그 가운데 주소주周素舟를 함풍제咸豐帝(재위 1851-1861)가 다른 용도로 쓰기 위해 빼낸 바람에 9점만 남았다. 이 청동기 세트에 딸린 도책圖冊에 의하면, 이 범금작칙다보각笵金作則多寶閣은 건륭제가 각 시대별로 본보기가 되는 청동기를 가려 뽑아 하나의 다보각에 모은 것이다. 다보각에 보관해야 하기에 크기가 작지만 정교하게 만들어진 기물들을 가려뽑았다. 진품과 위조품이 혼재되어 있다. 그래서 상나라(대략 기원전 1600-기원전 1050) 후반과 주나라(기원전 1050-기원전 256) 때 제작된 청동기도 있지만, 도책에는 '주나라 사존[周史尊]'이라 기록되어 있으나 실제로는 청나라 초반에 제작된 사존史尊(b)의 경우처럼 명나라와 청나라 때 고대 청동기를 모방하여 제작된 것도 있다.[11]

송나라 문인들의 고아한 취향을 흠모했던 건륭제는 이 청동기들을 그의 서재에 고아한 분위기를 자아내기 위한 장식품으로 사용했다. 예를 들자면, 건륭제는 서주 때 술잔으로 쓰였던 청동기 현문치(f)는 꽃병으로, 조두관(e)은 물동이로, 절곡문궤(d)는 향로로 그리고 두꺼비 모양의 청동기(i)는 연적으로 사용했다. 꽃과 향불 그리고 먹의 향기와 함께 건륭제의 서재에는 상나라 때 청동기 창(h)으로부터 청나라 초반에 만들어진 술 그릇(b)에 이르기까지 모든 시대를 아우르는 청동기들이 진열되었다.[12]

● 조판처의 예술품 복제

북경고궁박물원에는 현존하는 중국 최대의 옥 조각품(그림5.9)이 전시되어 있다. 높이가 2미터 24센티미터, 너비 96센티미터, 받침대의 높이가 60센티미터, 무게는 무려 5톤이 넘는 5,350킬로그램에 이르는 대형 조각품이다. 이 옥 조각품은 1778년에 지금의 신강 위구르 자치구에 있는 화전和田의 밀륵탑산密勒塔山에서 발견되어 채취한 청옥으로 만들었다. 5톤이 넘는 이 거대한 옥돌은 100필의 말들이 앞에서 끌고 100명의 인력이 뒤에서 미는 대형 수레에 실려 신강에서 북경으로 옮기는 데만 3년이 걸렸다. 옥돌을 옮기기 위해 강이 있으면 다리를 놓았고, 산이 있으면 산을 깎아 길을 만들었다. 겨울에는 길가에 우물을 파서 그 우물물을 길어 땅바닥에 뿌려 길을 얼음판으로 만들고 썰매를 끌어 옥돌을 옮겼다. 이 옥돌은 건륭 46년인 1781년에 북경에 도착했다. 이 웅장한 옥돌을 쪼개어 술잔 같은 하찮은 기물들을 만드는 것은 지나친 낭비라 생각한 건륭제는 내무부 조판처에 명하여 자금성紫禁城 내부內府에 소장하고 있는 송나라 때 그린 족자 그림 〈대우치수도大禹治水圖〉를 이 거대한 옥돌에 조각하게 했다. 우 임금은 그의 백성들을 구제하기 위해 홍수를 다스린 중국의 전설적인 통치자이다. 그래서 우 임금은 중국의 역대 통치자들에게 백성들에게 헌신한 통치자의 전형으로 비춰졌다.

송나라 때 족자 그림 〈대우치수도〉를 표본으로 한 밀랍으로 만든 실물 크기의 모형이 완성되어 1781년에 건륭제의 재가를 받았다. 그리고 옥돌은 이 밀랍 모형과 함께 수로를 통해 당시 옥 조각의 중심이었던 양주揚州로 옮겨져 60명에 달하는 양주 각공들로 하여금 조각하게 했는데, 무려 6년이 걸려 건륭 52년인 1787년에 완성되었다. 이 거대한 옥 조각상은 다시 북경으로 옮겨져 건륭제가 퇴위 후에 지낼 목적으로 지은 궁전인 녕수궁寧壽宮에 안치되었다. 이듬해인 건륭 53년인 1788년에 건륭제는 조판처 여의관에 소속된 옥장玉匠 주태朱泰에게 명하여 자신이 지은 장편의 시와 '팔징모년지보八徵耄念之寶'라고 쓴 여섯 자 어보御寶

● 그림5.9 대우치수도옥산大禹治水圖玉山. 북경고궁박물원

● 그림5.10 조판처. 동태겹사법랑방고동예기봉이두銅胎掐絲琺瑯仿古銅禮器鳳耳豆. 청대. 옹정제(1723-1735) 연간. 칠보로 상감한 구리 합금. 높이 10.1cm. 주둥이 7.1cm. 몸체 8.8cm. 맨 아래 부분 4.6cm. 타이베이고궁박물원

를 옥의 뒷면에 새기게 했다.

상상을 초월할 정도로 엄청나게 많은 인력과 막대한 돈을 쏟아 부은 이 호사스러운 프로젝트에 건륭제는 다음과 같은 정치적인 의미를 부여했을지도 모르겠다. 이 거대한 조각상의 재료로 쓰인 옥은 서쪽 신강에서 온 것이다. 이는 건륭제가 위대한 칸으로서 성공했음을, 청 제국의 파워와 영토가 확장됐음을 상징하며, 중국인들의 표현을 빌리자면, 신강 지역의 백성들이 청나라에 '귀복歸服'했음을 보여주는 것이며, 이것은 또한 새로이 정복한 지역에 대한 청 제국의 통치를 합법적으로 인정하는 것이 된다고 말이다.

이 작품(그림5.10)은 청동기 모양을 하고 있는 법랑이다. 고대 중국에서 제기로 쓰였던 청동기에 유럽에서 들어온 법랑 기술을 입혔으니 아이디어가 기발하다. 옹정제 연간에 조판처에서 제작한 법랑이다. 장인의 솜씨가 빼어나다. 이 법랑은 동주東周(기원전 771-기원전 221) 시대 청동기의 하나인 두豆의 모양을 모방했다. 그 위를 초록색 칠보로 아름답고 정교하게 장식했다. 손잡이로는 황금빛 봉황의 머리에 고리를 달았다. 옹정제가 직접 이 법랑의 제작을 조판처에 주문했다고 한다. 동주시대 청동기 두에다 칠보를 입히자는 아이디어는 옹정제의 머리에서 나왔다.[13]

옹정제는 1729년과 1730년에 여러 차례 조서를 내려 내무부총관內務府總管이자 경덕진독요관景德鎭督窯官인 연희요年希堯(1671-1739)에게 경덕진에서 균요자기鈞窯瓷器를 복제하게 했다. 옹정제는 연희요에게 복제할 균요자기의 형태와 유약 그리고 문양 등에 관해서 구체적으로 지시했다. 옹정제는 또한 황실에서 소장하고 있는 균요자기에서 모델로 삼을 만한 것을 직접 골라 연희요에게 전달했다. 연희요는 경덕진에 제작주문서를 보내기 전에 옹정제에게 설계도나 나무로 만든 견본을 올려 그

● 그림5.11 경덕진景德鎮. 방균유수이현문호仿鈞釉獸耳弦紋壺. 청대. 옹정제 연간.
동적색銅赤色 유약을 바른 고화 자기. 높이 26.1cm. 주둥이 10cm. 맨 아래 부분 11.2cm.
타이베이고궁박물원

● 그림5.12 경덕진. 방여유오관화삽仿汝釉五管花插. 청대. 옹정제 연간.
회색빛이 도는 유약을 바른 도자기. 높이 19.8cm. 맨 아래 부분 7.2cm. 타이베이고궁박물원

● 그림5.13 경덕진. 방가유수이절방병仿哥釉獸耳折方瓶. 청대. 옹정제 연간.
잔금무늬 연한 회색 유약을 바른 고화 자기. 높이 24.1cm. 주둥이 8cm. 맨 아래 부분 13cm.
타이베이고궁박물원

의 승인을 받아야 했다.

붉은색과 푸른색 그리고 회색 줄무늬와 작은 반점의 불투명 유약을 두껍게 바른 이 아름다운 자기(그림5.11)는 옹정제 연간에 경덕진에서 만든 것이다. 송나라(960-1279)와 원나라(1271-1368) 때 전성기를 누렸던 균요자기를 무척이나 좋아한 옹정제의 취향을 반영했다. 이 자기의 모양은 한나라(기원전 206-220) 때 청동기 호壺의 모양을 모방했다.

옹정제가 경덕진의 관요官窯에 복제를 주문한 옛 자기들 가운데에는 송나라의 관요였던 여요汝窯에서 생산된 자기들도 포함되어 있었다.

앞 시대의 자기 특히 여요, 관요官窯, 가요哥窯, 균요 등 송나라와 금나라(1115-1234) 그리고 원나라 때 유명했던 자기에 매료되었던 옹정제는 조판처에 명하여 자신이 좋아하는 자기를 복제하게 했다. 경덕진에서 제작된 이 자기(그림5.13)는 송나라 때 아름다운 잔금무늬로 이름을 날렸던 가요를 모방했다. 가요 유약의 가장 큰 특징이라 할 수 있는 이른바 '귀열龜裂'이라고 하는 거북의 등처럼 갈라진 모양의 잔금무늬가 있는 연한 회색의 자기이다. 이 자기의 모양은 옹정제가 무척 좋아한 형태로, 명나라 선덕宣德(1426-1435) 연간에 경덕진에서 제작된 청화백자인 선덕청화절방병宣德青花折方瓶의 모양을 그대로 모방하고 있다.

〈청명상하도淸明上河圖〉는 원래 청명절淸明節 때 북송 수도인 개봉開封에 흐르는 변하汴河 양쪽 강 언덕 주변의 번화한 모습을 화폭에 담은 것이다. 현존하는 작품은 북송의 실질적 마지막 황제였던 휘종徽宗(1100-1126)의 치세에 화원화가를 지낸 장택단張擇端(1085-1145)이 그린 작품이 가장 오래되었다. 이후 수많은 화가들이 장택단의 〈청명상하도〉를 모방하여 그림을 그렸다. 장택단의 〈청명상하도〉는 원나라 또는 명나라 때 마지막 부분이 잘려 나가 전체가 아닌 일부분만 전해진다. 그 길

● 그림5.14 진매陳枚(1694-1745), 손호孫祜, 금곤金昆, 대홍戴洪, 정지도程志道.
〈청명상하도清明上河圖〉. 1736. 족자. 비단에 수묵채색. 35.6×1,152.8cm. 타이베이고궁박물원

이가 528센티미터이다. 현재 북경고궁박물원에 소장되어 있다. 장택단의 〈청명상하도〉는 또한 정확한 제작 시기가 논쟁거리였다. 북송 당시 개봉의 번화한 모습을 그린 것인지 아니면 송나라가 북방의 이민족에 밀려 남하한 뒤 옛 북송의 번영했던 시대에 대한 향수에 젖은 누군가가 장택단에게 의뢰하여 그린 '이상화된' 개봉의 모습인지에 대해선 아직도 결론을 짓지 못하고 있다.

1727년에 옹정제는 진매陳枚(1694-1745), 손호孫祜, 금곤金昆, 대홍戴洪, 정지도程志道 등 5명의 궁정화가들에게 장택단의 〈청명상하도〉를 모방한 새롭고 완전한 모습을 갖춘 〈청명상하도〉를 그리라는 명을 내렸다. 이 그림은 건륭제가 즉위한 해인 1736년에 완성되었다. 이렇게 해서 탄생한 작품을 〈청원본청명상하도清院本清明上河圖〉라고 한다. 고대 중국에서 옛 거장들의 그림을 모방하는 것은 화가들이 그림을 배우는 데 반드시 거쳐야 할 과정으로 간주되었다. 중국에서 옛 그림을 모방하는 데

세 가지 방법이 있다. 하나는 '모摹'이다. 원본을 그대로 모사하는 것이다. 또 하나는 '임臨'이다. 화가가 원본을 앞에 두고 본떠 그리는 방법이다. 마지막 하나는 '방仿'이다. 앞의 모나 임과는 달리 원본의 화풍이나 생각을 본받는 것이다. 청나라 궁정화가들이 장택단의 그림을 모방한 방법은 세 번째 방법인 '방'에 속한다. 이들은 장택단의 〈청명상하도〉를 꼼꼼하게 그대로 베끼기보다는 이 그림이 장택단이 옛 북송 시절 평화롭고 안정되고 질서가 잡힌 개봉을 그리워하며 상상으로 그려낸 그림이라는 데 주안점을 두고 이 거장의 그림을 정치적으로 재해석했다. 그래서 5명의 청나라 궁정화가들이 그려낸 개봉은 1127년에 그들 만주족의 조상인 여진족이 세운 요遼나라(907-1125)에 의해 정복당한 도시였다. 장택단의 〈청명상하도〉가 일부만을 보여줬던 안정되고 질서가 잡힌 이상적인 사회의 모습을 청나라 궁정화가들은 완전한 형태로 재해석하여 보여줬다.[14]

건륭제 때 많은 예술품들이 복제되었다. 심지어 건륭제는 몸소 옛 거장들의 작품을 복제하여 그리기까지 했다. 사자림獅子林은 강소성 소주蘇州에 있는 이름난 원림이다. 원나라 때인 1341년에 고승인 천여天如가 조성하고 여러 사람의 손을 거쳐 많은 변화를 겪었다. 원나라 때 저명한 문인화가 예찬倪瓚(1306-1374)이 이 원림의 정원석을 설계했다고 해서 유명해졌다. 예찬은 소주에서 멀리 않은 무석無錫의 부유한 집안에서 태어났다. 당시는 몽골이 중국을 지배하던 시대여서 한족 문인인 예찬은 출사의 꿈을 접고 은사의 삶을 사는 길을 택했다. 1328년에 부모에게서 물려받은 재산으로 청비각淸閟閣이란 개인도서관을 짓고 수많은 책과 골동품, 고서화로 그 안을 가득 채우고 청비각의 주위에는 소나무, 난, 대나무, 국화를 심고 스스로 운림雲林이라 칭했다. 그림은 동원董源(934-대략 962)을 본받고 조맹부趙孟頫(1254-1322)의 영향을 받았다.

1356년에는 집을 떠나 그의 아내와 함께 오봉선을 타고 강소성 일대의 강을 따라 여행하며 살았다. 그의 올곧은 삶은 당시와 후대 문인들에게 전범이 되었다.

현존하는 〈사자림도〉가 예찬이 그린 진본인지에 대한 문제는 오랫동안 논쟁거리였다. 이 그림을 처음으로 예찬의 진본으로 기록한 것은 명나라 때 서화 수장가인 장축張丑(1577-1643)이 1616년에 쓴 『청하서화방(清河書畫舫)』이다. 장축의 의견은 청나라 때 서화 감정가였던 고복顧復에 의해 공유되었다. 고복은 1692년에 쓴 『평생장관(平生壯觀)』이란 책에서 그림에 있는 예찬의 서명과 그림의 화풍에 근거하여 이 그림의 대부분은 원나라 화가 조원趙原이 그렸고 예찬은 대나무만을 그렸다는 결론을 내렸다. 이에 반해 몇몇 현대의 학자들은 장축과 조원의 의견에 반박하여 이 그림이 명나라 때 제작된 복제본이란 주장을 편다. 예찬을 흠모했던 건륭제는 이 그림이 예찬이 그린 진본이라는데 의문을 품지 않았다. 그는 재위 초기인 1739년에 이 그림을 좋아하게 되었으며, 1757년 제2차 남순 때 사자림이 소주에 있다는 사실을 알게 되어 설레는 마음으로 이 아름다운 원림을 방문했다. 건륭제는 자신이 직접 보게 된 실제 사자림과 예찬의 그림 속 사자림을 대조해 보기 위해 북경에 있는 예찬의 〈사자림도〉를 신속하게 가져오게 했다. 이후에도 건륭제는 남순할 때마다 사자림에 들렀다.

예찬의 〈사자림도〉를 향한 그의 사랑은 그의 일생 동안 식을 줄을 몰랐다. 건륭제는 예찬의 〈사자림도〉를 4번이나 복제하여 그렸다. 그 중 하나는 사자림의 주인에게 주어 사자림에 보관하게 했다. 건륭제는 심지어 소주의 사자림을 복제하도록 명하여, 1771년에는 원명원圓明園에, 4년 뒤인 1775년에는 승덕承德의 열하산장熱河山莊에 사자림을 짓도록 했다.

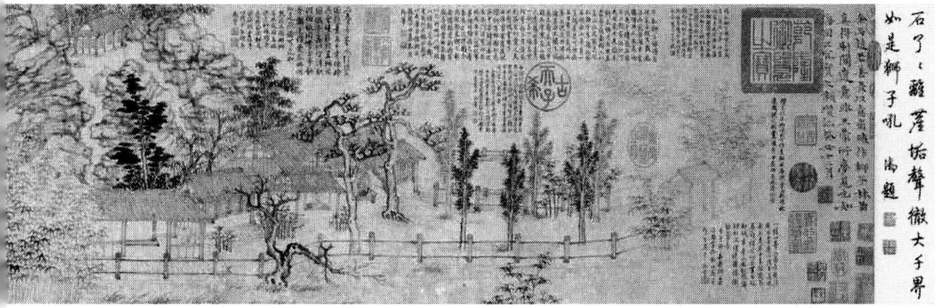

● 그림5.15 작자 미상. 〈방예찬사자림도仿倪瓚獅子林圖〉. 1616년 이전. 두루마리. 종이에 수묵. 100×30cm. 북경고궁박물원

예찬의 〈사자림도〉 이외에도 건륭제는 옛 거장들의 작품을 많이 복제하여 그렸다. 1754년에는 명나라 소주 문인화가 당인唐寅(1470-1523)의 〈품차도品茶圖〉를 복제하여 그렸다. 건륭제는 당인이 그린 〈품차도〉를 수장하기 위해 북경에서 가까운 반산盤山에 있는 그의 별장에 특별히 다실茶室을 지었다. 건륭제는 이 다실의 이름을 '천척설재千尺雪齋'라 했는데, 소주에 있는 한산寒山의 이름난 경관인 '천척설千尺雪'을 모방하여 지은 것이다. 건륭제는 당인의 〈품차도〉를 이 다실에 걸어두고 별장에 올 때마다 이 다실에 들러 차를 마시며 간혹 그림에다 시를 썼다고 한다.

건륭제는 1757년에 원나라 때 문인화가 조맹부趙孟頫(1254-1322)가 1304년에 그린 〈홍의나한도紅衣羅漢圖〉를 접하고 5년이 지난 1762년에 이 그림을 복제하여 그림을 그렸다. 건륭제는 1765년에 명나라 때 소주 문인화가 문징명文徵明(1470-1559)의 〈고목서옥古木書屋〉을 복제해서 그렸다. 문징명은 스승인 심주沈周(1427-1509), 친구인 당인 그리고 소주에서 활동하던 천재화가 구영仇英(대략 1497-1552) 등과 함께 이른바 '오문사가吳門四家'로 일컬어진다. '오문吳門'은 소주의 다른 이름이다. 문

● 그림5.16 건륭제. 〈방당인품차도仿唐寅品茶圖〉. 1754. 두루마리. 종이에 수묵. 31.3×107.6cm. 북경고궁박물원

● 그림5.17 건륭제. 〈방문징명고목서옥仿文徵明古木書屋〉. 1765. 족자. 종이에 수묵채색. 32.1×59.2cm. 북경고궁박물원

● 그림5.18 문징명. 〈고목서옥古木書屋〉. 1534년 이전. 족자. 종이에 수묵. 31.3×52.4cm. 소장처 불명

징명은 명나라 때 소주에서 활동하던 저명한 문인화가이자 서예가이며 시인이다. 그는 〈고목서옥〉을 1534년 이전에 그렸다. 건륭제가 문징명이 그린 〈고목서옥〉을 처음 본 것은 1760년이었다. 건륭제는 호젓한 산 속에서 차를 마시는 문인을 시새움하는 내용의 시를 지어 그림에 썼다. 1765년 여름 건륭제는 지금은 이화원頤和園으로 불리는 청의원清漪園에서 문징명의 〈고목서옥〉을 복제하여 그렸다. 그는 문징명의 그림에 썼던 시를 다시 옮겨 적고 한 수의 시를 새로이 지어 제화했다. 새로이 쓴 시에서 건륭제는 문징명의 〈고목서옥〉을 '예스럽고 품위 있다[고목古穆]'고 평했다.

건륭제는 왜 한족 문인들의 그림을 복제했을까? 중국인들에게 옛 사람들의 작품을 모방하여 복제하는 것은 고상한 문화적 행위였다. 시를 좋아하는 중국인들은 옛 시인들의 시를 곧잘 차운次韻했다. 남이 지은 시의 운자韻字를 따서 시를 짓는 행위인 차운은 현대인들의 눈에는 표절로 비춰질 수도 있다. 옛 사람들이 지은 시나 그린 그림을 모방하여 복제하는 행위를 '방고倣古'라 한다. 옛 사람을 흠모하여 그를 닮고 싶은 마음에 그의 작품을 모방하는 것이다. 동진東晉 때 서예가 왕희지王羲之(307-365)가 쓴 「난정집서蘭亭集序」를 중국의 수많은 문인들이 모방하여 복제했다. 건륭제 또한 옛 한족 문인들의 작품을 모방하여 복제했다. 그 이유는 간단하다. 건륭제는 자신이 모방하는 작품을 그린 한족 문인들과 교감하고 싶었던 것이다.

6장

남순

6장 남순

● 순행의 전통적인 의미

통치자가 자신이 다스리는 지역을 순시하는 것을 순행巡幸 또는 순수巡狩라고 한다. 순행은 새로운 시대를 열기 위해 '세계'의 구도를 재정립하려는 군주의 문화적 행위이다. 고대 중국의 제왕들이 순행을 한 데에는 몇 가지 이유가 있다. 첫째, 천자天子가 천명을 받아 하늘을 대신하여 천하의 백성들을 통치할 수 있는 권한을 받았음을 천명하기 위함이다. 이를 위해 천자는 순행에서 반드시 산천과 하늘에 대한 제례를 거행한다. 천자는 오악五嶽을 찾아가 산천과 하늘에 대한 제사의식인 봉선封禪을 행한다. 산이 하늘과 가장 가까운 곳이라 하늘과 소통하기 쉽기 때문이다. 하늘에 제를 올리는 것은 천자만이 누릴 수 있는 권한이며, 자신이 천명을 받아 천하사방을 다스리게 되었음을 표명하는 것이다. 천자는 또한 지방을 다스리는 수령들을 만나 일련의 의식들을 거행한다. 여기서 그는 시령時令을 제정 · 반포하며, 음악과 도량형을 통일하고, 중앙에서 제정한 문화규범에 의거하여 의식을 실행하고 있는지를 살피고, 그들과 선물을 교환하는 의식을 행한다. 천자는 제후를 만나 그의 백년대계에 관해 묻고 백성들의 풍속을 살핀다. 천자와의 만남에서 제후는 중앙이 제정한 '바른 문화규범'에 의거하여 임무를 성공적으로 수행했음을 보고한다. 이로써 천자는 그들로부터 충성을 다짐받는다. 둘째, 제후와 '사이四夷'를 위복威服하기 위함이다. 제후의 조근朝覲을 받고 그들과 회맹會盟함으로써 제후와 주변 국가들을 평정하여 천하를 회유한다. 이로써 천자는 자신의 덕치를 통해 제후와 '사이'를 위복하여 세상이 태평하게 되었음을 선양하게 된다.

고대 제왕이 천하를 주유하며 지대한 관심을 갖고 행한 일들 가운데 하나는 문화를 수집하는 것이다. 제왕은 중국 변경의 지역에서 동·식물과 광물들을 수집한다. 이것들은 그가 있는 중앙에는 없는 진귀한 것들이다. 제왕은 이러한 진귀한 것들을 중앙에 가져가기 위해 수집한다. 문화를 수집하는 것은 세계를 지배하기 위한 상징적인 행위라고 할 수 있다. 중국의 제왕에게 있어서 중국 변경의 문화를 수집하는 것은 곧 이들에 대한 그의 지배력을 확대하는 것을 의미한다.

● 건륭제의 남순

할아버지 강희제(재위 1661-1722)의 각별한 사랑을 받으며 자랐던, 중국을 통치한 네 번째 만주족 황제 건륭제(재위 1736-1795)는 항상 할아버지의 그늘을 의식하며 살았다.

강희제는 1684년(강희23)을 시작으로 1689년(강희28), 1699년(강희38), 1702년(강희41), 1705년(강희44) 그리고 1707년(강희46) 등 총 6차에 걸쳐 남하하여 중국의 경제의 심장부인 강남江南 지역을 순시했다. 1691년에 왕휘王翬(1632-1717)가 양진楊晉(1644-1728) 등 궁정화가들과 함께 그리기 시작하여 3년이 지난 1693년에 완성한 〈강희남순도康熙南巡圖〉는 1689년에 강희제가 행한 제2차 남순의 광경을 15~26미터에 이르는 총 12권의 두루마리로 이루어진 대작이다. 이 두루마리 그림들은 황궁에 보관되어 있다가 뿔뿔이 흩어져, 현재는 제1권과 제9권, 제10권, 제11권, 제12권이 북경고궁박물원에 소장되어 있고, 제2권과 제4권은 프랑스 파리의 기메 미술관Musée Guimet에, 제3권은 뉴욕 메트로폴리탄 미술관에, 제6권은 미국 애리조나 주 피닉스에, 제7권은 캐나다 앨버타Alberta대학에 소장되어 있다.

건륭제 또한 1751년(건륭16) 40세의 나이에 그가 다스리는 영토와 백성들을 살펴보기 위해 북경에서 출발하여 중국의 남부에 위치한 강남으로 순행을 떠났다. 이후 1757년(건륭22), 1762년(건륭27), 1765년(건륭30), 1780년(건륭45) 그리고 1784년(건륭49) 등 총 6차례에 걸쳐 남순했다. 건륭제는 남순할 때마다 강녕부江寧府(지금의 남경南京), 소주부蘇州府, 항주부杭州府 그리고 양주부揚州府를 방문했으며, 후반의 네 차례 남순에는 절강의 해녕海寧도 순행했다.

건륭제와 그의 대규모 수행단은 3달에서 5달이나 걸리는 시간 동안 청 제국에서 가장 번영을 누렸던 강남 지역을 여행했다. 건륭제의 남순 여행단은 북경에서 출발하여 육로로 직례直隸(지금의 하북성)를 거쳐 산동성에 도착했다. 여기서 궁정화가 서양徐揚은 덕주德州에서 금군禁軍의 호위를 받으며 운하를 건너는 건륭제의 모습을 화폭에 담았다. 산동은 건륭제에게는 동순東巡의 목적지이기도 했다. 1748년에 있은 동순에서 건륭제과 그의 수행단은 오악 가운데 동악東嶽에 속하는 태산泰山에 머물렀다.

건륭제와 그의 수행단은 다시 육로로 강소성 북부를 거쳐 황하黃河를 향해 갔다. 서양은 회하淮河가 황하로 유입되는 지역을 그리는 데 그의 12권 두루마리 가운데 3권을 할애했다. 그 첫 번째인 제3권은 건륭제와 그의 수행원들이 한 호화로운 누각에 가기 위해 배를 타고 황하를

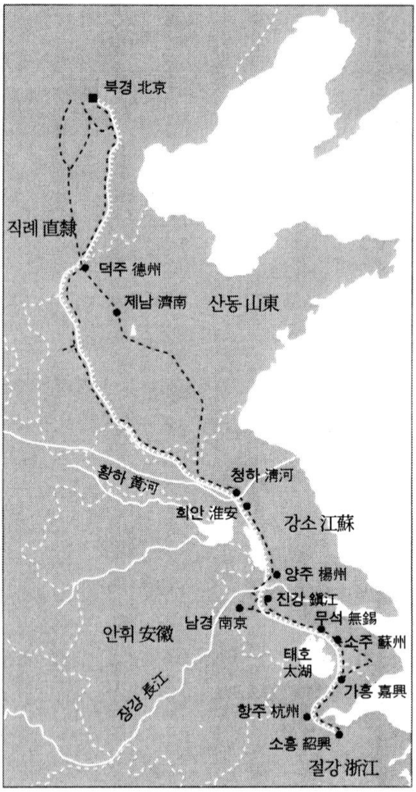
북경 北京
직례 直隸
덕주 德州
제남 濟南
산동 山東
황하 黃河
청하 淸河
회안 淮安
강소 江蘇
양주 楊州
진강 鎭江
남경 南京
무석 無錫
소주 蘇州
안휘 安徽
태호
太湖
가흥 嘉興
장강 長江
항주 杭州
소흥 紹興
절강 浙江

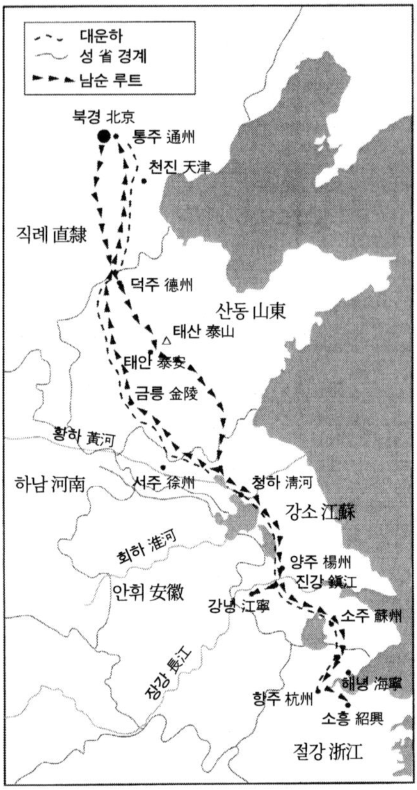
대운하
성 省 경계
남순 루트
북경 北京
통주 通州
천진 天津
직례 直隸
덕주 德州
산동 山東
태산 泰山
태안 泰安
금릉 金陵
황하 黃河
하남 河南
서주 徐州
청하 淸河
강소 江蘇
회하 淮河
양주 楊州
진강 鎭江
안휘 安徽
강녕 江寧
소주 蘇州
장강 長江
해녕 海寧
항주 杭州
소흥 紹興
절강 浙江

● 그림6.1 남순 루트

건너는 장면을 포착했다. 제4권은 건륭제가 황하와 회하가 교차하는 곳에서 치수 사업을 살펴보는 건륭제의 모습을 화폭에 담았다.

황하와 운하가 만나는 지점인 청하현清河縣(지금의 청강清江)에 이르러 건륭제는 이 지역의 수로와 제방 그리고 운하를 살펴본 뒤 황하를 건너 운하를 통해 남하하여, 보응현寶應縣, 고우高郵 그리고 양주揚州 등과 같은 주요 현과 도시들을 방문했다. 1645년에 청나라 군대에 의해 완전히 파괴되었던 양주는 재건되어 옛 명성을 회복했다. 양주의 염상鹽商들은 남순하는 건륭제를 맞이하기 위해 양주를 호화롭게 꾸몄다. 또한 건륭제와 그 수행단이 탄 배들이 잘 지나갈 수 있도록 운하의 바닥에 쌓인 모래를 파내었다. 호기심 많은 황제의 지적 욕구를 충족시켜주기 위해 그가 여행할 곳의 지명과 지역에 관한 설명을 적은 그림 지도가 제작되었다. 18세기에 제작된 지방지地方誌 가운데 상당수의 지방지가 건륭제가 참고할 여행 안내서로 활용할 목적으로 편집되었다. 예를 들자면, 양주에서 양회염운사兩淮鹽運使이자 정섭鄭燮(1693-1765)과 같은 화가들을 후원했던 노견증盧見曾(1690-1768)은 강소성에 위치한 금산金山으로 가는 황제를 위해 이 지역에 관한 여행 안내서를 저술했는데, 뒤에 노견증은 이것을 『금산지金山誌』라는 제목의 지방지로 출간했다.

양주에서 건륭제의 황실 함대는 장강長江을 건너 상주常州, 무석無錫, 소주蘇州 등 주요 도시들을 두루 거쳐 절강성으로 향해 갔다. 절강성에서 황실 함대는 계속 남하하여, 가흥嘉興을 거쳐 절강성의 성도省都인 항주杭州에 도착했다. 건륭제는 여기에서 거인擧人을 뽑는 특별 시험인 별시別試를 감독하고, 이 지역 군대를 사열했으며, 서호西湖를 비롯한 항주의 빼어난 경관들을 두루 돌아보았다. 그의 후반부 네 차례 남순(1762, 1765, 1780, 1784)에서 건륭제는 항주에 진입하기 전에 해녕현海寧縣에 들러 항주만杭州灣의 방파제를 돌아보았다. 1751년의 남순에서 건륭제는

● 그림6.2 서양. 〈건륭남순도〉 첫 번째 두루마리 〈서울에서 어가를 출발하다[啟蹕京師]〉. 1770. 두루마리. 종이에 수묵채색. 68.6×1,980cm. 북경 중국국가박물관.

소흥현紹興縣에 있는 전설적인 성왕聖王인 우禹 임금의 무덤인 대우릉大禹陵을 참배하기 위해 항주에서 출발하여 전당강錢塘江을 건넜다.

북쪽으로 돌아가는 길에 건륭제의 남순 함대는 운하를 따라 왔던 길을 거슬러 가다가 장강의 남쪽에 있는 진강鎮江에 이르러 서쪽으로 방향을 바꾸어 육로를 통해 명나라의 옛 수도였던 강녕江寧(지금의 남경南京)으로 향했다. 강녕에서 건륭제는 한 번 더 별시別試를 거행하고, 그 지역 군대를 사열했으며, 강녕의 역사 유적지들을 둘러보았다. 건륭제의 남순 함대는 진강으로 돌아와 장강을 건너 운하를 따라 황하를 만날 때까지 계속하여 북상했다. 1757년에 있은 두 번째 남순을 시작으로 건륭제와 그의 수행원들은 산동성과 강소성의 경계에서 태후太后의 수행단과 헤어져 황하의 치수 공정을 살피기 위해 육로로 서주徐州로 향했다.

그런데 태후의 수행단과 헤어졌다는 것이 도대체 무슨 소리인가? 건륭제는 제1차 남순을 떠나기 전인 1749년에 두 차례의 상유上諭를 통해 스스로 강남으로 남순을 떠나려 한 이유를 밝혔다. 첫째, 강소성과 절강성의 관원들이 군민軍民과 지역 유지들을 대표해서 황상皇上이 왕림해줄 것을 공경스럽게 청했다는 것. 둘째, 대학사大學士와 구경九卿 등이 경서經書와 사서史書에 의거하고 선왕先王들이 남순했던 전례前例를 들어 자신들이 청한 바를 윤허해줄 것을 건의했다는 것. 셋째, 강소성과 절강성이 땅이 넓고 인구가 조밀하여 마땅히 가서 민정民情과 군정軍政을 살피고, 백성들의 고충을 들어줘야 한다는 것. 마지막으로, 모후母后를 모시고 명승지를 유람하여 효심을 다해야 한다는 것이다. 결국 건륭제가 스스로 밝힌 남순의 목적은 두 가지로 축약된다. 하나는 민생을 살피기 위함이요, 나머지 하나는 효심을 다하기 위해 모후를 모시고 명승지를 유람하며 모후의 기분을 풀어주기 위함이었다.

운하로 다시 돌아온 뒤 건륭제는 배를 타고 북상을 계속하여, 덕주를 거쳐 마침내 북경으로 돌아왔다. 태후의 수행단은 건륭제의 수행단보다 느린 속도로 여유롭게 유람하여 건륭제의 수행단보다 며칠 뒤에 북경에 도착하곤 했다.

1751년 첫 번째 남순에서 건륭제는 항주(9일)와 소주(8일) 그리고 강녕(4일) 등 강남의 주요 도시들에 머물렀다. 건륭제는 남순에서 치수 공정을 살펴보았고, 지역의 신령들에게 제를 올렸으며, 지역 관리들로부터 업무 보고를 받았다. 지역의 유명 인사들을 만나 공적을 치하했으며, 별시를 열어 인재를 등용하고, 군대를 사열했으며 강남의 명승지와 역사 유적지를 돌아보았다.

● 서양徐揚의 〈건륭남순도〉

서양徐揚은 강소성 소주蘇州 출신의 화가이다. 인물화와 계화界画 그리고 화조화에 능했다. 건륭 16년인 1751년에 건륭제가 남순하여 소주에 이르렀을 때 건륭제에게 그림을 바쳐 공봉내정供奉內廷이란 관직을 제수 받았다. 독일 예수회 선교사 이그나츠 지첼바르트Ignaz Sichelbart(중국 이름은 애계몽艾啟蒙, 1708-1780)와 프랑스 예수회 선교사 루이 프와로Louis Poirot(중국 이름은 하청태賀清泰, 1735-1814)의 영향을 받아 사실주의 화법의 공력이 더욱 깊어졌다. 10여 년 동안 궁궐에서 궁정화가로 경험을 충분히 쌓은 서양은 1764년에 드디어 건륭제의 남순을 기념하여 건륭 16년인 1751년에 건륭제가 행한 제1차 남순의 모습들을 폭 68.6cm, 총 길이 15,417cm의 12권 두루마리에 그리기 시작했다. 건륭 16년에 건륭제는 환갑을 맞이한 모후를 모시고 남순을 떠났다. 그는 할아버지 강희제가 남순했던 것을 모방하여, 북경에서 출발하여 산동성 덕주를 거쳐 운하와 황하를 건넌 뒤 다시 운하를 따라 남하하여 강소성 과주瓜洲에서 장강을 건너고 진강, 무석, 소주, 절강성 가흥, 항주를 거쳐 소흥紹興에 도착하는 대장정의 남순을 거행했다. 총 5,800여 리의 거리를 112일에 걸쳐 여행했다. 시 짓기를 좋아했던 건륭제는 남순하는 동안 총 520여 수의 시를 지었다. 이 가운데 12수를 가려 뽑았고, 이 12수 시의 내용을 그림으로 그리게 했는데 그렇게 해서 탄생한 것이 서양이 그린 12권 두루마리 그림 〈건륭남순도〉이다. 서양의 〈건륭남순도〉는 비단에 그린 것과 종이에 그린 것 두 종류가 있다. 비단에 그린 그림은 이미 흩어져 현재 중국 바깥의 여러 박물관들에 나누어 소장하고 있다. 종이에 그린 두루마리 그림은 권수가 다 갖추어진 완질본을 자금성에서 보관해 오던 것을 1959년에 중국역사박물관으로 옮겨왔고, 현재는 중국국가박물관에 소장되어 있다.

● 서울에서 어가를 출발하다

서양이 그린 〈건륭남순도〉의 첫 번째 두루마리 〈서울에서 어가를 출발하다[啟蹕京師]〉는 1751년(건륭16) 정월 13일에 건륭제는 모후를 모시고 자금성紫禁城 내정內廷의 정문인 건청문乾清門에서 어가御駕에 올라 남쪽으로 내려가 북경성北京城 내성內城의 남문南門인 정양문正陽門을 나와 왼쪽으로 서하연대가西河沿大街를 따라 서쪽으로 가서 내성 구문九門의 하나인 선무문宣武門 앞을 지나고, 외성外城의 서문西門인 광녕문廣寧門(광안문廣安門)을 나와 북경성 외곽에 위치한 완평현성宛平縣城과 노구교盧溝橋, 장신점長辛店을 지나 황신장행궁黃新莊行宮으로 향해 가는 정경을 묘사하고 있다.

● 그림6.3 서양. 〈건륭남순도〉 첫 번째 두루마리 〈서울에서 어가를 출발하다[啟蹕京師]〉의 일부. 1770. 두루마리. 종이에 수묵채색. 68.6×1,980cm. 북경 중국국가박물관.

두루마리의 첫머리에는 건륭제가 지은 「황태후를 모시고 떠나는 남순, 서울에서 어가를 출발하다[供奉皇太后南巡啟蹕京師近體言志]」라는 시가 적혀 있다. 서예가로 이름난 문인관료인 양국치梁國治(1723-1786)가 쓴 글씨인데, 시의 내용은 대략 다음과 같다.

> 입춘이 지나 처음 맞는 신일辛日에 천단天壇에 가서 하늘에 제사를 드려 올해 오곡이 풍성하기를 기원하고 난 뒤 할아버지 강희제를 본받아 친히 어가를 몰고 모후를 모시고 강남江南을 순시하여 모후를 기쁘게 해드려 효도를 다하겠다는 소망을 이루게 되었다. 선왕先王들은 지방으로 다니며 백성들의 생활을 살펴보는 것[省方觀民]으로 백성을 교화하는 것은 『역경易經』에서 말하는 중요한 옛 사람들의 교훈이며, 오교五教('아비는 의롭고[父義], 어미는 자애로우며[母慈], 형은 우애롭고[兄友], 동생은 공손해야[弟恭] 한다'는 등의 5가지 윤리 교육)를 창도倡導하여

너그럽게 받아들이고 평온한 것[寬容平和]은 『서경書經』 「요전堯典」에 나오는 명언名言이다. 나는 아직 많은 지역을 순시하여 관리들을 살피고 백성들을 편안하게 하여[察吏安民] 은덕恩德을 베풀지 못했다. 어떻게 거가車駕가 빈번하다 하여 순행할 것을 마다하겠는가?

첫 번째 두루마리에서 우리의 시선을 좀 더 왼쪽으로 옮기면 웅장한 자태를 드러내고 있는 정양문 성루城樓와 전루箭樓가 눈에 들어온다. 정양문 앞을 흐르는 호성하護城河 위에는 돌다리가 놓여 있다. 돌다리를 건너면 대로 위에 패방牌坊이 하나 서 있는데, 패방 위 편액에는 '정양교正陽橋'라 적혀 있다. 손에 표미창豹尾槍(표범의 꼬리를 달아 의장儀仗으로 쓴 창)이나 활을 들고 있거나 허리에 의도儀刀(의장으로 쓰는 칼)를 차고 있는 수십 명의 근위병들이 정양문을 나와 정양교를 건너 왼쪽으로 돌아 서쪽을 향해 가고 있다.

● 덕주를 지나다

건륭제는 1751년(건륭16) 정월 13일부터 수도인 북경에서 출발하여 하북성河北省 양향良鄉, 탁주涿州, 조북구趙北口, 하간河間, 헌현獻縣을 거쳐 정월 21일에는 경주景州 오가장吳家莊 대영大營에서 주필駐蹕(임금이 행차하는 도중에 잠시 머무르거나 숙박하는 일)했다. 정월 22일에는 산동성山東省 경내로 진입했는데, 이 두 번째 두루마리는 산동성 덕주德州를 지나는 광경을 묘사하고 있다.

두루마리의 첫머리에는 건륭제가 지은 「덕주를 지나며[過德州]」라는 시를 적어 놓았고, 시선을 좀 더 왼쪽으로 옮기면 그림이 펼쳐지는

● 그림6.4a 서양. 〈건륭남순도〉 두 번째 두루마리 〈덕주를 지나다[過德州]〉의 일부. 1770. 두루마리. 종이에 수묵채색. 68.6×1,250cm. 북경 중국국가박물관.
● 그림6.4b 서양. 〈건륭남순도〉 두 번째 두루마리 〈덕주를 지나다[過德州]〉의 일부

데, 대로 위에 수많은 관원들이 말을 타고 가는 모습이 구불구불 이어져 있다. 행렬의 군데군데 황룡대독기黃龍大纛旗가 바람에 펄럭인다. 멀지 않은 전방에 덕주에 위치한 경항대운하京杭大運河가 모습을 드러낸다. 운하 가에는 화려하게 장식한 패방牌坊이 우뚝 서 있고, 운하 위에는 십여 척의 배들을 연결하여 만든 부교浮橋가 떠 있다. 건륭제는 8명이 어깨에 메고 있는 어가 위에 앉아 부교로 들어서고 있으며, 운하 양옆의 제방 위에는 수많은 관원들과 백성들이 무릎을 꿇고 부교를 건너고 있는 황제를 맞이하고 있다. 덕주의 서문西門으로 들어서니 대로 정중앙에 높이 솟은 패방에는 금빛의 해서체楷書體로 '공영성가恭迎聖駕(공경스럽게 어가를 맞이한다)'라고 쓴 편액이 걸려 있다.

● 황하를 건넌다

건륭제는 1751년(건륭16) 정월 22일에 산동성 덕주德州를 지난 뒤 우성禹城, 장청長清, 문수汶水, 기주沂州, 섬성郯城을 거쳐 2월 초4일에 홍화부紅花埠를 지나 강남성江南省(지금의 강소성江蘇省, 상해上海, 안휘성安徽省, 강서성江西省 무원현婺源縣, 호북성湖北省 영산현英山縣, 절강성浙江省 승사열도嵊泗列島 등을 포함한 지역) 서주부徐州府 숙천현宿遷縣 경내로 들어와서 순하집順河集 대영大營에서 주필했다. 2월 초7일에 청하현清河縣 경내로 들어와서 서가도徐家渡 대영에서 주필했다. 이 두루마리는 2월 초8일에 서가도 대영에서 출발하여 양가장楊家莊을 거쳐 손가마두孫家碼頭에서 배 위에 올라 황하를 건너 팽가마두彭家碼頭에 도착하는 광경을 묘사하고 있다. 두루마리의 첫머리에는 건륭제가 지은 「황하를 건너며 짓다[渡黃河作]」라는 5언시가 적혀 있다.

● 그림6.5a 서양. 〈건륭남순도〉 세 번째 두루마리 〈황하를 건너다[渡黃河]〉의 일부
● 그림6.5b 서양. 〈건륭남순도〉 세 번째 두루마리 〈황하를 건너다[渡黃河]〉의 일부. 1770. 두루마리. 종이에 수묵채색. 68.6×1,360cm. 북경 중국국가박물관.

황하는 선진先秦 시대 이래로 북쪽 발해渤海로 흘러들었다. 송나라 때인 1077년에 단주澶州(지금의 하남성河南省 복양濮陽)의 제방이 무너져 그때부터 황하는 남북으로 나누어 흐르기 시작했다. 금나라 때인 1194년에는 황하가 하남성 양무陽武의 제방을 무너뜨려 남쪽으로 흐르는 물길이 사수泗水와 합류하고, 회음淮陰(지금의 강소성江蘇省 회안시淮安市에 속한 지역) 청구淸口에서 회하淮河와 합하여 황해黃海로 흘러들었다. 명나라 융경隆慶(1567-1572) 연간에는 북쪽 지류의 흐름이 끊겨 황하의 물은 모두 회하를 삼키고 황해로 흘러들었다. 청나라 때인 1855년에는 황하가 물길이 바뀌어, 세 갈래로 나눠져 북쪽으로 발해로 흘러들었으며, 1875년에는 세 갈래의 물줄기가 하나로 합쳐졌는데, 이것이 현재 황하의 모습이다.

건륭제가 처음으로 남순을 떠나 이곳에 도착했을 때는 마침 한 해 동안에 강물이 가장 적은 시기인 갈수기渴水期였음에도 불구하고 그림에 보이는 황하는 파도가 넘실거렸고 4, 50척의 큰 배들이 돛을 높이 달았다. 이 가운데 가장 큰 배의 뱃전 양쪽에는 각각 12명의 수병들이 노를 젓고 있고, 갑판 위에는 한 명의 시위侍衛가 손에 구룡곡병황화개九龍曲柄黃華蓋라는 일산을 들고 있다. 선실 안에 앉아 있는 건륭제는 멀리 강 언덕을 응시하고 있다. 건륭제의 앞에는 10명의 대신들이 양쪽으로 나누어 무릎을 꿇고 앉아 있으며, 건륭제의 뒤에는 몇 명의 어전대신들과 10명의 시위들이 서 있다. 각기 3명의 시위들이 타고 있는 4척의 작은 배들이 황제가 타고 있는 배를 호위하고 있다.

건륭제가 탄 배가 강 언덕에 가까이 다가가고 있다. 나루터에는 강을 건너오는 황제를 맞이하기 위해 황색 천으로 장막을 쳤다. 나루터의 맨 앞에는 한 사람이 황색 일산을 들고 나루터로 다가오는 황제를 맞이하기 위해 대기하고 있고, 그의 뒤에는 건륭제가 타고 갈 옻칠을 한 어가가 놓여 있고 8명의 가마꾼이 좌우에 시립하고 있다. 장막 뒤에는 화려한 패방이 우뚝 서 있는데, 패방 위에는 '영경안란永慶安瀾'이라 쓴 편액이 걸려 있다. '안란安瀾'은 '물결을 가라앉히다'라는 뜻으로, 천하가 태평함을 비유하는 말로 쓰인다. 서한 때 문학가 왕포王褒(기원전 90-기원전 51)의 「사자강덕론四子講德論」에 "천하가 안정을 찾고 집집마다 봉작을 받을 수 있게 됩니다.[天下安瀾, 比屋可封.]"라고 했다. 강 언덕에는 또한 수많은 관원들이 열을 지어 무릎을 꿇고 나루터로 다가오는 황제를 맞이하고 있다.

● 황하와 회하의 하공을 살펴보다

건륭제는 2월 초8일에 황하를 건넜는데, 이 네 번째 두루마리는 2월 초8일과 그다음 날에 건륭제가 강남성江南省 회안부淮安府 청하현淸河縣 마두진碼頭鎭 청구淸口 혜제갑惠濟閘과 고가언高家堰의 황하 치수 공정[河工]을 시찰하고 있는 광경을 묘사했다. 두루마리의 첫머리에는 건륭제가 지은 「공경스럽게 할아버지께서 황하와 회하를 살펴보신 것을 따르다[御制恭依皇祖覽黃淮詩韻]」라는 칠언시가 적혀 있다.

네 번째 두루마리 그림에는 황하와 회하가 합류하는 장관이 펼쳐진다. 오른쪽 반은 누른색의 황하이고, 왼쪽 반은 푸른색의 회하이다. 회하 상류의 끝없이 넓게 펼쳐진 곳은 홍택호洪澤湖인데, 여기에서 황하와 회하 그리고 운하와 홍택호가 교차하는 곳의 관건이 되는 공정이 바로 혜제갑 수문이다. 황하가 회하를 삼켜 바다로 흘러들어 두 물줄기의 수위가 높고 운하의 수위가 낮아져서 운하가 남쪽에서부터 북쪽으로 흘러가기 위해서는 반드시 혜제갑, 통제갑通濟閘, 복흥갑福興閘을 지나가야 하는데, 갈수록 수위를 높여야 황하의 물이 북상하여 북경에까지 도

● 그림6.6a/그림6.6b 서양. 〈건륭남순도〉 네 번째 두루마리 〈황하와 회하의 하공을 살펴보다[閱視黃淮河工]〉의 일부. 1770. 두루마리. 비단에 수묵채색. 70.5×1,113cm. 뉴욕 메트로폴리탄 미술관

달하게 할 수 있다.

혜제갑의 제방 위에는 강희제의 시비詩碑가 있는 정자가 있다. 정자 앞에는 건륭제가 구룡곡병황화개 아래에 서서 그의 앞에 무릎을 꿇고 있는 한 관리에게 훈시를 하고 있다. 이 관리는 황하 치수 공정을 책임지고 있는 하도총독河道總督이다. 혜제갑의 양쪽 제방 위에는 수많은 관원과 백성들이 건륭제를 향해 무릎을 꿇고 있다. 혜제갑은 남북을 잇는 운하의 요충지이다. 고가언은 수해를 예방하고 조운漕運의 성공적인 완수를 확보하기 위한 관건이다. 강희제가 6차례에 걸쳐 남순했을 때 반드시 황하와 회하가 만나는 이곳에 와서 시찰했으며, 특히 고가언을 매우 중시했다. 건륭제 또한 '나라를 경영하는 일에 황하와 조운보다 더 중대한 것이 없다.[經國之務莫重于河與漕.]'는 사실을 잘 알고 있었다. 그래서 그는 『남순기南巡記』에서 "남순에서 해야 할 일 가운데 황하 치수 공정보다 더 중대한 것은 없다.[南巡之事莫大于河工.]"고 했다.

● 건륭제의 경제 파트너 양주 염상

황하와 회하의 치수 공정을 시찰한 뒤 건륭제는 회안부淮安府, 보응寶應, 고우高郵를 거쳐 2월 14일에 양주부揚州府에 도착하여 고민사高旻寺 행궁行宮에서 주필했다.

서양은 12권의 두루마리에 건륭제가 양주를 방문한 장면들을 하나도 포함시키지 않았다. 이것은 양주가 중국 전체에서 가장 부유한 도시이고 남순에서 가장 주목받는 몇 안 되는 도시들 가운데 하나라는 점에서 매우 흥미롭다. 서양의 12권 〈건륭남순도〉에 포함된 도시들은 아마도 그 전략적 중요성이나 성스러운 곳이라는 점에서 선택을 받은 것으로 보인다. 건륭제 또한 말년에 양주의 상인들이 자신의 방문을 환영하기 위해 준비하는 동안 자신들의 부를 과시하는 데 과도하게 많은 돈을 소비했다고 술회했다. 예를 하나 들자면, 1757년에 있은 제2차 남순을 위해 양주 염상들은 원림과 역참, 행궁 그리고 그 밖의 다른 건축물들을 짓기 위해 20만 냥의 은을 소비했다. 특히 건륭제의 취향에 맞는 건물을 짓기 위해 그들이 쏟은 노력과 지출한 비용은 상상을 초월할 정도로 엄청났다. 양주에 전해 내려오는 전설에 따르면, 건륭제는 연성사蓮性寺(지금의 법해사法海寺)가 있는 수서호瘦西湖 주변의 아름다운 경관에 매료되어 여기에 북경 북해北海의 황실 화원에 있는 것과 같은 사리탑이 빠졌다고 평했는데, 이 말을 들은 한 양주 염상이 건륭제에게 좋은 인상을 심어주기 위해 즉시 북경으로 사람을 보내 설계도를 구해 오게 하여 막대한 돈을 들여 북해에 있는 백탑白塔과 똑같은 몽고식 건축물을 세웠다. 그것도 하룻밤 사이에 완성했다고 한다.

양주는 명나라가 망한 뒤 명나라 유민들이 청나라 정부에 완강하게 저항했던 피비린내 나는 땅에서 중국 물류 운송의 허브 그리고 경제와 문화 중심지로 탈바꿈했다. 양주는 청나라와 운명을 같이 한 도시였다. 청나라가 번영함에 따라 양주는 완전히 변모했다.

소금은 중국 정부에게 가장 중요한 재원이었다. 청나라 정부는 한 특정한 사회집단, 즉 염상을 통제함으로써 소금을 독점하고자 했다. 염상들에게는 소금 판매에 관한 절대적인 권한과 함께 관직이 주어졌다. 염상들에게는 과거를 치르지 않고도 관직을 가질 수 있는 특혜가 주어졌다. 그들은 고상하고 화려한 삶을 영위할 수 있었다. 청나라에서 염상들이 상류층으로 부상한 것은 유럽의 부르주아와 필적되지만, 그들은 소금의 생산과 유통을 조종할 수 있는 합법적인 권한이 없었다. 염상들은 청나라 정부 최대의 수입원이자 가장 중요한 전매품인 소금의 생산과 유통에 대한 소유자가 아닌 정부를 대신한 관리자일 뿐이었다. 그리고 염상들은 이러한 특권을 발판으로 축적한 부를 교육에 투자하여, 고상한 취향과 예술적 재능, 음악과 오페라에 대한 전문적 지식, 고전과 과학에 대한 해박한 지식 등을 갖추었다.

양주 염상들은 또한 강희제와 건륭제가 강남을 방문했을 때 그들을 영접하는 영광을 누렸다. 그들은 청나라 두 황제들의 강남으로의 여행, 즉 '남순南巡'을 맞이하기 위해 양주를 두 황제들의 문화적 이상을 물질적으로 시각화하는 공간으로 만들었다. 두 황제를 환영하기 위해 양주의 염상들은 양주의 자연환경, 심지어 그들이 소유하고 있는 부동산까지도 다채로운 인문경관으로 만들었다. 여기에는 이슬람과 유럽 스타일의 경관 또한 포함된다. 양주는 상징적으로 중국 경제의 심장부인 강남의 북쪽 입구에 해당된다. 양주는 또한 만주족들이 중국 남부를 정복하기 전에 청나라 만주족 정부의 최남단 기지였다. 그래서 양주 북쪽 경계에 위치한 다리는 상징적으로 만주족의 북부와 한족이 지배하는 남부를 가르는 경계선이 되는 셈이다. 양주를 방문하는 황제와 그를 환영하는 염상들은 이 다리가 갖고 있는 상징적인 의미를 잘 알고 있었다. 황제를 환영하기 위해 염상들은 이 다리에 황제의 은혜로움을 환영하는 다리라는 뜻을 지닌 '영은교迎恩橋'라는 새로운 이름을 붙여주고는

황제가 양주로 들어오면서 볼 수 있도록 북쪽을 향하도록 글자를 새겨 넣었다. 이 다리를 통해 양주 염상들은 자신들이 황제의 충직한 백성임을 자처하고 있음을 상징적으로 보여주었다. 이 다리 아래로 흐르는 강 이름 또한 '영은迎恩'이라 고쳐 불렀다. 사람뿐만 아니라 양주의 자연 또한 황제의 은혜로움을 받고 있기에 '하늘의 아들'인 황제의 것으로 귀속된다는 거다.

● 양주 염상 마왈관

1751년 건륭제가 처음으로 남순에 나섰을 때 그가 양주에서 만난 염상들 중에는 마왈관馬曰琯(1687-1755)이 끼여 있었다. 안휘성 휘주徽州 출신의 양주 염상 마왈관은 그의 동생 마왈로馬曰璐(1701-1761)과 함께 시서화詩書畫에 능하여 문인들과 교류한, 학식과 교양을 갖춘 엘리트 상인이었다.

마왈관 형제는 양주 염상으로, 문인사회 진입에 성공한 대표적인 인물들이다. 당시 양주에서 가장 영향력 있는 예술 후원자였던 마왈관 형제는 염상이면서도 고도의 문화적 소양을 갖춘 교양인이었다. 그들은 학문을 좋아하고 예술에 관심이 많았고, 가난한 예술가와 학자들을

● 그림6.7 섭방림, 방사서. 〈구일행암문연도〉. 1743. 두루마리. 비단에 수묵담채. 32.4×201.2cm. 클리블랜드 미술관The Cleveland Museum of Art

후원했다. 마씨 형제는 또한 골동품의 수장가와 감식가로 명성이 높았으며, 중국 최대의 도서 수집가였을 뿐만 아니라 자신들의 집인 소령롱산관小玲瓏山館에 지은 도서관인 총서루叢書樓는 당시 중국에서 가장 규모가 큰 것 가운데 하나로 꼽혔다. 그들은 총서루를 개방하여 이곳에 소장된 진귀한 책들을 학자들이 자유롭게 열람하며 공부할 수 있게 했다. 한 예로, 전당錢塘 출신의 문인 여악厲鶚(1692-1752)은 소영롱산관을 수없이 들락거리며 이곳에 소장된 엄청난 분량의 장서를 뒤적인 끝에 그의 역작인 『남송원화록南宋院畫錄』과 『송시기사宋詩紀事』를 완성할 수 있었다.

이두李斗(1749-1817)가 쓴 『양주화방록揚州画舫錄』에 의하면, 양주에서 문인들의 시문詩文을 짓는 모임은 마왈관 형제의 소령롱산관과 양주 출신의 은퇴한 문인관료로 시 짓기를 좋아했던 정몽성程夢星(1678-1747)의 소원篠園 그리고 양주 염상이자 시인이던 정협여鄭俠如(1610-1673)의 휴원休園에서 가장 성대하게 열렸다고 한다. 양주와 그 주변 지역의 수많은 문인들이 마왈관 형제의 소령롱산관으로 몰려 들었다. 소령롱산관은 당시 양주뿐만 아니라 강남 일대 시인들의 '고상한 모임[雅會]'의 중심이었다. 특히 당시 강남 일대에서 명성을 떨치던 소령롱산관의 총서루는 여악, 전조망全祖望(1705-1755), 요세옥姚世鈺(1703-1757), 항세준杭世駿(1695-1773), 금농金農(1686-1763), 정섭, 진장陳章 등과 같은 당대 저명한 문인들이 장기간 체류하거나 자주 찾는 장소였는데, 이들은 마왈관 형제와 함께 '한강음사邗江吟社'라는 문학서클을 결성하여 시를 수창酬唱했다.

마왈관 형제는 1743년 9월9일 중양절重陽節에 전조망, 여악, 민화閔華, 장사과張四科, 정몽성, 진장, 왕조王藻 등 한강음사에 가입한 14명의 문인 명사들을 천녕사天寧寺의 서쪽 모퉁이의 버려진 땅에 조성한 원림인 행암行庵에 초대하여 동진(317-420) 때 전원시인 도연명陶淵明을 기념하는 아회를 가졌다. 당나라 시인 두목杜牧(대략 803-852)의 「9월 9일 제산에서의 등고[九日齊山登高]」에 나오는 "티끌세상에서는 입 열고 웃을 일 만나기 어려우니, 국화꽃 모름지기 머리에 가득 꽂고 돌아가리라.[塵世難逢開口笑, 菊花須插滿頭歸.]"를 시회詩會의 주제로 삼아 마왈관 형제와 14명의 명사들이 시를 지으며, 술 마시고, 그림을 감상했다. 한강음사의 일원으로 이 모임에 함께 참가했던 방사서方士庶(1692-1751)와 초상화를 전문적으로 그리는 화가인 섭방림葉芳林은 이들이 마왈관 형제의 행원에서 아회를 갖는 모습을 화폭에 담았다. 이 그림이 그 유명한 〈구일행암문연도九日行庵文宴圖〉이다.

마왈관은 대단한 장서가藏書家였다. 학자이자 장서가로 이름난 여악, 진찬陳撰(1678-1758)과 함께 수십 년 간 책을 수집했다. 학술적 가치가 높은 희귀본을 발견하면 많은 돈을 주고 구매했다. 또한 사람들이 필요로 하는 책이 있으면 사비를 들여 간행했다. 강소성 곤산昆山에 있는 문인관료이자 학자였던 서건학徐乾學(1631-1694)의 장서루인 전시루傳是樓와 절강성 가흥嘉興에 있는 저명한 학자인 주이존朱彝尊(1629-1709)의 장서루인 폭서정曝書亭에 소장되어 있던 장서를 사들이는 것 등을 통해 무려 10만여 권에 달하는 책을 수집할 수 있었다. 마왈관은 이 어마어마한 분량의 책을 소장하기 위해 가남서옥街南書屋, 소영롱산관小玲瓏山館 그리고 총서루叢書樓 등과 같은 장서루를 지었다. 또한 야악, 진찬, 강빈곡江賓谷, 금농 등 저명한 학자들을 장서루로 초청하여 자신의 집에 묵으면서 장서를 교감校勘하고, 서적을 분류하게 했으며, 또한 글씨를 잘 쓰는 사람을 초청하여 책의 표지에 서명을 쓰게 했다. 마왈관 형제는 친분을 쌓은 전조망, 혜동惠棟(1697-1758) 등과 좋은 책이 있으면 서로 빌려서 필사하곤 했다.

건륭제는 천하에 있는 모든 책들을 망라하겠다는 야심찬 프로젝트를 기획했다. 그리하여 건륭 6년인 1741년에는 천하天下의 서書를 수집한다는 소詔를 내렸다. 건륭제는 각 성의 관리들에게 각종 도서들을 수집하거나 구입하게 했으며, 책을 바치는 사람에게 상을 내렸으니 전국에서 유생들이 자신이 소장하고 있던 책을 갖고 북경으로 구름처럼 몰려들었다. 건륭 37년인 1772년에는 편찬소編纂所인 사고전서관四庫全書館이 개설되었고, 사고전서관의 총찬관總纂官으로 임명된 기윤紀昀(1724-1805)을 중심으로 360여 명의 고관과 학자들이 편찬하고, 3,800여 명이 필사하여, 수록된 책은 3,458종, 79,582권에 이르렀으며, 이를 경經 · 사史 · 자子 · 집集 등 4부部로 분류, 편집했다. 그렇게 하여 탄생한 것이 『사고전서四庫全書』이다. 건륭제는 7벌의 『사고전서』를 필사하게 하여, 4벌을 각각 하북성 승덕承德의 피서산장避暑山莊에 있는 문진각文津閣, 북경北京 원명원圓明園에 있는 문원각文源閣, 자금성紫禁城에 있는 문연각文淵閣 그리고 성경盛京(지금의 요녕성 심양瀋陽) 궁궐 안에 있는 문소각文溯閣 등 궁정에 보관했고, 후에 완성한 나머지 3벌은 양주揚州의 문회각文匯閣, 진강鎮江의 문종각文宗閣 그리고 항주杭州의 문란각文瀾閣에 보관하여, 문인들이 들어가 열람할 수 있게 했다.

마왈관의 아들인 마진백馬振伯은 천하의 장서가들이 소장하고 있는 진귀한 책들을 널리 수집하려는 건륭제의 바람에 부응하여 아버지 마왈관이 평생 동안 열정적으로 수집했던 장서 가운데 776종의 책을 바쳤다. 『사고전서총목四庫全書總目』에는 마씨의 장서藏書 373종 5,529권을 수록했다. 그 가운데 경부經部가 57종 670권이며, 사부史部는 123종 1,658권, 자부子部는 43종 731권, 집부集部는 150종 2,470권이었다.

1768년에 양주 상인들은 남순한 건륭제와 그의 수행단을 즐겁게 하기 위해 4백만 6천 7백 냥의 돈을 썼다. 이두는 『양주화방록』에서 "길곁에는 화려한 천막을 치고 수상 공연을 벌이며, 모두 소리 높여 만세

삼창을 외쳤으니, 지나가는 곳마다 모두 그러했다."라고 기술했다.

● 금산에서 배를 띄워 초산에 이르다

2월 14일에 양주부揚州府에 도착한 건륭제는 천녕사天寧寺와 홍교虹橋 그리고 평산당平山堂 등지를 유람했다. 2월 16일에는 장강을 건너 금산金山에 도착하여 금산사金山寺에서 주필했다. 서양의 다섯 번째 두루마리는 2월 17일 금산에서 배를 띄워 초산焦山에 도착하는 광경을 묘사했다. 두루마리의 첫머리에는 건륭제가 지은 「금산에서 배를 띄워 초산에 이르러 소식蘇軾의 운을 쓰다[自金山放船至焦山用蘇軾韻]」라는 칠언시가 적혀 있다.

금산에서 출발한 수십 척의 배들은 드넓은 장강의 출렁이는 파도에 몸을 맡긴 채 초산으로 향해 가고 있다. 다른 배들의 호위를 받으며, 황룡이 그려진 돛을 높이 달고 있는 대형 선박에는 건륭제가 타고 있다. 뱃머리에서 한 어전시위가 들고 있는 구룡곡병황화개가 이 배에 황제가 타고 있음을 말해준다. 건륭제는 선실에 앉아 먼 곳을 바라보고 있다.

1751년 2월 17일은 건륭제의 남순에 있어서 매우 의미심장한 순간이었다. 이날 건륭제의 남순 행렬은 강소성에 위치한 금산과 초산에 당도했다. 운하와 장강이 만나는 곳에 위치한 섬들인 금산과 초산은 강남으로 들어가는 길목이다. 지리 문화적인 지명인 '강남江南'은 사람들에게 아름다운 경관, 세련된 문화, 호사로운 소비, 여유로운 안락함, 문학적인 고상함 등과 같은 개념들을 떠올리게 한다. 이 모든 것들은 부지런하고, 책임감 있고, 자애로운 통치라는 인상을 주고자 노력하는 중앙

● 그림6.8 서양. 〈건륭남순도〉 다섯 번째 두루마리 〈금산에서 배를 띄워 초산에 이르다[自金山放船至焦山]〉. 1770. 두루마리. 종이에 수묵채색. 68.6×1,080cm. 북경 중국국가박물관

정부의 공식적인 입장과는 상반되는 개념들이다. 건륭제는 강남으로 진입하면서 「황태후를 모시고 금산으로 들다[恭奉皇太后駕臨金山記]」라는 글을 지어 이 극적인 순간을 기념했다.

1749년 11월에 건륭제는 황태후의 환갑 생신을 축하하기 위해 황태후를 모시고 강남의 명승지들을 유람하겠다고 선언했다. 이것이 건륭제가 공식적으로 표명한 제1차 남순을 떠난 이유이다. 1년여가 지난 1751년 2월 강남으로 들어가는 길목인 금산과 초산에 도착한 건륭제는 남순을 감행하게 된 또 다른 이유를 다음과 같이 밝히고 있다.

> 우리는 상원절 이틀 전에 경사京師에서 출발하여 제수濟水와 누수漯水와 민수汶水와 기수沂水를 건너 황하에 이르러 제방 공사를 두루 살펴보았

다. 그리고는 배를 띄워 회수淮水를 넘어 장강長江에 도착하여 민요를 채집하고 토속을 물었다.

上元前二日發自京師, 渡濟漯汶沂, 至黃河周覽隄工. 遂汎舟踰淮以達於江, 採民謠詢土俗.[1]

제수와 누수 그리고 민수와 기수는 산동 지방에 있는 강들이다. 건륭제는 중국의 강북 지역에서 제방 공사를 살펴보고, 강남 지역에서는 백성들의 민심을 파악했다. 건륭제는 장강을 돌아보면서 자신이 남순을 하게 된 주된 목적을 '관민觀民'이라 했다. 백성들을 살핀다는 것이다. 건륭제는 백성들에게 어진 군주의 모습을 보여주고 싶었다.

● 고소에서 주필하다

건륭제는 2월 17일에 금산을 떠나 진강부성鎭江府城을 지나 무석無錫에 있는 이름난 원림인 기창원寄暢園과 혜산사惠山寺를 유람했다. 2월 21일에는 건륭제가 탄 배가 소주부蘇州府 장주현長州縣 경계에 도착했다. 두루마리의 제목에 나오는 '고소姑蘇'는 '소주蘇州'를 이르는 옛 이름이다. 소주는 건륭제를 매료시켰다. 건륭제는 소주를 너무도 좋아한 나머지 북경성 서북쪽에 위치한 자신의 여름별장인 청의원淸漪園(지금의 이화원頤和園)에 소주의 거리를 재현한 '소주가蘇州街'를 조성하게 했다. 이 두루마리는 제목 '고소에서 주필하다[駐蹕姑蘇]'가 말해주고 있듯이 건륭제가 소주에 도착했을 때의 광경을 화폭에 담았다. 두루마리의 첫머리에 건륭제가 지은 칠언시 「고소에 주필하여 짓다[駐蹕姑蘇作]」라는 시가 적혀 있다.

● 그림6.9 서양. 〈건륭남순도〉 여섯 번째 두루마리 〈고소에서 주필하다[駐蹕姑蘇]〉의 일부. 1770. 두루마리. 비단에 수묵채색. 68.6×1,994cm. 뉴욕 메트로폴리탄 미술관

우리의 눈길을 왼쪽으로 옮기면 봄기운이 만연한 수향水鄕이 펼쳐진다. 소주로 향하는 운하에는 황룡기黃龍旗를 높이 단 한 척의 큰 배가 천천히 움직이고 있고, 양쪽 언덕 위에는 수병들이 밧줄을 당기고 있는데, 황태후가 타고 있는 배이다. 운하 옆에는 '만국환등萬國歡騰'이라 쓴 편액이 걸려 있는 화려하게 장식한 패방이 서 있다. 운하의 맞은편에 있는 높다란 희대戲台에는 5명의 무희가 춤을 추고 있는데, '군선축수群仙祝壽(여러 신선들이 장수를 빌다)'라는 레퍼토리를 연출하고 있다. 운하의 양쪽 가에는 '품복品服(품계에 따라 입는 옷)'를 입은 명부命婦(봉작을 받은 부인)의 여인들이 무릎을 꿇고 앉아 황태후의 도래를 공경스럽게 맞이하고 있다. 한편 건륭제는 이미 소주성 서북쪽에 있는 호서관滸墅關, 소주성의 서문인 창문閶門 그리고 만년교萬年橋를 지나 만년교 남쪽에 있는 서문胥門 밖에 도착하여 배에서 내려서 말에 올라 서문을 통해 소주성으로

들어가고 있다.

● 건륭제의 시반詩伴 심덕잠沈德潛

당대 최고의 문인 심덕잠沈德潛(1673-1769)은 호는 귀우歸愚이며, 장주長洲(지금의 강소성 소주) 사람이다. 그는 매우 가난한 집안에서 태어났다. 할아버지와 아버지가 모두 교육 받은 문인이었으나 소주의 부유한 집안들의 자제들을 가르치는 것으로 생계를 이었다. 심덕잠 또한 경제적으로 넉넉지 못한 가정형편 탓에 일찌감치 12살 때부터 학생들을 가르치는 선생이 되었다. 심덕잠은 어려운 환경 속에서도 배움에 대한 열정이 대단하여 열심히 공부했다. 당대 저명한 학자였던 섭섭葉燮(1627-1703)에게서 시를 배웠다. 심덕잠은 공명功名을 향한 갈망이 대단했다. 그는 6살의 어린 나이에 소주의 문단에서 인정을 받을 정도로 뛰어난 시재詩才를 지녔지만 불행히도 이렇게 놀라운 문학적 재능도 출사의 길로 연결되지는 않았다. 그는 과거科擧에 수없이 응시했으나 번번이 낙방했다. 22세 때부터 성省에서 치르는 과거인 향시鄕試에 응시한 것을 시작으로 1738년 거인擧人에 합격하기 전까지 40년 동안 총 17차례나 향시에 도전했으나 실패했다. 건륭 4년인 1739년에 마침내 진사進士에 합격함으로써 비로소 관리의 길에 접어들 수 있었다. 그 해 그의 나이가 67세였다. 심덕잠은 그동안의 세월을 보상받듯이 출세가도를 달렸다. 한림원편수翰林院编修, 일강기거주관日講起居注官, 회시부고관會試副考官 등을 거쳐 1748년에는 내각학사內閣學士 겸 예부시랑禮部侍郎이 되었다.

인재를 무척이나 아끼고 노인을 공경했던 건륭제는 고령에도 불구하고 출사에 성공한 불굴의 의지를 지닌 늙은 선비 심덕잠을 매우 총애했다. 건륭제는 심덕잠을 불러 그와 더불어 역대 시의 근원에 관해 토론했다. 심덕잠의 박학함에 탄복한 건륭제는 심덕잠을 '강남노명사江南老名士'라 칭하고 대신들에게 말하기를, "나와 심덕잠의 우의는 시詩에서 시작하여 시에서 끝난다."라고 했다. 건륭제가 그에게 써준 시가 수십 수에 이르는데, 시에서 건륭제는 심덕잠을 이백李白과 두보杜甫 그리고 고계高啟와 왕사정王士禛에 견주었다. 건륭제는 또한 훗날 심덕잠이 지은 『귀우시문초歸愚詩文鈔』의 서문을 써주기까지 했다. 심덕잠은 77세 되던 해인 1749년에 관직에서 물러나 고향인 소주로 돌아가 자양서원紫陽書院에서 강연과 저술에 전념했다. 이즈음 그는 건륭제와 더욱 가까워졌다. 심덕잠은 건륭 34년인 1769년에 향년 97세를 일기로 생을 마감했는데, 그의 죽음을 애도하는 만시挽詩를 지은 이가 바로 건륭제다. 심덕잠에 대한 건륭제의 사랑이 대단했음을 잘 말해준다.

1740년대는 심덕잠의 인생에 있어 전환점이었다. 1739년 진사에 급제하기 전까지 심덕잠은 성년의 대부분을 과거 준비생인 늠생廩生으로 지냈다. 그가 30대였던 1703년과 1705년 그리고 1707년에 강희제가 남순했을 때도 두각을 나타내지 못했다. 그러던 그가 1739년에는 건륭제가 그를 '강남노명사'라고 칭할 만큼 유명세를 타게 되었다. 그가 진사에 급제하고, 1740년대 북경에서 관직생활을 하고 건륭제와의 두터운 친분을 갖게 된 것이 그를 1769년에 죽을 때까지 소주 문단의 태두泰斗로 명망을 누릴 수 있게 만든 계기가 되었다.

1749년에 관직에서 물러난 뒤 심덕잠이 고향인 소주에서 문호文豪이자 지역 사회의 기둥으로서 확고한 입지를 다지고 있는 동안 건륭제는 특히 남순 기간 동안 조정과 심덕잠 간의 유대를 강조하는 데 심혈을 기울였다. 1751년 처음으로 소주를 방문한 자리에서 건륭제는 그의 옛 신하에게 다음과 같은 시를 선사했다.

水碧山明吳下春 물 푸르고 산 밝아 오나라 땅은 봄이로다.

三年契闊喜相親 3년 동안 헤어졌다가 다시 만나니 정겹구나.

玉皇案吏今煙客 옥황상제의 안리案吏는 지금은 구름 속 신선이라네.

天子門生更故人 천자의 문생은 더 늙은이가 되었구나.

別後詩裁經細檢 헤어진 뒤에는 시를 평가하고 경전을 살폈고

當前民瘼聽頻陳 바로 전에는 백성들의 고충을 듣고 자주 말해주었지.

老來底越精神健 늙어서는 월나라 땅에 도착하여 정신이 건장하구나.

却外胎禽雪里� 바깥으로 물러난 학은 눈 속 대나무에 깃들었네.

이 시의 제목은 「심덕잠에게 주다[賜沈德潛]」이다. 지금의 강소성 소주는 옛 오나라 땅이었다. 1751년 건륭제가 1차 남순에 나섰을 때 심덕잠은 청강포清江浦로 달려가 건륭제의 어가를 맞이했다. 1749년에 벼슬을 관두고 북경을 떠났다가 1751년에 해후했으니 3년 만이다. 안리案吏는 관리들을 징계하는 일을 맡는 관리이다. 천자문생天子門生은 과거科擧에서 천자가 직접 합격시킨 사람을 이르는 말이다. 옥황상제와 천자는 건륭제가 자신을 지칭한 것이고, 옥황상제의 안리와 천자문생은 심덕잠을 가리키는 말이다. 건륭제는 여기서 자신과 심덕잠의 관계, 심덕잠이 예전에 조정에 몸담았음을 애써 강조하고 있다.

건륭제는 1751년, 1757년, 1762년 그리고 1765년 등 네 차례 남순에서 관직에서 물러나 고향인 소주에서 노후를 보내고 있던 심덕잠을 찾아가 그와 함께 시를 수창했다. 건륭제는 심덕잠을 좋아했다. 시 짓기를 좋아했던 건륭제에게 당대 최고의 시인이었던 심덕잠은 우상이나 다름이 없었다. 건륭제는 시뿐만 아니라 수많은 관직과 물량 공세를 통해 조정과 심덕잠 간의 돈독한 유대를 다지고자 했다. 1751년 첫

번째 남순에서 건륭제는 예전에 심덕잠이 맡았던 예부시랑禮部侍郎의 관직과 봉급을 회복시켜주었으며, 1757년 제2차 남순 때는 그를 예부상서禮部尙書로 승진시켰다. 네 번째 남순인 1765년에는 심덕잠에게 태자태부太子太傅라는 명예직을 수여하고 이 관직을 그의 손자에까지 세습하도록 했다.

남순은 건륭제와 심덕잠에게 그들의 돈독한 관계를 공식적으로 재확인시켜주었다. 건륭제는 남순을 통해 심덕잠이 그에게 변함없는 충성을 보여주고 있음을 확인할 수 있었고, 심덕잠에게 남순은 소주 문인 엘리트들 가운데 중요 인사들과의 유대뿐만 아니라 지역 사회 지도자로서의 입지를 더욱 다질 수 있는 계기를 마련해주었다.

심덕잠이 소주 문단의 영수로서 영향력을 행사할 수 있게 된 계기를 마련해준 요인들 가운데 하나는 그가 1751년에 소주에 있는 자양서원紫陽書院에서 학생들에게 강연하는 자리인 주강主講을 맡은 것이다. 자양서원은 1713년에 당시 강소성 순무巡撫였던 장백행張伯行(1651-1725)이 세운 서원이다. 장백행의 후원 아래 자양서원은 경전에 대한 정통 정주程朱의 해석을 추종했다. 이것은 서원의 이름이 '자양'인 것에서도 엿볼 수 있다. '자양紫陽'은 주희朱熹(1130-1200)의 별칭이다. 주희의 아버지 주송朱松이 일찍이 지금의 안휘성 흡현歙縣에 있는 자양산紫陽山에서 공부했으며, 주희가 뒤에 복건성 숭안崇安으로 옮겨와 살면서 고향인 자양산을 잊지 않겠다는 뜻에서 서재 이름을 '자양서실紫陽書室'이라 했다. 주희가 복건성 무이산武夷山에서 강학했던 서원 이름 또한 '자양서원'이었다. 이 서원은 정주학파의 학설을 전파하는데 온 힘을 기울였다. 당시 과거科擧 시험에서 경전의 해석은 정주학파의 학설을 정통으로 삼았다. 강희제는 자양서원에 '학도환순學道還純[도를 배우고 순수함으로 돌아간다]'이라고 쓴 편액을 하사했다. 심덕잠이 강학을 맡은 1750년대와 1760년대 거의 20

년 동안 소주 자양서원은 청나라 최고의 서원들 가운데 하나였을 뿐만 아니라 한학漢學과 고증학考證學의 중심이 되었다. 심덕잠은 건륭제의 청나라 조정과 소주 문인사회를 연결시켜주는 중재자의 역할을 완벽하게 수행했다. 건륭제는 심덕잠을 통해 자양서원으로 모여드는 소주의 엘리트 문인들을 장악할 수 있게 되었다. 1차 남순에서 4차 남순까지 건륭제가 소주를 방문할 때마다 심덕잠은 그의 학생들을 이끌고 황제의 행차를 맞이하는 영광을 누렸으며 그럴 때마다 건륭제는 자양서원과 이 서원의 교장인 심덕잠에게 헌정하는 시를 지어주었다.

1751년 제1차 남순 때 건륭제는 심덕잠이 교장으로 있는 자양서원에 '백록유규白鹿遺規'라고 쓴 편액을 하사했다. '백록白鹿'은 지금의 강서성 구강시九江市 여산廬山 동남쪽 오로봉五老峰 기슭에 자리한 '백록동서원白鹿洞書院'을 가리킨다. 이 서원은 원래 남당南唐 때 세워진 학관學館이었다. 오랫동안 버려져 있던 것을 이 지역에 부임한 주희가 중수하고 스스로 백록동서원의 원장이 되어 강학하여 유교의 이상을 실현하는 데 힘썼다. 주희는 또한 「백록동규白鹿洞規」이라는 서원의 학규學規를 만들었는데, 건륭제가 자양서원에 내린 편액 글씨 '백록유규'는 주희의 「백록동규」를 의식하고 쓴 것이다. 건륭제는 '백록유규'라는 편액을 통해 주희와 심덕잠 그리고 백록서원과 자양서원을 연결시켰다. 이것은 건륭제가 심덕잠과 자양서원에 전폭적인 지지를 보낸다는 것을 보여주고 있다.

이민족인 만주족으로서 한족의 나라를 통치하고 있는 건륭제로서는 청나라의 최고 지식층인 한족 엘리트 문인들의 협력이 절실했다. 건륭제는 강남의 한족 문인사회를 회유하기 위해 그들에게 끊임없이 러브콜을 보냈다. 한족 문인들의 궁극적인 목표는 과거에 합격하여 관리가 되는 것이다. 관리가 되면 황제를 보좌하여 그들이 꿈꿔왔던 유교의 이상적인 사회를 이 세상에 구현할 수 있고, 개인적으로 부와 명예를 얻을 수 있는 가장 확실하고 빠른 길이기 때문이다. 건륭제는 남순을 행할 때마다 별시別試를 행하여 강남의 한족 문인들에게 관리가 될 수 있는 기회를 제공했다. 건륭제에게는 강남의 뛰어난 인재들을 관리로 등용할 수 있을 뿐만 아니라 강남의 한족 문인들을 회유할 수 있는 절호의 기회였다. 강남 문인사회의 중심에 소주가 있었다. 또한 심덕잠과 그가 이끄는 자양서원은 소주 문인사회의 중심이었다. 자양서원에서 공부하던 많은 학생들이 건륭제가 제공한 특별 시험에 합격했다. 여기에는 건륭제와 두터운 유대를 맺고 있던 심덕잠의 영향력이 결정적인 역할을 했을 것이다. 자양서원 수장의 자리에 있었기에 심덕잠은 자연스럽게 자신의 문학이론과 감성을 학생들에게 널리 알릴 수 있었다. 여기에는 한부漢賦와 성당시盛唐詩의 문학적 가치를 높게 사는 그의 생각도 포함되어 있었다. 심덕잠은 격조설格調說을 주창했다. 격조설은 『예기禮記』의 "온유돈후溫柔敦厚한 것은 시의 가르침이다."라는 도덕적인 문학관에 기반을 두고 바른 골격 위에 음률의 조화를 찾는 것이다. 그의 이러한 격조설은 성당盛唐의 시詩로 돌아갈 것을 목표로 한다. 어떻게 시를 지을 것인가? 성당의 시를 이를 위한 모델로 삼은 것이다. 성당의 시와 더불어 심덕잠은 진한秦漢의 고문古文을 이상으로 했다. 이러한 맥락에서 심덕잠은 좋은 문장들을 가려 뽑아 책으로 엮었다. 그리하여 『고시원古詩源』, 『당시별재집唐詩別裁』, 『명시별재明詩別裁』, 『청시별재淸詩別裁』 등 고대로부터 청나라 초기에 이르는 역대 시선집詩選集을 편집하고, 거기에 그가 주장하는 시론이 표출되도록 노력했다.

● 절강성의 경계로 들어와 가흥의 연우루에 이르다

일곱 번째 두루마리는 2월 27일에 건륭제가 소주부 오강현吳江縣 남두우南斗圩 행궁行宮에서 출발하여 평망平望, 길경사吉慶寺를 거쳐 왕강경王江涇에 도착하여 절강성浙江省 가흥부嘉興府 수수현秀水縣 경내로 진입하는 광경을 묘사했다. 이 두루마리에는 또한 강남의 빼어난 경관인 가흥의 남호南湖와 연우루煙雨樓를 그렸다. 두루마리의 첫머리에는 건륭제가 지은 「절강의 경계에 들어와 짓다[入浙江境作]」라는 시가 적혀 있다.

그림을 펼치면 강소성 소주와 절강성 항주를 잇는 운하 위에 몇 척의 크고 작은 배들이 순항하고 있다. 운하의 양쪽 언덕 위에는 봄기운이 완연하다. 앞장 선 배는 지붕이 없는 큰 배이다. 뱃머리에는 건륭제가 붉은색의 교의交椅(등받이와 팔걸이가 있고 접을 수 있는 의자) 위에 가부좌를 틀고 앉아 정면을 바라보고 있다. 한 명의 시위가 그의 뒤에서 구룡황화개를 들고 서 있다. 뒤에는 어전대신과 시위들이 서 있다. 황제가

● 그림6.10 서양. 〈건륭남순도〉 일곱 번째 두루마리 〈절강성의 경계로 들어와 가흥의 연우루에 이르다[入浙江境到嘉興煙雨樓]〉. 1770. 두루마리. 종이에 수묵채색. 68.6×950cm. 북경 중국국가박물관

탄 배는 양쪽에 각각 6명의 수병들이 노를 젓고 있다. 건륭제가 타고 있는 배 뒤 좌우에는 각각 큰 배 한 척씩이 있는데, 배 위에는 누른색 마고자를 입은 관원과 손에 표미창을 들고 있는 호위병들이 서 있다. 황제가 타고 있는 큰 배 앞에는 좌우로 각각 3명의 수병들이 타고 있는 두 척의 작은 배들이 선두에서 경계하며 뱃길을 인도하고 있다. 강 언덕에는 수많은 관원들이 무릎을 꿇고 앉아 황제의 도래를 맞이하고 있다. 강 언덕에 있는 희대戱台에는 8명의 배우들이 팔선八仙으로 분장하고 무대 앞에 서서 황제를 향해 공수拱手를 하고 있다. 희대를 끼고 모퉁이를 돌면 두 개의 비정碑亭이 있는데, 오른쪽 정자의 비석에는 '강소오강현계江蘇吳江縣界(강소성 오강현 경계)', 왼쪽에는 '절강수수현계浙江秀水縣界(절강성 수수현 경계)'라는 글자가 새겨져 있다. 두루마리를 왼쪽으로 더 펼치면 번화한 가흥부성을 지나 안개 낀 드넓은 수면이 나타나는데, 가흥의 남호南湖이다. 호수 가운데에 떠 있는 섬 위에 우뚝 솟아 있는 누각은 연우루煙雨樓이다.

● 항주에서 주필하다

건륭제는 2월 28일에 가흥을 떠나 석문石門과 당서塘棲를 경유하여 3월 초하루에 항주杭州에 도착, 성인사聖因寺 행궁行宮에서 주필했다. 이 여덟 번째 두루마리는 건륭제가 항주의 서호西湖 소제蘇堤를 유람하는 광경을 묘사했다. 두루마리 첫머리에는 건륭제가 지은 「3월 초하루에 어가가 항주에 도착하여 주필하다[三月朔日車駕至杭州駐蹕]」라는 제목의 칠언시가 실려 있다.

건륭제가 지은 시의 왼쪽에는 항주부성杭州府城의 서쪽 문인 용금문

● 그림6.11 서양. 〈건륭남순도〉 여덟 번째 두루마리 〈항주에서 주필하다[駐蹕杭州]〉. 1770. 두루마리. 종이에 수묵채색. 68.6×1,130cm. 북경 중국국가박물관

涌金門이 모습을 드러낸다.

말에 탄 10명의 어전시위가 길을 열고 있고, 몇 명의 어전대신이 앞에서 길을 안내하고 있는 가운데 건륭제는 말을 타고 유유히 오고 있다. 그의 뒤에는 구룡황화개가 높이 들려 있고, 10명의 표미창을 든 호위병들이 말에 타고 있다.

● 소흥에서 대우묘를 참배하다

건륭제는 3월 초6일에 항주의 성인사 행궁에서 출발하여 전당강錢

● 그림6.12 서양. 〈건륭남순도〉 아홉 번째 두루마리 〈소흥에서 대우묘를 참배하다[紹興謁大禹廟]〉의 일부. 1770. 두루마리. 종이에 수묵채색. 68.6×1,240cm. 북경 중국국가박물관

塘江을 건너고 소산현蕭山縣을 지났다. 초7일에 황제가 탄 배는 소흥부성紹興府城에 도착했다. 이 두루마리 그림은 3월 초8일에 대우묘에 제를 올리는 광경을 묘사하고 있다. 두루마리 첫머리에는 건륭제가 지은「대우묘를 참배하고 공경스럽게 할아버지의 원운을 따르다[謁大禹廟恭依皇祖元韻]」라는 시가 적혀 있다. 그림은 소흥부성에서 시작하여 동문을 나와 인가와 상점들이 즐비하게 늘어선 큰 거리와 향촌을 지나 회계산會稽山에 있는 대우묘에서 끝을 맺는다. 그림을 보자. 회계산의 산자락에 아치형 다리가 하나 놓여 있는데, 그 다리 앞에 웅장한 위용을 자랑하고 있는 건물이 바로 대우묘이다. 건륭제는 구룡곡병황화개 아래 대우묘를 향해 유유히 걸어가고 있다. 수십 명의 어전대신들이 그의 뒤를 따른다. 또 표미창을 어깨에 멘 시위들이 그들의 뒤를 따르고 있다.

● 강녕에서 열병하다

건륭제는 대우묘를 참배한 뒤 곧바로 항주로 돌아와 3월 14일에 운하를 따라 북쪽으로 돌아갔다. 3월 16일에는 소주부 행궁에서 주필했으며, 3월 20일에는 무석을 지나고, 3월 21일에는 진강부에 도착하여 금산사 행궁에서 주필했으며, 3월 24일에는 강녕부 행궁에서 주필했다. 3월 25일에는 친히 명나라 태조太祖의 능을 참배한 뒤 태평문太平門 내 연병장에서 열병閱兵했다.

강녕부江寧府는 지금의 남경南京이다. 명나라(1368-1644)를 세운 태조太祖(재위 1368-1398) 주원장朱元璋(1328-1398)은 남경을 수도로 삼았다. 남경은 주원장의 아들 영락제永樂帝(재위 1402-1424)가 수도를 북경으로 옮기기 전까지 명나라의 수도였다. 남경은 또한 명나라가 만주족 청나

● 그림6.13 서양. 〈건륭남순도〉 열 번째 두루마리 〈강녕에서 열병하다[江寧閱兵]〉의 일부. 1770. 두루마리. 종이에 수묵채색. 68.6×920cm. 북경 중국국가박물관.

라(1644-1911)에 의해 정복되었을 때 멸망한 명나라에 대한 충절한 마음을 잃지 않고 청나라에 항거했던 한족 지식인들의 본거지였다. 건륭제는 한족 저항세력의 아지트에서 열병했다.

서양의 열 번째 〈건륭남순도〉 두루마리는 건륭제가 열병하는 순간을 포착했다. 두루마리는 연병장 부근 거리의 모습에서 시작된다. 연병장에는 다채로운 색의 깃발들이 바람에 펄럭댄다. 열병식에 참가한 병사들은 강녕부에 주둔하고 있는 만한滿漢 관병官兵인 팔기군八旗軍으로 이루어졌다. 이들은 좌익左翼과 우익右翼 두 개 진영으로 나눠졌는데, 좌익은 양황기鑲黃旗, 정백기正白旗, 양백기鑲白旗, 정람기正藍旗 등 4개 깃발군이, 우익은 정황기正黃旗, 정홍기正紅旗, 양홍기鑲紅旗, 양람기鑲藍旗 등 나머지 4개 깃발군이 열을 짓고 있다. 열병장의 왼쪽 끝에 있는 열병대閱兵台 위에는 건륭제가 앉아 열병하고 있다.

● 심덕잠과는 다른 성향를 지닌 강남 문인 원매

심덕잠과 쌍벽을 이루었던 당대 최고의 시인 원매袁枚(1716-1798)는 전당錢塘(지금의 항주杭州) 사람으로, 자는 자재子才, 호는 간재簡齋, 만년에는 자호自號를 창산거사倉山居士, 수원주인隨園主人, 수원노인隨園老人이라 했다. 당시 청나라를 대표하는 시인이며 문학평론가이자 미식가였다. 건륭 4년인 1739년에 진사에 급제하여 한림원서길사翰林院庶吉士에 제수되었다. 건륭 7년인 1742년에 강소성 지역으로 외직을 나가 7년 동안 여러 고을의 현령을 거치면서 백성을 다스리는 데 성실하게 임하여 명성을 얻었으나 벼슬길이 순탄치 못하여 관록官祿에 뜻을 두지 않았다. 건륭 14년인 1749년에 벼슬을 관두고 남경南京 소창산小倉山

에 있는 원림인 수원隨園에 은거했다. 수원은 본래 강희제의 총애를 받아 관리강녕직조管理江寧織造와 순시양회염조감찰어사巡視兩淮鹽漕監察御史 등과 같은 요직을 점유했던 조인曹寅(1658-1712) 가문의 소유였다. 조인은 양주에 출판사를 설립하여 『전당시全唐詩』와 『패문운부佩文韻府』를 출간했다. 그는 강희제의 6차례 남순에서 강희제가 남경을 방문했을 때 4차례나 강희제를 모셨다. 조인은 청나라 정부의 든든한 지원을 받아 엄청난 부를 축적했지만 황제와 황족들 그리고 고관들에게 호사로운 선물들을 주는 데 재산을 탕진하여 많은 빚을 지게 되었다. 그리하여 1728년에 옹정제는 조씨 가문의 재산을 몰수했고, 조씨 가족들은 북경 근교로 이주했다. 이러한 궁핍한 환경 속에서 조인의 손자였던 조설근曹雪芹(대략 1715-1763)은 유명한 통속소설인 『홍루몽紅樓夢』을 집필했다. 이 소설은 인기를 끌어 사람들 사이에 필사본이 유통되다가 1792년에 출간되었다. 조인의 소유였던 수원은 한때 청나라 최고의 부와 명성을 누렸던 조씨 가문이 황제의 총애를 잃고 몰락해가는 과정을 그린 소설의 배경이 되었다.

원매는 심덕잠과 문학적 견해를 달리했다. 옛 사람의 잘 쓴 시를 모델로 삼아 모방한다고 해서 좋은 시를 지을 수 없다. 시는 배워서 되는 것이 아니고 시인의 참된 감정의 발로라는 것이 그의 생각이다. 원매는 그래서 성령설性靈說을 주장했다. 시인은 시를 지을 때 자신의 진솔한 감정을 표현해야 되며, 시인의 감정은 그의 독특한 개성을 통해 표출되어야 한다는 것이 원매의 지론이다. 원매는 시는 도덕적인 교훈을 제시하는 것보다 즐거워야 한다고 주장하여 당시 문단에서 난봉꾼으로 낙인찍혔다. 원매가 표방하는 성령설은 명나라 때 공안파公安派의 주장을 계승한 것이다. 중국문학의 역사를 돌이켜보면, 송나라 때부터 중국의 문인들은 난관에 부딪쳐야 했다. 산문은 진한秦漢 시대 고문古文, 시는 당시

唐詩보다 더 좋은 작품을 쓸 자신이 없었다. 이전 시대 선배 문인들이 이루어 놓은 높은 벽을 뛰어 넘기 위해 돌파구를 찾아야 했다. 그 한 가지 방법은 옛 선배 문인들의 글을 모방하는 것이다. 몇 가지 예를 들자면, 송나라 때 황정견黃庭堅을 중심으로 한 강서시파江西詩派는 당나라 때 시인 두보杜甫를 롤 모델로 삼아 그의 시 짓기를 모방했다. 명나라 때 이몽양李夢陽(1475-1529)과 왕세정王世貞(1526-1590) 등 전후칠자前後七子는 당시 성행하던 대각체臺閣體 문장에 반발하여 "문장은 반드시 진한, 시는 반드시 성당.[文必秦漢, 詩必盛唐.]"이라는 기치 아래 의고주의 문학 운동을 전개했다. 남이 써 놓은 좋은 글을 모방하여 좋은 글을 쓰기란 쉽지 않다. 의고주의에 반발하여 모방을 추구하는 이들과는 다른 돌파구를 모색했던 이들이 찾은 방법은 진솔한 감정을 표현하는 것이다. 송나라 초기 문단을 풍미했던 서곤체西崑體에 반대하여 매요신梅堯臣(1002-1060)과 소순흠蘇舜欽(1008-1048) 등은 평담平淡을 주장했으며, 명나라 때 공안파는 당시 문단을 주도했던 복고파 문학에 도전하여 옛 사람의 시를 모방하는 것 보다는 자신의 내면에 있는 진솔한 감정[性靈]을 표현해야 한다고 주장했다. 원매는 당시 문학가, 사학자이자 시인으로 이름을 날린 조익趙翼(1727-1814), 희곡에 정통한 문학가인 장사전蔣士銓(1725-1784)과 함께 '건가삼대가乾嘉三大家' 또는 '강우삼대가江右三大家'라 일컬어졌고, 조익, 당대 걸출한 시인이자 시 이론가이며 저명한 문인화가였던 장문도張問陶(1764-1814)와 함께 '성령파삼대가性靈派三大家'라 칭해졌으며, 문필로는 『사고전서四庫全書』를 찬수纂修한 대학사大學士 기윤紀昀(1724-1805)과 함께 '남원북기南袁北紀'라는 칭호를 얻었다. 한 마디로 말해 원매는 당대 최고의 학자였다.

● 순하집에서 배를 버리고 뭍에 오르다

건륭제는 3월 25일에 강녕부에서 열병을 한 뒤 3월 29일에는 경구京口(지금의 진강鎭江)에 도착하여 장강長江에 제를 올리고 금산사에서 주필했다. 3월 30일에는 양주에서 배를 타고 운하를 따라 북상했다. 4월 초4일에는 청하현에 도착하여 고가언의 하공을 한 번 더 시찰했다. 4월 초7일에는 북쪽으로 황하를 건넜고, 초9일에 건륭제가 탄 배는 강소성 북부에 위치한 숙천현宿遷縣 순하집順河集에서 주필했다. 4월 초10일에는 건륭제는 배를 버리고 뭍에 올라, 홍화부紅花埠를 지나 산동성의 경계에 진입했다. 섬성郯城을 지나서 기수沂水를 건넜으며, 태안泰安에 도착하여 대묘岱廟에서 태산泰山의 신에게 예를 올렸다. 평원平原과 덕주德州를 거쳐 4월 24일에는 경주景州의 경계에 들어와, 헌현獻縣과 하간河間 그리고 조북구趙北口를 지났다. 5월 초하루에는 신성新城 오리둔五里屯 행궁에서 주필했다. 5월 초2일에는 황신장黃新莊 행궁에서 주필하고, 5월 초4일에 수도인 북경으로 돌아왔다. 이 두루마리는 순하집에서 육로를 통해 북경으로 돌아오는 광경을 묘사했다.

● 자금성으로 어가가 돌아오다

마지막 두루마리는 건륭 16년 정월 13일에 북경을 떠나 남순한 뒤 5월 초4일에 건륭제가 모후를 모시고 북경으로 돌아와 천안문天安門으로 들어가 단문端門을 거쳐 오문午門으로 향해 걸어가서 자금성紫禁城으로 들어가려는 광경을 묘사했다.

● 왜 강남인가?

'장강長江 남쪽'을 뜻하는 '강남江南'은 문화지리학적으로 장강 남쪽에 위치한 강소성과 절강성이 차지하고 있는 지역을 가리킨다. 17세기와 18세기 두 세기 동안 이 두 성은 여러 가지 측면에서 청 제국에게 매우 긴요한 지역이었다. 정치적으로, 강소성과 절강성 출신의 한족 문인 지식인들은 아홉 개 등급으로 나눠지는 당시 관직에서 실무를 담당하는 하위 5개 등급의 대다수를 차지했다. 경제적으로, 강소성과 절강성은 소금과 비단 그리고 도자기 등과 같은 주요한 생필품과 사치품은 말할 것도 없고, 장강 삼각주에서 생산된 잉여 농산물을 공급하고 중국 최고의 세입을 제공하여 청 제국에게 엄청난 부를 안겨주었다. 문화적으로, 강남은 한족 문인들의 학문과 교양의 요람이었다. 또한 17세기 중반에 만주족 청나라가 중국을 강탈했을 때부터 강남은 사라진 명나라에 대한 변치 않은 충성심과 함께 강렬한 반反만주족 정서를 지닌 한족 유민遺民들의 마지막 보루였다. 어떻게 청나라 정부가 이러한 강남 한족 문인들의 마음을 돌려 그들에 대한 지배력을 행사할 수 있었을까? 그 해답을 강희제와 건륭제의 남순에서 찾을 수 있다.

7장

황제의 정원

7장 황제의 정원

● 건륭제의 원명원 프로젝트

북경 성 서북쪽 교외에 세워진 거대한 여름 별장인 원명원圓明園은 청나라의 두 번째 황제인 강희제(재위 1662-1722)가 훗날 그의 뒤를 이어 제위에 오른 그의 네 번째 아들인 윤진(옹정제, 재위 1723-1735)에게 하사한 원림이었다. 원명원이 지금의 모습을 갖춘 것은 옹정제의 뒤를 이어 황제가 된 건륭제(재위 1735-1795)에 의해서 이루어졌다. 원명원에서 나고 자란 건륭제는 이곳을 그의 보금자리로 여겨 추운 겨울 몇 달 동안만 자금성에서 지냈다.

명나라와 청나라를 통틀어 가장 열렬한 조경 마니아였던 건륭제는 그의 할아버지 강희제에 의해 처음 조성한 원명원을 그의 60년 치세 기간에서 가장 뛰어난 걸작으로 만들었다. 1749년에서 1772년까지 건륭제는 원명원의 동쪽과 남쪽에 또 다른 원림인 장춘원長春園과 기춘원綺春園(후에 만춘원萬春園이라고 불림)을 조성했다. 각각 서쪽과 동쪽 그리고 남쪽으로 복해福海라는 호수를 끼고 있는 건륭제의 이 세 원림들은 원명원이라는 하나의 이름으로 알려지게 되었다.

보편군주 건륭제에게 있어 북경 외곽에 위치한 원명원은 다민족 국가인 광활한 청나라를 표상하는 미니어처 중국이었다. 건륭제는 중국 각지, 특히 강남 지역의 수많은 이름난 원림들의 아름다운 경관들을 복제하여 원명원에 재현했다. 건륭제는 6차에 걸쳐 강남 지역인 강소성과 절강성으로 남순했으며, 여러 차례 오태산五台山으로 서순西巡, 태산泰山으로 동순東巡했다. 그는 또한 승덕承德, 성경盛京(지금의 요녕성 심양瀋陽) 그리고 반산盤山 등지를 여행했다. 건륭제는 중국 각지를 여행할 때마다 그의 마음에 드는 자연경관과 원림경관이 있으면 수행한 궁정화가에게 그림으로 그리게 하여 귀경하여 원명원에 재현했다. 몇 가지 예를 들면, 원명원에 있는 장춘원長春園 동남쪽에 위치한 여원如園은 강소성 남경南京에 있는 첨원瞻園을 복제한 것이며, 천원倩園은 양주揚州 수서호瘦西湖에 위치한 금춘원錦春園을, 소유천小有天은 항주杭州에 있는 왕씨원汪氏園, 장춘원 동북쪽에 있는 사자림獅子林은 소주蘇州의 사자림 그리고 여원의 바로 북쪽에 위치한 감원鑒園은 양주에 있는 취원趣園을 복제한 것이다. 장춘원은 강남의 이름난 원림을 복제한 여원 · 천원 · 소유천 · 사자림 · 감원 등 5개 원림이 황제가 기거하는 호수 가운데 있는 섬을 에워싸고 있는 형세를 이루고 있다. 이러한 구도는 고대 중국의 공간 개념인 '마방진魔方陣'을 의식한 것으로, 건륭제가 우주의 중심에 있음을 상징하고 있다.

건륭제는 또한 프랑스의 베르사유 궁을 모방하여 장춘원의 북쪽에 서양루를 건설했다. 호기심 많은 통치자였던 건륭제는 서구의 예술과 과학에 대한 끝없는 관심을 보였다. 1747년에 카스틸리오네와 프랑스 신부 베노에Michel Benoét가 보여준 프랑스 베르사유와 이탈리아 궁전들에 있는 아름다운 정원을 묘사한 동판화와 함께 그들이 들려준 베르사유 궁과 이탈리아에 있는 궁전들에 관한 이야기에 깊은 인상을 받은 건륭제는 궁정화가로 활동하는 예수회 선교사들에게 그가 그림에서 본 유럽 궁전과 같은 궁전을 지어줄 것을 주문했다. 건륭제는 장춘원의 서북쪽 모퉁이에 있는 좁고 긴 땅을 유럽식 궁전이 들어설 자리로 정했다.[1] 이 유럽식 궁전 서양루는 1747년에 건설을 시작하여 1783년에 최종적으로 완공되었다. 건륭제가 장춘원에 서양루를 조성한 것은 자신의 미니어처 세계에 유럽 '오랑캐'를 포함시키겠다는 정치적 의도에서였다.

원명원은 당시 세계 최대의 박물관이었다. 원명원에는 세계 각국에서 수집한 진기한 보물들, 골동품, 고서화 등으로 가득했다. 원명원은 또한 세계 각국에서 가져온 온갖 희귀한 동·식물들로 가득 차 있는 동물원이자 식물원이었다. 다민족 국가를 통치하는 건륭제에게 원명원은 천하세계의 삼라만상을 포용하는 우주적 존재인 통치자가 지닌 가장 실체적인 이미지를 제공했다. 원명원은 세계의 모든 생명체를 포용하는 통치자의 힘을 세계에 공포하는 소우주로서의 상징적 기능을 갖는다.

건륭제는 천하세계의 기이한 물질을 수집했다. 그의 영향권에 있는 '세계'의 모든 지역으로부터 각 지역을 표상하는 표본들을 수집하여 '중앙'에 있는 원명원이라는 울타리 안에 집중시킴으로써 건륭제는 그 대상들이 서식하는 지역에 대한 지배를 공포하게 된다. 또한 지상의 통치자에 대한 하늘의 의지를 나타내는 징조로 해석될 수 있는 주변 지역의 기이한 동·식물과 광물을 수집하여 원명원에 두는 것은 통치자가 자신의 문화적 영향력을 재확인하는 절차라고 할 수 있다.[2]

● 새겨진 풍경

건륭제는 원명원의 수많은 경관들 가운데 경치가 가장 빼어난 40개 경관을 선정하여 각 경관에 어울리는 이름을 짓고 제영題詠을 붙였다. 1744년에 건륭제는 궁정화가인 당대唐岱(1673-1752)와 심원沈源 그리고 냉매冷枚(대략 1669-1742) 등에게 이 빼어난 40개 경관을 길이 약 79cm, 너비 약 72cm의 비단에 그리게 했다. 11년이 걸려 그림이 완성되자 건륭제는 이 40경도景圖에 제화시를 짓고, 당시 이름난 명필이던 공부상서 왕유돈汪由敦(1692-1758)에게 글씨를 쓰게 했다. 이렇게 해서 완성된 것이 『원명원사십경도영圓明園四十景圖詠』이다. 이 화첩 그림은 상하 두 권으로 나누어 원명원의 봉삼무사전奉三無私殿에 보관했는데, 1860년에 영국과 프랑스 연합군이 원명원을 불태우면서 이 화첩을 가져가 나폴레옹 3세(재위 1852-1871)에게 바쳤다. 지금은 프랑스 국립도서관에 있다.

자연경관에 건물을 짓고, 공간에 이름을 붙이고, 의미를 부여함으로써 공간은 장소가 된다. 이것은 자연경관을 인문경관으로 전환시키는 문화적 행위이다. 이푸 투안은 공간을 움직임, 개방, 자유, 위협으로, 장소를 정지, 안전, 안정, 애정으로 비유한다. 그러면서 무차별적인 공간에서 출발하여 우리가 공간을 더 잘 알게 되고 공간에 가치를 부여함에 따라 공간은 장소가 된다고 말한다.[3] 장소보다 추상적인 공간은 인간의 경험이 공간에 녹아들 때 장소가 된다. 공간에 이름을 붙이고 의미를 부여함으로써 공간은 장소가 된다. 이름 새겨 넣기는 공간을 장소화하며 주변의 환경을 인간적인 것으로 만든다. 또한 공간에 이름을 붙이는 것은 현실의 권력관계를 반영하는 정치적인 행위가 된다.[4]

원명원40경의 제1경인 '정대광명正大光明'는 원명원의 정전正殿에 붙여진 이름이다. 주희朱熹(1130-1200)가 쓴 「여백공의 편지에 답하여[答呂伯恭書]」에 나오는 "대저 성현의 마음은 정대광명하다.[大抵聖賢之心, 正大光明.]"에서 따온 것이다. 1725년에 완성된 정대광명전에 걸려 있는 편액 글씨 '정대광명正大光明'은 옹정제가 쓴 것이다.

● 그림7.1 『원명원사십경도영』 가운데 제1경인 ‘정대광명’

세르토Certeau는 장소에 관한 글쓰기의 서술 형태를 크게 '지도[map]'와 '여행[tour]'으로 나눈다. 지도는 '그 여자의 방은 부엌 옆에 있다.'와 같은 서술 방식이고, 여행은 '오른쪽으로 돌아 거실로 들어간다.'와 같은 서술 방식이다.[5] "원의 남쪽 출입현량문出入賢良門 안으로 들어서면 조정이다. 조각을 새기지도 그림을 그려 넣지도 않은 것은 송헌松軒과 모전茅殿의 뜻을 표현한 것이다.[園南出入賢良門內爲正衙, 不雕不繪, 得松軒茅殿意.]"로 시작되는 원명원40경의 제1경인 '정대광명正大光明'의 소서小序에서 볼 수 있듯이 『원명원사십경도영』의 소서들은 세르토가 말하는 장소의 서술 방식을 취하고 있다. 원명원의 40경은 건륭제의 글쓰기에 의해 장소화되며, 자연경관이 인문경관으로 탈바꿈하게 된다. 옹정제의 '이름 붙이기'와 건륭제의 경관에 대한 글쓰기와 그림 그리기는 공간을 장소화한 문화적 행위였다. 이것은 스트라스버그Richard E. Strassberg가 말하는 '새겨진 풍경inscribed landscape'이라고 할 수 있다.[6] 경관에 이름을 붙이고, 글과 그림으로 '새겨 넣는' 전통은 '우공禹貢'에서 시작된다. 『서경書經』「우공禹貢」에 의하면, 우禹 임금이 혼돈에 빠진 세계에 조화와 질서를 회복하기 위해 행한 중요한 일의 하나는 천하세계를 주유하며 산천을 분류하고 이름을 붙이는 것이었다. 『산해경山海經』은 우 임금이 세계를 주유하며 우주의 삼라만상을 음양을 기준으로 분류한 '우공'을 글로 '새겨 넣은' 것이라고 할 수 있다. 이름을 붙임으로써 그 대상에 대한 지배력을 행사할 수 있다.[7]

● 장춘원에 재현한 강남 원림

건륭제는 중국 각지, 특히 강남江南의 이름난 원림園林들을 복제하여 장춘원長春園에 재현했다. 장춘원의 동북쪽에 있는 사자림獅子林은 기석奇石 원림으로 이름 높았던 소주蘇州의 사자림을 복제한 것이다. 소주의 사자림은 원래 원나라 때 승려였던 천여선사天如禪師 유칙維則과 그의 제자가 지은 불교 원림이었다. 원나라 때 이름난 문인화가였던 주덕윤朱德潤(1294-1365)이 1363년에 천여선사를 위해 그려준 것을 시작으로 예찬倪瓚(1301-1374), 서분徐賁(1335-1393), 두경杜瓊(1396-1474) 그리고 문징명文徵明(1470-1559) 등 저명한 화가들이 사자림을 화폭에 담았다.[8]

건륭제가 처음으로 소주의 사자림에 관해 알게 된 것은 예찬이 그린 〈사자림도獅子林圖〉를 통해서였다. 청나라 초반에 황궁의 내부內府로 유입된 예찬의 〈사자림도〉는 궁중 소장 서화류 목록인 『석거보급石渠寶笈』에 수록되어 자금성紫禁城 양심전養心殿에 보관되었다. 예찬의 〈사자림도〉를 몹시도 아끼고 좋아했던 건륭제는 즉위하고 얼마 되지 않아 「예찬사자림도倪瓚獅子林圖」라는 시를 지었다. 당시 그는 사자림의 소재뿐만 아니라 사자림이 원래 천여선사가 지은 사원 원림이었다는 사실조차 알지 못하여, 사자림을 예찬이 직접 설계하여 조성한 그의 별장인 것으로 잘못 알고 있었다. 그래서 1751년(건륭16) 제1차 남순 때 소주를 방문했을 때도 건륭제는 사자림을 찾지 않았다. 건륭제는 1757년(건륭22) 제2차 남순 때에야 비로소 소주에 있는 황씨黃氏 섭원涉園이 바로 사자림의 옛 터라는 사실을 알게 되어 크게 기뻐하며 섭원을 찾아가 관상觀賞하고 「사자림을 노닐다[游獅子]」라는 시를 지었다.

早知獅子林　일찌감치 사자림이
傳自倪高士　예고사倪高士로부터 전해진 것으로 알고 있어
疑其藏幽谷　깊은 골짜기에 숨어 있을 거라 생각했는데
而宛居鬧市　완연하게도 시끌벅적한 시가에 있었구나.

肯構惜無人 집을 짓고도 사람이 없어
久屬他氏矣 오래도록 다른 사람의 손에 있었겠구나.

예고사倪高士는 예찬을 가리킨다. 사자림이 예찬이 설계하고 조성한 그의 별장인 것으로 알고 있던 건륭제는 사자림이 깊은 산속에 있을 것으로 생각했는데 번화한 소주의 시가지에 있는 황씨 소유의 섭원이 바로 사자림의 옛 터라는 사실을 알게 되어 크게 기뻤던 것이다. 다음은 건륭제가 쓴 7언율시 「사자림獅子林」의 전반부이다.

獅子圖迹創雲林 〈사자림도〉는 운림이 그린 것.
一卷精神直注今 두루마리의 정신이 곧바로 지금까지 흐른다.
却以墨繩為肖築 먹줄을 쳐서 복제했더니
宛如粉本此重臨 마치 원본 그림을 그대로 그려 놓은 것 같구나.[9]

다음은 건륭제가 지은 「탐진探真」이란 시다.

試問獅子境 사자림의 경계에 관해 묻노니,
孰為幻孰真 어느 것이 허상이고 어느 것이 참모습인가?
涉園猶假借 섭원은 가탁한 것이라 할 수 있고
寶笈實源津 『보급』에 있는 것이 실제 원작이로다.[10]

운림雲林은 예찬의 호이다. 예찬은 만년에 〈사자림도〉를 그리고 대단히 만족해 하여 "〈사자림도〉를 그려 진정으로 형호荊浩(오대五代 때 화가)와 관동關仝(대략 907-960)이 남긴 뜻을 표현했다. 왕몽王蒙(1308-1385) 같은 무리들이 꿈에서라도 볼 수 있는 것이 아니다.[作獅子林圖, 真得荊關

遺意, 非王蒙輩所能夢見也.]"라고 제화했다. 건륭제가 말하는 '두루마리의 정신[一卷精神]'은 예찬이 자평自評한 바와 같이 오대(907-960) 때 저명한 화가였던 형호와 관동이 '남긴 뜻'을 〈사자림도〉에 표현하고 있음을 가리키고 있는 것으로 생각된다.

건륭제는 황씨 소유의 섭원이 바로 사자림의 옛 터라는 사실을 알게 된 제2차 남순 이후 4차례의 남순 때마다 소주의 사자림을 방문하여 관상하고 부시賦詩했다. 제4차 남순을 행했던 1765년(건륭30)에 건륭제는 예찬이 그린 〈사자림도〉를 가지고 소주의 사자림을 찾아와 그림과 원림을 서로 대조해 보기도 했다. 건륭제는 1771년(건륭36)-1772년(건륭37)에 소주의 사자림을 복제하여 북경의 장춘원에 재현했다. 건륭제는 사자림을 적어도 두 차례 복제하여 입체적으로 재현했다. 건륭제는 1774년(건륭39)에 승덕承德에 있는 피서산장避暑山莊에 사자림을 복제하여 문원사자림文園獅子林을 조성했다. 문원사자림이 완성되자 건륭제는 궁정화가에게 명하여 그 경관을 예찬의 화풍으로 화폭에 담게 했다.

건륭제에게 섭원은 그가 소장하고 있는 서화류 목록인 『석거보급石渠寶笈』에 수록되어 있는 예찬의 〈사자림도〉를 복사하여 입체적으로 재현한 것에 불과했다. 다음은 건륭제가 쓴 「가산假山」이다.

吳中獅子林 오중의 사자림은
結構雲倪者 예운림이 틀을 짠 것.
即今肖御園 지금 나의 닮은꼴 원림은
豈異粉本把 어찌 원본과 다르겠는가?
又思石渠藏 『석거보급』에 소장된 것을 생각해보니
頗多斯翁寫 이 노인이 그린 게 꽤나 많구나.
展觀皆似真 펼쳐 보니 모두 진짜 같아 보이는데

何獨此云假 어떻게 이것만 가짜라고 말해야 하는가.[11]

이 시에서도 건륭제는 소주의 사자림이 예찬이 설계한 것으로 알고 있다. 그가 복제하여 북경의 장춘원에 재현한 사자림은 예찬이 설계하여 조성한 소주의 사자림과 예찬이 그의 원림을 그림으로 그린 〈사자림도〉를 복제한 것이다. 건륭제는 그가 장춘원에 재현한 사자림이 예찬의 사자림 및 〈사자림도〉와 정확하게 똑같을 필요는 없다고 생각했다. 예찬의 의도를 파악하여 표현하면 그것으로 충분했다.

장춘원 사영재思永齋 동북쪽에 있는 소유천小有天은 남순 때 건륭제가 방문한 항주杭州 서호西湖 남쪽 남병南屛에 있는 왕씨원汪氏園을 복제한 것이다. 왕씨원의 전신은 학암壑庵이라는 승당僧堂이었다. 이것을 왕지악汪之萼이라는 부자가 인수하여 택원宅園으로 삼았다. 건륭제는 왕씨원을 무척 좋아하여 6차례 남순 때마다 모두 이곳을 방문했다. 이에 관해 『대청일통지大清一統志』 권217에는 다음과 같이 이른다.

> 소유천원小有天園은 전당현錢塘縣 남병산南屛山에 있는데, 왕씨汪氏가 지은 것이다. 이 왕조 건륭 16년(1751), 22년(1757), 27년(1762), 30년(1765), 45년(1780), 47년(1782), 49년(1784) 어가가 행차할 때 6차례 이곳에 거둥하셨는데, 모두 어제시가 있으며 '승각勝閣'과 '입운入雲' 두 편액을 썼다.
>
> 小有天園在錢塘縣南屛山, 汪氏所建. 本朝乾隆十六年二十二年二十七年三十年四十五年四十七年四十九年輦華六次臨幸, 俱有御制詩, 并御書勝閣入雲兩扁額.

남병산에 있는 왕씨원에 '소유천小有天'이란 이름을 지어준 이는 건륭제였다. 『남순성전南巡盛典』에 의하면, 제1차 남순 때인 1751년(건륭16)에 처음으로 왕씨원을 돌아본 건륭제는 이 아름다운 원림에 '소유천小有天'이란 이름을 지어주었고, 제3차 남순 때인 1762년(건륭27)에는 '승각勝閣'이라는 편액을, 그리고 제4차 남순 때인 1765년(건륭30)에는 '입운入雲'이라는 편액 글씨를 썼으며, 매번 왕씨원을 방문할 때마다 시를 지어 이 원림에 대한 각별한 애정을 보였다.[12] 왕씨원을 무척 좋아했던 건륭제는 1757년(건륭22) 제2차 남순을 끝내고 북경에 돌아온 뒤 장인들에게 명하여 항주의 소유천을 복제하여 장춘원 사영재 동쪽에 짓도록 했다. 장춘원 소유천은 이듬해인 1758년(건륭23)에 완공되었다. 다음은 건륭제가 쓴 「어제소유천원기御制小有天園記」이다.

> 왼쪽으로 정자사淨慈寺를 두고, 명성호를 바라보고 있으며, 산수山水의 빼어남을 모두 다 담고 있는, 남병에서 가장 아름다운 곳은 다름 아닌 왕씨의 소유천원이다. 신미년(1751) 남순 때 이름을 붙인 것이다. 작년 정축년(1757)에 나는 다시 이곳에 와서 차마 떠나지 못하고 서성이며 시를 읊조렸다. 돌아와 화가가 어떻게 천 리의 풍광을 지척에 넣을 수 있는지에 관해 생각하고 있었는데 마침 사영재 동쪽에 숲과 집이 있는 곳을 발견했다. 방의 크기는 10홀笏이고 창은 그 반 크기이다. 창 바깥 공터 또한 10홀이다. 장인에게 명하여 바위를 쌓아 산봉우리를 만들게 했더니 놀랍게도 혜일 같았다.
>
> 左淨慈, 面明聖, 兼挹湖山之秀, 為南屏最佳處者, 莫過於汪氏之小有天園. 蓋辛未南巡所命名也. 去歲丁丑復至其地. 為之流連, 為之倚吟. 歸而思畵家所為收千里於咫尺者, 適得思永齋東林屋一區. 室則十笏, 窗乃半之. 窗之外隙地方廣亦十笏. 命匠氏疊石成峯, 則居然慧日也.[13]

명성호明聖湖는 항주 서호의 별칭이다. 사영재思永齋는 장춘원의 남서쪽 모퉁이에 있다. 소유천원은 사영재의 동쪽 부분에 속한다. 홀笏은 관리가 임금을 알현할 때 조복朝服에 갖추어 손에 쥐던 패이다. 10홀은 매우 협소한 크기의 공간을 가리킬 때 비유적으로 사용되는 표현이다. 10홀 크기의 방은 매우 작은 방이다. 건륭제가 '장인에게 명하여 바위를 쌓아 산봉우리를 만들게 한 것'은 석가산石假山을 가리킨다. 바위를 쌓아 인공으로 만든 가짜 산이다. 온누리를 비추는 해와 같은 부처의 지혜를 뜻하는 혜일慧日은 항주 소유천원에 있는 경관의 하나이다. 건륭제는 장인을 시켜 항주 소유천원에 있는 경관의 하나를 그대로 복제하여 장춘원에 재현해 놓은 것이다. 중국인들에게 원림은 '세계'의 축소판이다. 작은 공간 속에 세계가 있다. 건륭제가 지어준 '소유천小有天'이란 이름에는 원림에 대한 중국의 전통적인 인식인 '호중천지壺中天地'가 반영되어 있다.[14] 다음은 건륭제가 지은 「임옥林屋」이란 시이다.

激水飛來雪瀑　세차게 흐르는 물은 눈 같은 폭포수를 날려 오고
疊峰聳出雲根　첩첩이 쌓인 봉우리는 구름 뿌리를 뚫고 솟아 나왔다.
壺裡絶無塵處　항아리 속에는 티끌 있는 곳이 없지만
窗中小有天園　창속에는 소유천원이 있도다.[15]

시주詩注에서 건륭제는 "석가산을 쌓아 서호의 왕씨원을 닮게 만들어서 창문을 통해 보았다.[堆假山肖西湖汪氏園, 自窗中見之.]"라고 했다. "돌아와 화가가 어떻게 천 리의 풍광을 지척에 넣을 수 있는지에 관해 생각"했던 건륭제는 창 밖 10홀 크기의 작은 공터에다 항주의 소유천원을 복제하여 재현해 놓은 것이다. 「어제소유천원기」에서 건륭제는 창문을 통해 그의 눈에 비친 창 밖 10홀 크기의 작은 공터에 재현한 '작은

세계'를 다음과 같이 묘사하고 있다.

> 집의 모형을 주석으로 만들었는데도 학암 그대로이다. 세차게 흐르는 물이 폭포를 이루고 물소리가 맑고 시원한 이곳은 내가 들은 유거동과 다르지 않다. 어린 황산 소나무는 한 척 남짓이지만 하늘을 찌를 듯한 기개가 있는데, 굴곡지거나 아니면 들쑥날쑥 석순과 꼭두서니 사이로 어지러이 튀어나왔다. 금대에 있는 고목古木과 푸른 언덕의 영롱함이나 빼어남과 같다고는 말할 수는 없겠다.
>
> 範錫為宇, 又依然壑庵. 激水作瀑. 泠泠琤琤, 不殊幽居洞之所聞. 而黃山松樹子雖盈尺, 有凌雲之概. 夭矯盤拏高下雜出於石笋峭蒨間. 復與琴臺之古木蒼巖玲瓏秀削, 不可言同.[16]

학암壑庵은 왕씨원의 옛 이름이다. 유거동幽居洞과 금대琴臺는 모두 항주 소유천원에 있는 경관들이다. 한 척 남짓한 자그마한 크기의 어린 황산黃山 소나무는 분재盆栽이다. 건륭제에게 창문을 통해서 관상할 수 있도록 만든 소유천원은 일종의 '미니어처 정원'이라고 할 수 있다.[17] 건륭제는 10홀 크기의 작은 방에서 창문을 통해 창밖에 10홀 크기의 작은 공터에 만든 미니어처 정원인 소유천원을 감상하면서 "화가가 어떻게 천 리의 풍광을 지척에 넣을 수 있는지에 관해 생각했다."

건륭제는 장춘원 북쪽 모퉁이에 있는 길이 320m, 너비 85m의 좁고 길쭉한 땅에 유럽식 궁전인 서양루西洋樓를 건설했다. 이 유럽식 궁전은 1747년(건륭12)에 공사를 시작하여 1783년(건륭48)에 최종적으로 완공되었다. 카스틸리오네가 건축 설계를 맡았고, 프랑스 신부 미쉘 베노에Michel Benoét(중국 이름은 장우인蔣友仁, 1715-1774)가 프랑스 예수회 선교사 삐에르 마르샬 시보Pierre-Martial Cibot(중국 이름은 한국영韓國

英, 1727-1780)의 도움을 받아 분수를 설계했다. 프랑스 예수회 선교사 장 드니 아티레Jean-Denis Attiret(중국 이름은 왕치성王致誠, 1702-1768)와 독일 예수회 선교사 이그나츠 지첼바르트Ignaz Sichelbart(중국 이름은 애계몽艾啟蒙, 1708-1780)가 이 프로젝트에 합류하여 건축 설계와 인테리어 장식을 감독했다. 식물학자인 프랑스 예수회 선교사 삐에르 댕카르빌Pierre d' Incarville(1706-1757)이 조경을 맡았다. 그들 대부분은 건축에 관한 교육을 받아본 적이 없는 아마추어였다. 건륭제가 주문한 프랑스 베르사유 궁전과 이탈리아의 바로크풍 저택을 장춘원에 재현하기 위해 카스틸리오네는 유럽에서 가져온 동판화와 유럽인이 쓴 책 속에 있는 삽화를 참고했고 거기에 자신의 기억과 상상력을 더했다. 카스틸리오네는 건륭제를 기쁘게 함과 동시에 그에게 유럽 건축이 웅장하고 정교하다는 사실을 일깨워 주고 싶었다. 이렇게 소규모 예수회 선교사들이 오랜 세월에 걸친 노력 끝에 잘 손질된 프랑스식 정원, 바로크풍의 조각상, 정자, 새장 그리고 당시 유럽 정원에서 찾아볼 수 있었던 관목 숲의 미로를 복제한, 돌로 만든 만화미궁萬花迷宮 등을 포함한 유럽식 궁전인 서양루가 탄생했다.[18]

건륭제가 장춘원의 북쪽 모퉁이에 유럽식 궁전인 서양루를 건설한 이유는 무엇일까? 아티레가 프랑스 예수회에 보낸 편지에 의하면, 1747년에 예수회 선교사가 그에게 보여준 그림들에서 유럽의 분수를 발견한 건륭제는 카스틸리오네에게 분수에 관해 묻고는 그의 조정에 이와 비슷한 것을 제작할 수 있는 유럽인이 있는지 물었다. 카스틸리오네는 건륭제에게 베노에를 추천했다.[19] 1747년 가을에 베노에 신부가 완성한 첫 번째 분수에 고무된 건륭제는 유럽식 궁전을 지을 결심을 하게 된다. 그는 직접 장춘원의 북쪽 모퉁이 좁고 길쭉한 땅을 유럽식 궁전이 들어설 터로 정하고 카스틸리오네에게 다른 선교사들의 도움을 받아 유럽식 궁전 서양루를 짓게 했다. 만화미궁을 포함한 서쪽 부분의 건물과 정원을 짓는 첫 단계 공사가 1751년에 완공되었고, 2단계 공사가 1753년에 시작되어 1759년에 완료되었다. 루이 15세가 건륭제에게 보낸 보베의 태피스트리를 보관하기 위한 원영관遠瀛觀은 1768년에 완성되었다. 건륭제는 또한 1783년에 조판처에 명하여 서양루를 20장의 동판화에 새기게 했는데, 밑그림을 그리는 작업은 카스틸리오네의 제자인 만주족 궁정화가 이란태伊蘭泰(대략 1750-1790 활동)에 의해 진행되었다.

상술한 바와 같이 베노에가 제작한 첫 번째 분수에 고무된 건륭제가 유럽식 서양루의 건설을 지시했다는 것이 건륭제가 서양루를 건설하게 된 이유에 대한 학자들의 전통적인 견해이다.[20] 이러한 인식은 아티레가 프랑스 예수회에 보낸 그의 편지에서 서양루 건설에 관해 언급한 내용에 의거한 것이다. 그러나 건륭제가 생각했던 궁극적인 목적은 다른 데 있었다. 다음은 1795년(건륭60)에 건륭제가 쓴 「제택란당시題澤蘭堂詩」의 후반부이다.

蕪情報韶意 들풀의 마음은 아름다운 뜻에 보답하여
水法列奇觀 수법은 기이한 풍경을 펼쳤다.
洋使賀正至 서양 사신의 하례가 방금 당도하여
遠瀛合俾看 원영관에서 그들과 함께 수법을 바라보았다.[21]

수법水法은 유럽식 분수를 이르는 말이다. 다음은 「제택난당시」에 붙인 건륭제의 자주自注이다.

당堂의 북쪽은 서양루 수법이 있는 곳이다. 건륭 18년(1753)으로 거슬러 올라가, 서양의 포르투갈이 북경으로 와서 조공했을 때 그곳에서는 수법을 기이한 광경으로 삼는다는 말을 들었다. 중국은 땅이 크고 물건이 많아 수법은 솜씨 좋은 일개 기예에 불과하다고 생각하기에 수도에 거주하는 서양인 낭세녕에게 명하여 이 수법을 만들게 하여 사신들이 이곳에 와서 관람할 수 있게 했다.

2년 전 영국 사신 등이 북경에 와서 조공할 때에도 가서 보게 했는데 깊이 탄복했다. 작년 겨울 광동 총독 장린長麟과 순무인 주규朱珪가 상소를 올렸다. 네덜란드 사신 티칭〔得勝, Issac Titsingh〕 등이 올해가 짐이 즉위한 지 60주년이 되는 큰 경사가 있는 해임을 알고 북경에 와서 조하朝賀하기를 간청했다고 한다. 수만 리 밖에서 교화를 흠모하는 마음이 간절함을 살펴서 그 청을 받아들였다. 그는 지난해 섣달에 북경에 당도했다. 새해 정월에 나는 그와 조하연朝賀宴을 함께 하며 이곳 원영관에서 수법을 관망하게 하여 짐이 즐겁게 여기는 것은 먼 곳에 있는 사람의 교화를 향한 정성스러움이라는 것을 알게 했다. 만약 그가 조공을 바치더라도 중국이 큰 나라인 만큼 아무리 기이하더라도 있지 않겠는가? 그래서 처음부터 귀하게 여기지 않았다.

堂北為西洋水法處. 蓋緣乾隆十八年, 西洋博爾都噶里雅國來京朝貢. 聞彼處以水法為奇觀, 因念中國地大物博, 水法不過工巧之一端, 遂命住京之西洋人郎世寧造為此法, 俾來使至此瞻仰. 前歲英吉利國使臣等至京朝貢, 亦令閱看, 深為歎服. 昨冬廣東督臣長麟撫臣朱珪奏, 荷蘭國使臣得勝等以今歲為朕御極六十年大慶, 懇請來京朝賀. 鑒其數萬里外慕化悃誠, 因允其請. 已即於臘月到京. 新正並與朝賀宴賞節間, 令於是處觀看水法, 使知朕所嘉者, 遠人嚮化之誠. 若其任土作貢, 則中國之大, 何奇不有. 初不以為貴也.[22]

건륭제가 말하는 포르투갈 사신은 삼파이우Francisco Xavier Assis

Pacheco de Sampaio가 이끈 포르투갈 사절단이다. 그들은 1752년 12월에 북경에 도착하여 1753년 6월에 북경을 떠났다.[23] 여기서 말하는 영국 사신은 매카트니 경Lord MaCartney(1737-1806)이다. 건륭제의 일구통상一口通商 정책으로 곤란을 겪고 있던 영국 정부는 중국과의 무역 개선을 도모하기 위해 1792년에 건륭제의 팔순 생일을 축하한다는 미명 아래 매카트니 경을 중국에 특사로 파견했다. 청나라는 매카트니 경의 중국 방문을 그들의 관점에서 해석했다. 광동의 관리들은 영국 왕이 건륭제의 생일을 축하하기 위해 특사를 통해 '귀중공물貴重貢物'을 보내왔다고 조정에 보고했다. 영국의 특사 파견을 조공 사절로 본 것이다. 매카트니 경이 이끄는 영국 사절단이 북경에 도착한 것은 1793년 8월 21일이었다. 그들이 원명원을 관람하게 된 것은 8월 24일 아침이었다. 8월 26일에 매카트니 경의 요청으로 사절단은 북경 성으로 자리를 옮겼지만 매카트니 경의 개인 비서인 존 배로John Barrow는 천문학자인 제임스 딘위디James Dinwiddie와 함께 매카트니 경이 건륭제에게 선사한 선물들을 조립하는 것을 돕기 위해 원명원에 남았다. 매카트니 경이 가져온 선물은 지구의地球儀와 천구의天球儀, 천상의天上儀, 벌리아미Vulliamy(1747-1811)의 시계, 기압계, 웨지우드Josiah Wedgwood(1730-1795) 도자기, 프레이저Fraser의 태양계의太陽系儀, 전함의 모형과 6개의 야전포 등 모두 8가지였다. 건륭제는 이 8가지 영국의 '조공품'들을 원명원에 전시하고 싶었다. 그래서 열하熱河에서 돌아오자마자 그 전시품들을 보고자 했다. 지구의와 천구의는 원명원의 정대광명전正大光明殿에 있는 어좌의 양 옆에 두었고, 조립하는데 18일이나 걸린 천상의는 정대광명전의 한쪽 끝에 두었다. 벌리아미의 시계, 기압계, 웨지우드 도자기, 프레이저의 태양계의는 반대쪽 끝에 놓여졌다. 그리고 전함의 모형과 6개의 야전포는 정대광명전과 담회당澹懷堂 안에 전시했다.

원문의 '득승得勝'은 '티칭Titsingh'의 음역인 것으로 보인다. 이삭 티칭Issac Titsingh(1745-1811)은 네덜란드 대사의 자격으로 건륭제를 만났다. 티칭이 광주廣州를 거쳐 북경에 도착하여 자금성에서 건륭제를 만난 것은 1월 12일이었다.

시주詩注에서도 밝혔듯이, 분수[水法]가 있는 원영관遠瀛觀은 택란당澤蘭堂의 북쪽에 있다. 장춘원의 중심축 선상에 위치한 택란당은 높은 곳에 있어 주위 경관을 조망하기에 최적의 장소이다. 건륭제는 이곳에서 북쪽에 있는 원영관의 분수를 바라보았다고 한다. 건륭제는 포르투갈과 영국 그리고 네덜란드 사신들에게 원영관의 대수법大水法을 보여주었다. 그는 포르투갈에서 분수를 기이한 광경[奇觀]으로 여긴다는 것을 알고 카스틸리오네에게 분수를 만들게 하여 중국 또한 유럽인들이 '기관奇觀'으로 생각하고 있는 것을 만들 수 있는 능력이 있음을 보여주고 싶었다.

유럽 예술품, 대형 거울, 태피스트리, 자명종 그리고 기계로 작동하는 장난감 등 건륭제가 수집한 유럽의 진귀한 물건과 가구들로 가득 차 있는 서양루의 방들은 마치 유럽 왕족들의 '호기심의 방'에 진열되어 있는 이국적인 물건들을 보는 듯한 느낌을 주었다. 서양루는 건륭제가 감탄하며 봤던 동판화와 그림에 묘사되어 있던 유럽의 궁전을 3차원으로 재현했다.

장춘원의 한가운데에 함경당含經堂이란 건물이 있다. 건륭제가 퇴위한 뒤 노후를 편안하게[頤養天年] 보내기 위해 지은 것이다. 그래서 함경당은 장춘원에서 왕이 있는 자리이다. 장춘원의 구도를 보면 위에서 언급한 강남의 이름난 원림들을 복제하여 재현한 사자림, 소유천원, 감원, 여원 등이 중앙의 호수 한가운데 '섬'에 있는 함경당을 에워싸고 있다. 이러한 배치는 고대 중국인들의 전통적인 공간 개념인 '마방진魔方

陣'이나 '오복五服' 구도가 반영된 것이다. '천하세계'의 중심에 왕이 있는 것이다. 서양루 또한 장춘원에 복제하여 재현한 강남의 원림들과 다르지 않다. 서양루는 유럽의 정원을 복제하여 장춘원에 재현한 것이다. 서양루를 강남의 원림들과 함께 장춘원에 둔 것은 유럽 또한 그의 '천하세계' 테두리 안에 두려는 건륭제의 정치적 의도가 반영된 것이라고 볼 수 있다.

● 복제複製의 의미

위에서 살펴본 바와 같이 장춘원에 조영된 대부분의 건축물들은 건륭제가 남순에서 접한 강남의 매혹적이고 아름다운 원림들을 복제한 것이다. 건륭제는 강남의 수많은 이름난 원림들을 두루 돌아보았다. 그는 장인들과 예술가들을 대동하여 그들에게 현재 조성 중에 있는 장춘원에 옮겨놓고 싶은 원림을 있는 그대로 똑같이 복제하도록 했다. 장춘원 동남쪽에 있는 여원如園은 강소성 남경에 있는, 석가산石假山과 기석奇石으로 유명한 첨원瞻園을 복제한 것으로, 첨원보다 훨씬 규모가 크다. 첨원은 원래 명나라 때 개국공신 서달徐達(1332-1385)의 택원宅園이었다. 청나라로 들어서면서 강남 포정사布政使 관서官署의 화원으로 쓰였다. 건륭제는 1757년 제2차 남순 때 이곳을 방문했다. 장춘원 동남쪽에 위치한 여원은 건륭제가 1765년(건륭30) 제4차 남순에서 돌아온 뒤 복제를 시작하여 1767년(건륭32)에 기본 골격이 완성되었다. 건륭제는 1784년(건륭49) 마지막 남순을 끝내고 쓴 「기제첨원寄題瞻園」에서 "어원御園 또한 이것을 본떠 여원을 만들었는데, 경취景趣가 이보다 낫구나.[御園亦曾肖此為如園, 而景趣較勝于此.]"라고 했다.

장춘원의 동남쪽, 여원의 바로 북쪽에 위치하며 여원과 짝을 이루는 감원鑒園은 건륭 32년에 양주揚州에 있는 취원趣園을 모방하여 조성되었다. 건륭제의 제1차 남순 이후 1751년에 조성을 시작하여 1753년에 완공된 천원蒨園은 양주 수서호瘦西湖에 위치한 금춘원錦春園을 모델로 삼았다. 금춘원의 주인인 오가용吳家龍과 오광정吳光政 부자는 안휘성 휘주徽州 흡현歙縣 출신의 염상이다. 『남순성전南巡盛典』은 금춘원에 대해 다음과 같이 이른다.

> 금춘원은 양주부揚州府 남쪽에 있다. 유갑관由閘關으로부터 2리 떨어져 있다. 상인 오씨吳氏의 별업別業이다. 건륭 16년에 지금의 이름을 하사했다. 여기에는 강성각江城閣 · 어대魚台 · 매청梅廳 · 계청桂廳 · 수각水閣 등 여러 승경勝景이 있다.
> 錦春園在揚州府南, 距由閘關二里, 商人吳氏別業, 乾隆十六年賜今名, 中有江城閣魚台梅廳桂廳水閣諸勝.

건륭제는 낭윤재朗潤齋 · 잠경루湛景樓 · 능향반菱香沜 · 청련타青蓮朵 · 별유천別有天 · 운천금韵天琴 · 표승정標勝亭 · 위완장委宛藏 등 8경을 선정하고 「천원팔경시蒨園八景詩」를 지었다. 금춘원이 위치한 과주瓜洲는 남북 교통의 요충지여서 건륭제가 남순에서 장강을 건너 양주로 향해 갈 때 반드시 거쳐야 할 땅이었다. 금춘원은 이러한 천혜의 지리적 위치와 당시 양주 최고의 원림이라는 명성으로 인해 건륭제가 남순 때 잠시 머무는 행궁이 되었다. 전영錢泳(1759-1844)의 『이원총화履園叢話』「과주금춘원瓜洲錦春園」조에 의하면, "금춘원은 과주성瓜洲城의 북쪽에 있는데, 앞으로 운하를 내려다보고 있다. 나는 남북을 왕래한 지 50여 년이 되는데, 반드시 이 원림을 거쳐 지나간다.[錦春園在瓜洲城北, 前臨運河, 余往來南北五十餘

年, 必由是園經過.]"고 한다. 전영은 또한 "원림은 매우 넓은데 여기에는 못이 하나 있다. 물이 매우 맑고 얕은데 연꽃을 심었다. 누각에 올라 바라보면 구름 속 나무는 멀리 아득하고, 돛대는 눈에 가득 찬다.[園甚寬廣, 中有一池, 水甚清淺, 皆種荷花, 登樓一望, 雲樹蒼茫, 帆檣滿目.]"라며 금춘원 절경의 아름다움을 성찬盛贊했다. 그래서 "건륭제는 6차례 남순할 때마다 모두 이곳에서 어가를 멈추고 머물렀다.[高宗純皇帝六次南巡, 俱駐蹕于此.]"고 한다. 1751년(건륭16) 제1차 남순에서 건륭은 원림의 이름을 짓고 직접 쓴 '금춘원錦春園' 편액을 하사했다. 1757년(건륭22) 제2차 남순에서는 '죽정송유竹淨松蕤'라고 쓴 편액을 하사했다. 1762년(건륭27) 제3차 남순에서는 「삼월회일금춘원즉경三月晦日錦春園即景」을 짓고 직접 쓴 시를 하사했다.

위에서 살펴보았듯이 적어도 5개의 강남 원림이 장춘원에 복제되었다. 남경南京의 첨원瞻園, 해녕海寧의 안란원安瀾園, 소주蘇州의 사자림獅子林 그리고 항주杭州의 소유천원小有天園은 건륭제 때 강남의 4대 명원名園이었다. 이 가운데 원명원에 재현된 안란원을 제외한 나머지 3개의 명원은 장춘원에 재현되었다. 원명원에 재현된 안란원은 해녕에 있는 진씨陳氏 안란원安瀾園을 복제한 것이다. 건륭제가 쓴 「제안란원題安瀾園」에 의하면, 해녕 안란원의 원래 이름은 우원隅園이었다. '안란원'이란 이름은 건륭제가 1762년 제3차 남순 때 이곳에 들러 지어준 것이다. '안란安瀾'은 물결이 안정되다, 태평하다는 의미이다. '안란성세安瀾盛世'로 건륭제의 정치적 의도를 읽을 수 있다. 안란원 이외에도 원명원에는 영파寧波에 있는 범씨范氏의 장서루藏書樓인 천일각天一閣을 복제한 문원각文源閣, 소흥紹興에 있는 난정蘭亭을 복제한 좌석린류坐石臨流 그리고 항주杭州의 용홍정龍泓亭를 복제한 비제정飛睇亭 등 강남 원림 및 건축물을 복제하여 재현한 건축물이 많다.

복제複製를 중국어로 '사방寫仿'이라고 한다. 이 용어는 『사기史記』 「진시황본기秦始皇本紀」에 처음 나타난다.

조묘祖廟, 장대궁章臺宮, 상림원上林苑이 모두 위수渭水의 남쪽 언덕에 있었다. 이것들은 진나라가 제후들을 평정할 때마다 그 나라의 궁실을 복제〔寫仿〕하여 함양咸陽의 북쪽 산기슭에 지은 것인데, 남쪽으로는 위수가 흐르고 옹문雍門 동쪽에서 경수涇水, 위수에까지 이르며, 궁전 사이의 구름다리와 주각周閣이 서로 연이어져 있으며, 제후들에게서 빼앗은 미인과 종고鍾鼓가 이곳을 메우고 있었다.

諸廟及章臺上林皆在渭南. 秦每破諸侯, 寫放其宮室, 作之咸陽北阪上, 南臨渭, 自雍門以東至涇渭, 殿屋復道周閣相屬, 所得諸侯美人鐘鼓以充入之.

진시황제는 왜 제후들을 평정할 때마다 그 나라의 궁실을 '복제[寫仿]'하여 함양의 북쪽 산기슭에 지은 것일까? 전국 시대 6개 제후국을 평정하여 처음으로 중국을 통일한 진시황제에게 그의 수도 함양은 중국의 중심이며 제국의 축소판이었다. 『한서漢書』 「고제기高帝紀」에 "천자는 사해를 집으로 삼는다.[天子以四海為家.]"라고 했고, 『좌전左傳』 소공昭公 7년에 "온 하늘의 아래에 왕의 땅이 아닌 곳이 없다.[普天之下, 莫非王土.]"라고 했고, 『맹자孟子』 「진심 상盡心上」에 "만물이 모두 나에게서 갖추어졌다.[萬物皆備于我.]"라고 했다. 이것이 진시황제가 제후들을 평정할 때마다 그 나라의 궁실을 복제하여 함양의 북쪽 산기슭에 지은 정치적 의도이다.[24]

건륭 35년인 1770년에 자신이 직접 쓴 「어제장춘원제구유서御制長春園題句有序」에서 건륭제는 "눈앞에 이름난 원림을 대하는 데에는 또한 이

유가 있다.[即景名園亦有由.]"라고 말하고 있다.[25] 하지만 건륭제는 그 이유를 뚜렷하게 밝히지는 않았다. 건륭제가 강남의 이름난 원림들을 복제하여 북경의 장춘원에 재현한 것 또한 진시황제가 자신이 정복한 제후국들의 궁전을 복제하여 진나라 수도인 함양에 재현한 것과 마찬가지로 클리포드가 말하는 문화수집의 맥락에서 이해된다. 진시황제와 건륭제가 그들의 수도에 재현한 제후국의 궁전과 강남의 이름난 원림은 그들의 영향권에 있는 '세계'를 이루는 지역들을 표상하는 문화상징물이라고 할 수 있다. 그의 영향권에 있는 세계의 각 지역을 대표하는 문화상징물들을 수집하여 중앙에 집중시킴으로써 통치자는 복제하여 재현한 대상들이 표상하는 지역들에 대한 지배를 공포하게 된다.

건륭제가 통치한 청나라 중국은 여러 민족들로 이루어진 다민족 국가였다. 서로 다른 언어와 문화를 갖고 있는 민족들을 어떻게 조화롭게 하나로 통합하는가의 문제는 다민족 국가를 다스렸던 만주족 통치자 건륭제의 고민이었다. 수많은 소수 민족들을 하나로 통합하여 조화로운 중국을 건설하기 위한 그의 노력들이 가시화되어 나타나는 문화현상들이 많다. 그가 조성한 장춘원 또한 이러한 맥락에서 이해할 수 있다.

위에서 살펴본 바와 같이 장춘원에 조영된 대부분의 건축물들은 건륭제가 남순에서 접한 강남의 매혹적이고 아름다운 원림들을 복제한 것이다. 건륭제는 강남의 수많은 이름난 원림들을 두루 돌아보았다. 그는 장인들과 예술가들을 대동하여 그들에게 현재 조성 중에 있는 장춘원에 옮겨놓고 싶은 원림을 있는 그대로 똑같이 복제하도록 했다. 또한 그는 예수회 선교사들의 도움을 받아 장춘원에 유럽식 궁전인 서양루를 건설했다.

장춘원은 건륭제에게 그가 다스리는 광활한 청 제국의 축소판이었다. 장춘원은 건륭제에게 '분경盆景'처럼 그의 '천하세계'를 표상하는 미니어처 정원이었다. 건륭제가 장춘원에 복제하여 재현한 강남의 이름난 원림들은 그의 영향권에 있는 강남 지역을 표상하는 문화상징물이라고 할 수 있다. 그의 영향권에 있는 '천하세계'의 각 지역을 대표하는 문화상징물들을 수집하여 중앙에 집중시킴으로써 통치자는 그가 복제하여 재현한 대상들이 표상하는 지역들에 대한 지배를 공포하게 된다.

8장

그림으로 백성을 교화하다

8장 그림으로 백성을 교화하다

중국은 유교의 나라이다. 공자의 가르침이 곧 사회 규범이다. 사회의 상층에 있는 사대부나 부유한 상인들은 책을 읽음으로써 공자의 가르침을 익혔지만 글을 모르는 대다수 일반 평민들은 책이 아닌 다른 방법을 통해 사회 규범을 학습했다. 그들은 읽는 것이 아닌 보고 듣는 것으로 세상을 살아가는 데 필요한 지식을 습득했다. 중국은 아이콘의 나라이다. 불교 사찰이나 도교 사원, 조상신을 모시는 사당, 성황당, 일반 가정집 벽면과 천장, 문과 창틀 심지어 바닥에까지 복을 기원하는 의미가 담겨 있거나 통속소설이나 오페라에 나오는 에피소드의 장면들을 보여주는 아이콘들로 장식되어 있다. 이 아이콘들은 벽이나 기둥에 돋을새김을 하거나 아니면 그림으로 그리기도 하고, 사원이나 여염집 문이나 제단 또는 가구의 표면에 조각하거나, 벽에 족자로 걸거나 또는 받침대 없이 서 있는 조각상 또는 사원의 지붕 위에 놓여 있는 작은 조각상 등의 형태로 표현된다.

북경의 골목을 걷다 보면 사합원의 문 양쪽에 얼굴에 수염이 덥수룩하게 난 두 명의 문신門神 그림이 붙어 있는 광경을 자주 목격하게 된다. 이러한 그림을 연화年畫라고 한다. 중국인들이 새해에 대문이나 실내 벽에 붙이는 그림이다. 연화의 용도는 크게 벽사辟邪 · 기복祈福 · 교육敎育 등 세 가지로 나누어진다. 벽사는 나쁜 귀신을 물리친다는 뜻이다.

● 그림8.1 〈문신門神〉. 청대. 하북성 무강武強에서 제작된 연화. 무강연화박물관
● 그림8.2 〈동방삭〉. 청대. 건륭 연간

벽사의 기능을 하는 연화는 주로 대문에 붙이는 문신화이다. 이 그림(그림8.1)은 연화에 사용되는 대표적인 문신이다. 대체로 무장을 한 건장한 장군의 모습을 하고 있는 이 두 명의 문신은 당나라(618-907) 때 실존했던 장군이었다. 당나라 태종(재위 626-649) 이세민李世民은 바깥에서 귀신들이 벽돌과 기와를 던지며 떠드는 소리에 잠을 이룰 수 없었다. 이에 진숙보秦叔寶(582-638)라는 장군이 동료 장군인 위지공尉遲恭(585-658)과 함께 매일 밤마다 날이 새도록 문밖을 지키자 그때부터 태종은 귀신들의 괴롭힘을 받지 않고 편히 잠을 잘 수 있었다. 자신을 위해 밤새 문밖을 지키는 두 장군의 건강이 염려된 태종은 화가를 시켜 이 두 장군의 모습을 그림으로 그려 문밖에 두게 했다고 한다.

이 그림(그림8.2)은 복을 기원하는 연화에 속한다. 그림 속 멋진 흰 수염의 노인은 전한(기원전 202-9) 때 유명한 문학가이자 정치가였던 동방삭東方朔(기원전 161-기원전 93)이다. 도교에 심취했던 그는 또한 연금술에 빠졌던 마법사이기도 했다. 그는 죽어서 신선이 되었다. 중국 전설에 의하면, 그는 곤륜산에 있는 여신 서왕모가 키우던 복숭아를 먹고 불사의 존재인 신선이 되었다고 한다. 그의 손에 들려 있는 커다란 복숭아는 서왕모에게서 훔쳐 온 것으로, 먹으면 불로장생을 누릴 수 있다. 그래서 동방삭과 그의 손에 들려 있는 복숭아는 장수를 상징한다. 동방삭의 앞에 서 있는 사슴은 무슨 의미가 있을까? 우리나라에서 사슴은 십장생의 하나로 장수를 상징한다. 그런데 중국인들에게 사슴은 또 다른 의미가 있다. 사슴 '녹鹿'은 벼슬 '녹祿'과 중국어 발음이 같다. 중국인들은 곧잘 발음이 같은 글자끼리 의미를 서로 연결시킨다. 그래서 사슴은 관직을 상징한다. 나의 자식들이 커서 높은 관직에 오르기를 바라는 마음이 반영되어 있다. 그림의 왼쪽 상단 모퉁이를 보라. 새가 한 마리 있다. 무슨 새일까? 박쥐이다. 우리는 박쥐를 흉측하다고 싫어하지만 중국인들에게는 복을 가져다주는 고마운 동물이다. 중국을 여행하다 보면 곳곳에서 박쥐 문양을 쉽사리 찾아볼 수 있다. 박쥐를 한자로 '편복蝙蝠'이라고 한다. 여기에서 박쥐 '복蝠' 자와 복을 뜻하는 '복福' 자가 중국어 발음이 같다. 그래서 박쥐는 복을 상징한다.

중국인들이 새해에 벽사辟邪와 길상吉祥을 기원하는 그림을 가정의 벽에 붙이기 시작한 것이 당나라 때부터였으니,[1] 연화의 역사는 오래되었다. 명대 후반기 목판인쇄술의 발달로 이미지의 대량 생산과 유통이 가능하게 됨에 따라 명나라가 망하고 청나라가 들어서는 왕조 교체기인 16세기 후반부터 17세기 전반에 소설과 희곡 삽화본, 화보畫譜, 묵보墨譜 등의 시각매체가 대량으로 출판되어 유통되었다. 연화의 생산과 유통이 급증하기 시작한 것은 1660년대부터이다.[2] 명대 후반부터 성행했던 시각매체의 출판과 유통이 쇠락의 길을 걷기 시작한 직후이며 이민족 정부의 통치 권력을 공고히 하기 위해 유교로써 백성들의 마음을 순화시키고자 노력했던 강희제(재위 1662-1722)와 옹정제(재위 1722-1735) 그리고 건륭제(재위 1736-1795)의 치세기간과 시기적으로 맞물린다.

청대 초반인 1660년대부터 연화가 출판을 통해 널리 유통되었다. 읽는 문화보다 눈으로 보는 시각문화가 우위를 차지했던 시기다. 당시 목판인쇄술의 발달로 사람들은 시각을 통해 세상을 지각했다. 지식은 시각을 통해 얻어지고 경험은 눈을 통해 확인하게 되었다. 이렇게 볼 때, 연화는 당시 사람들의 시각 커뮤니케이션을 담당했던 주된 매체였다고 볼 수 있다. 기호화된 사상이나 정보를 담고 있는 연화에는 당시 사람들이 관습적으로 공유했던 수많은 코드와 스토리들이 담겨 있다. 그들은 코드와 코드를 유기적으로 연결하여 해독할 수 있는 '비주얼 리터러시visual literacy'[3]를 갖고 있었다. 연화를 통해 '비주얼 커뮤니케이션visual communication'이 행해졌던 것이다.

연화에는 관습화된 아이콘들이 많다. 이 아이콘들은 연화뿐만 아니라 다양한 매체를 통해 널리 유통되었다.[4] 예를 들면, '복록수福祿壽', 즉 사람들의 관직과 작위를 관장하는 복성福星, 공명功名과 봉록俸祿을 관장하는 녹성祿星 그리고 사람들의 장수를 관장한다는 수성壽星 등 '삼성三星'은 연화에 자주 등장하는 아이콘들이다. 새해에 사람들은 이 삼성의 그림을 벽에 붙여 승진과 만사형통 그리고 수명이 남산처럼 장생불로하기를 기원했다. 〈삼성고조三星高照〉 연화(그림8.3)에서 머리에 전시천관모展翅天官帽를 쓰고 천의天衣를 입고 상아로 만든 홀을 쥐고 가운데에 서 있는 인물은 복성福星이며, 그 옆에 녹색 생원포生員袍를 입고 머리에 연건軟巾을 쓴 이는 녹성祿星이다. 백발에 흰 수염 그리고 황색의 도포를 입고 호롱박이 달린 지팡이를 짚고 있는 인물은 수성壽星이다. 그의 옆에는 한 동자가 등에 큰 복숭아를 짊어지고 있는데 이것은 천 년을 장수함을 상징한다. 삼성이 운대雲臺 위에서 인간세상을 내려다보고 있는 것은 이들이 사람들에게 복을 내리려는 것을 표현한 것이다.

● 그림8.3 〈삼성고조〉

수성의 전형적인 모습은 유난히 큰 머리와 길쭉한 귀 그리고 길게 자란 흰 눈썹에 오른손에는 장수를 상징하는 복숭아를 들고 왼손에는 불사약이 담겨 있는 표주박이 달린 지팡이를 들고 있는 노인으로 그려진다. 그의 곁에는 간혹 학이나 사슴이 함께 있기도 하고, 배경으로 사계절 푸른 소나무나 삼나무가 자리 잡기도 한다. 또한 젊음을 상징하는 사내아이가 복숭아를 손에 들고 그의 곁에 있기도 한다.[5] 장수를 상징하는 수성의 이미지는 그림을 보는 사람들에게 장수를 향한 바람을 불러일으키기에 생일선물로 애용된다. 수성은 대체로 연화뿐만 아니라 자기나 목각 등 다른 매체들을 통해 복성 및 녹성과 함께 삼성의 하나로 묘사된다. 수성을 비롯한 삼성은 '복福 · 녹祿 · 수壽'를 바라는 일반 대중들 사이에서 널리 유통되던 '욕망의 아이콘'이었다. 그림에 나타난 아이콘들을 조합하여 그림을 보는 이들은 이 그림이 '복록수福祿壽'를 상징하는 '삼성三星'임을 인식하게 된다.

〈이십사효도二十四孝圖〉는 중국 고대 24명의 효자에 관한 이야기를 그림으로 그린 것이다. 효는 유교 윤리사상의 핵심이다. '효치천하孝治天下'. '효로 천하를 다스린다'고 했다. 〈이십사효도〉는 백성들에게 효 사상을 선양하기에 매우 좋은 읽을거리이다. 원나라 때 학자인 곽거경郭居敬이 24명 효자들의 이야기를 책으로 만들었다. 그는 아동들에게 효를 일깨우기 위한 교훈서를 만들 목적으로 상고 시대 순舜 임금부터 송나라 때 문인 황정견黃庭堅(1045-1105)에 이르기까지 중국의 대표적인 효자 24명의 효행에 관한 이야기를 책으로 엮었다. 바로 『전상이십사효시선全相二十四孝詩選』(간칭은 『이십사효』)이란 책인데, 제목에서 알 수 있듯이 24명 효자들의 효행에 관한 이야기를 짧고 이해하기 쉬운 글로 쓰고 여기에 오언절구의 시와 그림을 곁들였다. 짧고 쉬운 문장과 시로 쓴 이야기라 외우기 쉽고 낭송하기 좋다.

24명 효자들의 이야기 가운데 대중의 사랑을 가장 많이 받은 것은 첫 번째 이야기인 '효가 하늘을 감동시키다[孝感動天]'으로 순 임금

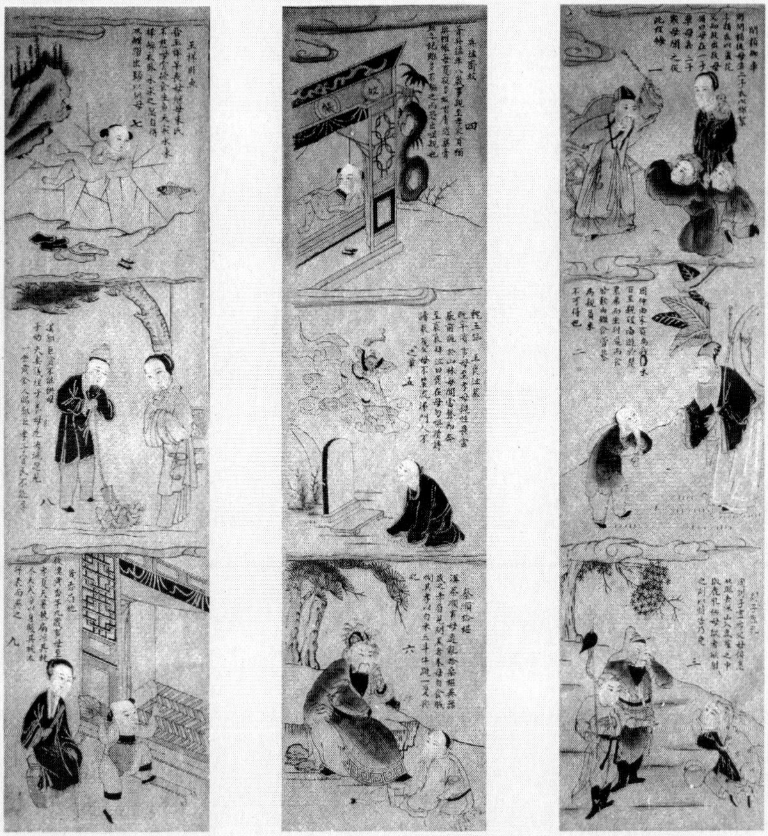

● 그림8.4 〈이십사효도〉

에 관한 이야기이다. 순 임금은 생모를 일찍 여의고 눈먼 아버지 고수瞽瞍와 계모 그리고 계모가 낳은 이복동생 상象과 살았다. 악독한 계모는 연신 순 임금을 사지로 내몰았다. 계모는 순 임금에게 곳간의 천장을 고치게 하고는 곳간에 불을 질렀으나 순 임금은 두건을 잡고 뛰어내려 화재에서 탈출했다. 아버지와 이복동생이 순 임금에게 우물을 파게 하고는 흙을 떨어뜨려 우물을 메웠으나 순 임금은 굴을 파서 탈출했다. 이처럼 아버지와 계모 그리고 이복동생이 그를 그토록 죽이려 했음에도 불구하고 순 임금은 원망하지 않고 부모를 공경하고 동생을 자애롭게 대했다. 그의 효성이 하늘을 감동시켰다. 순 임금이 여산厲山에서 밭을 갈고 있을 때 코끼리들이 나타나 그를 도와 밭을 갈고 새들이 그를 대신하여 김을 맸다. 순 임금이 효성스럽다는 말을 들은 요堯 임금은 두 딸 아황娥皇과 여영女英을 그에게 시집보내고 몇 년간의 관찰과 시험을 거쳐 순 임금을 그의 계승자로 삼았다.

아동들을 훈육할 목적으로 만들어졌던 곽거경의 『이십사효』는 아동들뿐만 아니라 대중들에게 큰 인기를 얻어 널리 유통되었다.

〈당양장판파當陽長板坡〉라는 제목의 연화(그림8.5a)에는 한 장수를 중간에 두고 여러 장수들이 포위하여 전투를 벌이고 있는 장면이 그려져 있다. 그런데 연화를 찬찬히 살펴보면 무언가 이상한 점을 발견하게 된다. 그림 속 등장인물들은 모두 경극京劇에서 볼 수 있는 배우들의 모습을 하고 있다. 이들은 경극 의상을 입고 등에 카오치靠旗라는 삼각형으로 된 군기를 꽂고 있다. 경극에서 장군의 역할을 하는 배우들이 사용하는 소도구이다. 이들 가운데 한 장수의 투구 위로 두 개의 긴 꿩 깃털이 솟아나 있다. 그리고 이들 가운데 최소한 두 명은 얼굴을 화려하게 화장했다. 나머지 2장의 연화 또한 경극에 등장하는 배우들의 모습이다. 한 가지 다른 점이 있다면 모두 말을 타고 있다는 것이다. 무대에

● 그림8.5 〈장판파〉 연화

말을 등장시키는 것은 거의 불가능한 일이지만 그림이기에 가능하다. 이 3장 연화는 모두 동일한 주제를 다루고 있다. 바로 경극 〈장판파長坂坡〉이다. 이 이야기는 『삼국지연의』 41회 「유현덕은 백성들을 이끌어 강을 건너고, 조자룡은 홀로 말을 타고 주군을 구하다[劉玄德攜民渡江, 趙子龍單騎救主]」에 나온다. 이야기는 이렇다. 건안 13년인 208년에 위魏나라 조조曹操(155-220)가 남으로 형주荊州를 정벌하여 당양當陽 장판파長坂坡에서 유비劉備를 추격하자 유비의 군대는 혼비백산하여 모두 뿔뿔이 흩어진다. 유비의 충직한 부하 장수 조운趙雲(229년 졸, 자는 자룡子龍)은 조조 적진에 갇혀 있는 주군 유비의 식솔인 감부인甘夫人과 미부인糜夫人 그리고 유비의 아들 아두阿斗를 구출하기 위해 홀로 적진으로 뛰어든다. 그는 먼저 감부인을 구하여 미축糜竺으로 하여금 감부인을 호위하여 돌아가게 하고 난 다음 미부인과 아두를 찾아 나섰다. 아두를 안고 달아나다 중상을 입은 미부인은 조운이 그녀를 찾아냈을 때 아두를 품에 안고 무너진 담 아래 마른 우물가에 앉아 울고 있었다. 미부인은 감부인이 낳은 유비의 유일한 혈육인 아두를 살려내기 위해 자신이 조운에게 짐이 되지 않으려고 아두를 땅바닥에 내려놓고 우물에 몸을 던져 자결한다. 조운은 조조의 군사가 그 시신을 욕되게 할 것이 두려워 흙담을 밀어 마른 우물을 덮고는 아두를 품에 안고 말 위에 올라 겹겹이 에워싼 포위망을 뚫고 마침내 주군의 아들인 아두를 구출하는 데 성공한다.

조운이 구출한 아두는 훗날 유비의 뒤를 이어 촉나라 왕이 된 유선劉禪(207-271)이다. 3장의 연화를 살펴보면 조운의 품속에 있는 아두를 발견할 수 있다. 한 가지 재미난 것은 조운의 머리 위에 용이 그려져 있다는 것이다. 그의 품속에 있는 아두가 뒷날 유비의 뒤를 이어 왕이 되었기에 왕을 상징하는 용을 그려놓았다.

청나라 통치자들은 광대한 영토와 수많은 민족들로 이루어진 중국을 어떻게 다스렸을까? 다민족 국가를 건설한 청나라 만주족 정부는 어떻게 헤게모니를 이루었을까? 청나라 정부가 헤게모니를 이루기 위해 시도한 몇 가지 노력들을 생각해볼 수 있다. 그 첫 번째가 유교 국가를 건설하는 것이다. 청나라 정부가 직면한 첫 번째 과업은 유교적 가치관에 기반을 둔 교육을 통해 백성들을 문화적으로 통합하는 것이었다. 일반 백성들에게 유교 정통사상의 핵심을 전달하기 위해 순치제(재위 1644-1661)는 「육유六論」(1652), 강희제는 「성유聖論」 16조(1670), 옹정제는 「성유광훈聖論廣訓」(1724)을 공표했다. 이러한 '문명화 프로젝트'는 청나라 통치자들이 그들의 권력을 공고히 하기 위한 다양한 헤게모니적 전략들 가운데 하나이다. '성유'의 강학은 한 달에 두 차례 향약에서 행해졌다. 「성유」의 반포와 보급 그리고 『사고전서四庫全書』의 편찬을 통해 청 정부는 사상과 텍스트에 대한 지식정보를 확보하게 된다. 이러한 문화 프로젝트를 통해 청나라 전반기 중국 정부는 헤게모니를 이루게 된다.

청나라 통치자들은 권력을 유지하기 위해 두 가지 과업에 직면했다. 첫 번째 과제인 유교적 사회·정치질서를 보존하고 한족의 나라를 다스리는 비한족 지배자로서 권력을 유지하기 위해서는 상호 의존의 기반 위에서 청조 지배와 중국 문화를 통합시켜야 했다. 정치체제와 문화의 통합은 이민족 왕조로서 권력을 보존해야 한다는 두 번째 과업에서 청조가 정당성을 확보하는 데에 도움을 주었다. 강희제와 옹정제 그리고 건륭제 등 청나라 전반기 통치자들은 정치 질서의 확립은 이데올로기의 통제를 통해 이루어진다고 믿었다. 한족이 아닌 이민족 지배자로서 권력을 유지하기 위해서는 교육 받은 엘리트들과 일반 대중들의 마음을 순화시켜야 하며, 비非유교적, 반反만주적 그리고 음란하고 선동적인 사상 등 이단의 악영향을 제거해야 한다고 생각했다. 이러한 맥락에서 청나라 만주족 정부는 공식적인 이데올로기로 정주이학程朱理學을 표방하고, 정주학파에서 주석한 유교 경전을 과거시험을 위한 텍스트로 삼았다.[6] 이것은 출사出仕를 유일한 목표로 삼는 유생들이 학문 방향을 잡는데 결정적인 영향을 끼쳤다. 청나라 정부는 또한 엄격한 문학검열을 통해 문인들의 문예활동을 철저히 통제했다. 백성들의 마음을 순화시키기 위해 청나라 정부가 마지막으로 취한 조치는 유교 사상을 백성들에게 교육시키는 것이었다. 청나라 정부는 사회의 위계질서와 화합을 중시하는 유교 윤리를 농촌과 도시의 민간에 주입시켜 사회질서를 유지하고 사상을 통제하여 황권을 보호하고자 했다.

1670년 강희제는 이민족 정부로서 대다수가 한족인 중국에서 비한족 지배자로서 통치권을 강화하고 유교적 사회 질서를 보존하기 위해 문화정치를 실시했다. 중국의 전통적인 용어를 빌리자면, 그는 '화치化治'를 표방했다. 왕의 문화적 영향력인 덕으로 백성들을 교화시키겠다는 것이다. 다시 말하면, 무력을 사용하지 않고 오로지 도덕의 힘으로만 천하에 안녕과 질서를 가져다 줄 수 있는 정치를 하겠다는 것이다. 도덕 질서는 정치 질서의 기반이며, 통치는 백성들을 도덕적으로 변화시키는 과정이라고 보았다. 백성의 마음을 순화시키기 위해 강희제가 취한 조치는 유교 사상을 백성들에게 교육시키는 것이었다. 강희제는 백성들의 일상적인 행동을 지도하기 위해 1670년에 「성유聖諭」 16조를 공포했다.

1. 敦孝弟以重人倫. 효제를 도탑게 함으로써 인륜에 중점을 둔다.
2. 篤宗族以昭雍穆. 종족들에게 독실함으로써 화목을 밝힌다.
3. 和鄉党以息争訟. 이웃과 화목하게 지냄으로써 쟁송을 그치게 한다.

4. 重農桑以足衣食. 농상農桑을 장려함으로써 의식을 풍족하게 한다.
5. 尚節儉以惜財用. 절검節儉을 숭상함으로써 재용財用을 아낀다.
6. 隆學校以端士習. 학교를 융성시킴으로써 선비의 습속을 바로잡는다.
7. 黜異端以崇正學. 이단을 축출함으로써 정학正學을 높인다.
8. 講法律以儆愚頑. 법률을 강습함으로써 무지함에 빠지지 않는다.
9. 明禮讓以厚風俗. 예양禮讓을 밝힘으로써 풍속을 도탑게 한다.
10. 務本業以定民志. 본업에 힘씀으로써 민지民志를 안정시킨다.
11. 訓子弟以禁非爲. 자제들을 가르침으로써 그릇된 행위를 못하게 한다.
12. 息誣告以全善良. 무고誣告를 잠식시킴으로써 선량한 사람들을 온전하게 한다.
13. 誡匿逃以免株連. 도망자를 숨겨주지 않음으로써 죄에 연루되지 않는다.
14. 完錢粮以省催科. 세금을 완납함으로써 독촉과 벌금의 불편을 없앤다.
15. 聯保甲以弭盜賊. 보갑제에 참여함으로써 도적을 그치게 한다.
16. 解讎忿以重身命. 원한의 마음을 풂으로써 목숨을 소중히 한다.

강희제는 「성유」를 중국 전역의 모든 가정에 보급하도록 명했다. 그래서 당시 청나라의 인구가 1억 5천만 명이었는데 3천만 장의 「성유」를 유포했다.[7] 청나라 정부는 매월 1일과 15일 두 차례 향약에서 집회를 열어 백성들에게 「성유」를 강술하게 했다.

강희제의 뒤를 이은 옹정제 또한 1724년에 「성유」에 덧붙여 거의 1만 자에 달하는 「성유광훈聖諭廣訓」을 공표했다. 강희제와 옹정제가 「성유」와 「광훈」을 공표하고 백성들에게 보급하려는 목적은 "윤기倫紀[윤리와 기강]를 밝히고, 명분을 판별하고, 인심을 바로잡고, 풍속을 바르게 하려는[明倫紀, 辨名分, 正人心, 端風俗.]" 데 있었다.[8] 빅토르 마이어Victor H. Mair의 표현을 빌자면, 일반 백성들에게 파고들 수 있도록 유교 정통 사상의 핵심을 전달하려는 것이었다.[9] 청나라 정부는 풍속을 바로잡음으로써 사회질서를 유지하기 위해 도덕규범에 관한 책의 출판을 후원했다. 그러나 이러한 책의 출판은 대중들의 문해력 부재에 의해 난관에 봉착했다. 대다수의 대중들은 원문을 거의 이해할 수 없었다. 「성유」와 「광훈」을 백성들에게 쉽게 이해시키기 위해 출판한 책들을 읽기 위해서는 높은 수준의 문해력이 필요했으며, 일반 대중들이 구매해서 읽기에는 고가였다. 그래서 이러한 책들은 관리를 비롯한 지방 엘리트층이 문맹 대중들에게 「성유」를 교육하기 위한 지침서의 역할을 하는데 그쳤다. 결과적으로 대다수 문맹 대중들에 대한 「성유」 교육은 이러한 책들을 통해서가 아니라 다른 루트를 통해 이루어졌다. 글을 모르는 대다수 대중들은 보는 문화에 익숙했다. 그들은 '시각적 문해력'을 갖고 있었다. 매달 두 차례 향약 모임을 통해 「성유」에 익숙한 문맹 대중들은 「성유」의 내용을 쉽게 풀어서 재미나게 들려주는 이야기꾼의 스토리텔링과 유교의 도의적 메시지를 통속적으로 재해석한 연화와 같은 대중적인 매체를 통해 이해했다.[10] 『삼국지연의』에 나오는 역사 이야기를 다룬 오페라와 연화는 어린이와 여성 그리고 문해력이 없는 대중들에게 매우 적합한 계몽 '교재'였다. 이야기 속 전형적인 인물이나 사건을 통해 인격을 도야하고 처세하는 방법이나 도덕규범 등을 가르칠 수 있다. 충효나 권선징악과 같은 유교적 윤리도덕을 계몽할 수 있는 오페라와 연화는 가정의 화목과 사회 안정에 매우 유익하다. 고대에 글자를 해독할 수 없었던 사람들은 오페라와 이야기꾼이 들려주는 이야기 그리고 연화 같은 그림을 통해 견문을 넓혔다. 그들은 자녀들에게 글을 가르치는 대신에 연화를 보여주며 그림 속에 묘사된 인물이나 사건에 관한 이야기를 들려줌으로써 아이들이 선악과 시비를 구별하게 가르쳤다. 오페라와 연화는 동일한 주제의 반복을 통해 유교 이념을 문맹 대중에게 고취시킬 수 있었다. 청나라 특히 건륭제 때에 이르러 유교 사상과 가치관이 사회 모든 계층에 보편화되었다. 여기에는 연화의 힘이 크다.

청나라 초반인 1660년대부터 연화가 목판인쇄를 통해 널리 유통되었다. 명나라 말에 목판인쇄술이 크게 발달하여 동일한 이미지의 대량 생산과 유통이 가능해졌다. 인쇄술의 발명으로 인해 인간은 시각을 통해 세상을 지각하게 된다. 지식은 시각을 통해 얻어지고 경험은 눈을 통해 확인하게 되었다. 인쇄술의 발달로 동일한 텍스트와 이미지의 반복적인 대량 생산이 가능하게 되었다. 연화는 이러한 배경에서 성행하게 된다. 소수 식자층들과는 달리 텍스트에 접근이 어려웠던 대다수 문맹 대중들은 시각적 이미지를 통해 지식을 습득했다. 이들은 반복적인 오페라 공연 관람 '칸시看戲'를 통해 『삼국지연의』에 나오는 역사 이야기에 친숙하다. 우리가 위에서 살펴보았던 경극 〈장판파〉와 같은 오페라에 등장하는 장면을 묘사한 연화는 오페라 공연에서 보았던 똑같은 장면을 재현한다. 경극 관람을 통해 『삼국지연의』에 나오는 역사 이야기에 친숙한 문맹 대중들에게 무대 관습—배역의 의상과 얼굴 분장, 소도구, 배역의 동작—을 그대로 옮겨놓은 연화는 텍스트에 의존하지 않고 강력한 유교적 메시지를 전달한다. 오페라 관람을 통해 중국의 대중들은 시각적 아이콘에 친숙하다. 청나라 때 하남성의 개봉開封에서 만든 〈장판파〉 연화(그림8.6)를 보는 문맹 대중은 오른손에 검을 들고 한 아이를 가슴에 품고 등 뒤에는 용 깃발을 꽂고 있는 사람은 바로 목숨을 걸고 적진에 뛰어들어 주군 유비의 아들 아두를 구출하는 조운임을 단

● 그림8.6 하남성 개봉에서 만든 〈장판파〉 연화

번에 알아본다. 연화에는 관습적으로 나타나는 코드들이 있다. 이 그림에서 검, 가슴에 품은 아이 그리고 용 깃발은 조운을 나타내기 위한 코드들이다. 중국의 대중들은 이러한 코드를 읽어낼 수 있는 시각적 문해력을 갖고 있다. 그들은 〈장판파〉 연화 속에 나타난 코드들을 결합하여 그가 하후은夏侯恩으로부터 조조의 청강보검青釭寶劍을 빼앗고 유비의 아들 아두를 구출한 조운임을 인식한다. 그들은 장판파 전투에서 고군분투한 조운에게서 충성과 의리 같은 유교적인 메시지를 읽게 된다. 조운은 중국인들의 전통적인 유교 이념의 모범적인 실천—유비와 그의 아들에 대한 변함없는 충성과 자기희생 그리고 의리—을 보여준다. 문맹 대중들은 연화를 봄으로써 유교 이념의 덕목인 충효와 인의예지를 일깨운다.

경극 오페라의 내용을 다룬 연화는 보는 이가 쉽게 알아볼 수 있는 무대복장과 얼굴 분장을 한 캐릭터로 묘사된다. 반복적인 공연 관람을 통해 역사 이야기에 친숙한 문맹 대중들에게 연화 이미지로 스토리텔링을 환기시켜주고 그 속에 내포된 유교적 가치 및 메시지를 재확인시킴으로써 연화는 텍스트에 의존하지 않고도 유교적 가치관을 전파시킬 수 있는 매우 중요한 시각적 교육매체였다.[11] 그래서 연화의 '무언無言'의 스토리텔링은 「성유」의 메시지를 보다 효과적으로 전파할 수 있는 시각적 교육매체라고 할 수 있다.

통속소설과 오페라 연화는 대문에 붙이는 문신門神과는 달리 실내 장식으로 애용되었다. 그 기능 또한 인테리어 장식과 더불어 기복祈福과 금기를 위한 문신과는 달리 교육적 목적을 갖고 있었다. 대가족으로 구성되어 있는 농민들이 자식들에게 기본적인 '식자識字' 교육을 할 필요가 있었고 연화가 그 역할을 담당했다. 연화 출판자들이 겨냥하는 고객은 교육 수준이 낮은 농민과 여성들이었다.

통속소설과 오페라 레퍼토리를 주제로 한 연화는 두방斗方(신년에 써 붙이는 마름모꼴 전사각형의 서화), 중당中堂(거실의 정면 중앙에 거는 폭이 넓고 긴 족자), 조병條屏(두 폭 이상으로 된 폭이 좁고 긴 족자) 등의 형태로 대청, 거실, 복도 등을 장식하기 위해 벽에 붙였다. 「연화계連環計」, 「금창양가장金槍楊家將」, 「정충전精忠傳」, 「목계영대파천문진穆桂英大破天門陣」, 「백사전白蛇傳」, 「공성계空城計」 등과 같은 '충효인의忠孝仁義', '선악유보善惡有報'의 메시지를 전달할 수 있는 오페라 레퍼토리와 소설 이야기는 아동과 여성 그리고 문해력이 없는 대중들에게 매우 적합한 계몽 교재였다. 전형적인 인물이나 사건을 통해 '위인처세爲人處世'의 원칙이나 도덕규범 등을 강술할 수 있다. 충효나 권선징악과 같은 유교적 윤리도덕을 계몽할 수 있는 소설/오페라 레퍼토리는 가정의 화목과 사회 안정에 매우 유익하다. 고대에 글자를 해독할 수 없었던 사람들은 오페라와 평서評書(장편의 이야기를 쥘부채나 손수건 또는 딱따기 등의 소도구를 사용해가며 강설講說하는 중국 민간 문예) 그리고 그림을 통해 견문을 넓혔다. 그들은 자녀들에게 글을 가르치는 대신에 연화를 보여주며 그 속에 묘사된 인물이나 사건에 관한 이야기를 들려줌으로써 아이들이 선악과 시비를 구별하게 가르쳤다. 무대 공연과 함께 연화는 동일한 주제의 반복을 통해 유교 이념을 문맹 대중에게 고취시킬 수 있었다. 청대 특히 건륭제 때에 이르러 유교 사상과 가치관이 사회 모든 계층에 보편화되었다. 여기에는 연화의 힘이 크다.

〈위수하渭水河〉 연화(그림8.7)는 생긴 모양이 독특하다. 아래로 길쭉하게 생겼다. 이 연화는 중국 북부 지방 시골 가정집에서 흔히 찾아볼 수 있는 '캉[炕]'이라고 하는 구들 곁에 나 있는 종이창에 붙여 놓았던 그림이다. 캉은 중국 북부 지방에 사는 중국인들에게 우리들의 안방과 같은 공간이다. 한 가정의 대부분 살림살이가 여기에서 이루어진다. 특히 난방을 하는 추운 겨울에는 온 가족이 구들이 있는 방으로 모여든다. 이 〈위수하〉 연화는 하북성 무강武強에서 제작되었다. 이 연화의 제작자는 등장인물의 이름을 적어 넣지 않았다. 이것은 아마도 제작자가 보기에 무강과 그 주변 지역 주민들에게는 오페라 〈위수하〉가 너무나 익숙해서 이름을 밝힐 필요가 없다고 생각했다고 볼 수 있다. 오페라 〈위수하〉는 기원전 11세기 무렵 상商나라가 망하고 주周나라가 건국되는 때가 이야기의 배경이다. 통속소설인 『무왕벌주평화武王伐紂平話』와 『봉신연의封神演義』 24회에 나오는 이야기를 바탕으로 만든 오페

● 그림8.7 〈위수하渭水河〉. 청대. 하북성 무강武強에서 제작된 목판 연화. 51.7×9.5cm

라이다. 이야기는 이렇다. 훗날 주나라 문왕文王이 된 서백西伯 희창姬昌이 하루는 하늘을 나는 곰[飛熊]이 그의 거처로 들어오는 꿈을 꾸게 된다. 아침이 되어 희창이 점을 쳐서 해몽을 해보니 그를 보좌해줄 어진 인재가 나타날 거라는 점괘가 나왔다. 친히 어진 인재를 찾아 나선 희창은 강자아姜子牙가 위수하渭水河에서 낚시를 하고 있다는 소식을 듣고 그를 찾아가 도움을 청한다. 희창은 강자아에 대한 존경을 표하기 위해 그를 수레에 태우고서 수레를 끌고 808보를 갔다. 808이란 숫자는 강자아의 도움으로 건국된 주나라가 지속된 햇수이다. 하북성 무강에서 제작된 〈위수하〉 연화는 이 이야기의 가장 재미있는 부분을 간략하면서도 매우 강렬하게 묘사하고 있다. 이 연화는 네 장면의 그림으로 이루어져 있는데, 첫 번째 장면에는 희창이 등장한다. 황색 옷을 입고 있는 사람이 희창인데 무길武吉이라는 나무꾼으로부터 강자아라는 비범한 인물이 위수하에서 낚시를 하고 있다는 이야기를 듣고 있다. 두 번째 그림에는 붉은 옷을 입은 희창이 황색 옷을 입고 낚시를 들고 있는 강자아에게 존경을 표하고 있는 장면이 그려져 있다. 세 번째 그림에는 강자아가 탄 수레를 끌고 있는 희창의 모습이 등장한다. 수레바퀴를 그린 두 조각의 천으로 수레를 대신하고 있는 모습이 흥미롭게 보인다. 마지막 그림에서는 붉은 깃발을 든 채 희창에게 조언을 하고 있는 강자아의 모습을 담았다.

〈위수하〉 연화의 제작자는 희창과 강자아 이야기의 전개를 충실히 따르고 있다. 강자아의 낚싯대와 희창이 끈 수레는 연화를 보는 이에게 이 그림에 담겨 있는 이야기가 오페라 〈위수하〉에 나오는 것임을 알 수 있게 해 주는 시각적인 단서로 제공되었다. 그렇다면 무강의 시골 마을 아낙네가 과연 그녀의 집 캉 옆에 나 있는 종이창에 연화 〈위수하〉를 붙여 놓고 자녀들에게 희창과 강자아에 관한 이야기를 들려줄 수 있었

● 그림8.8 〈대금조〉. 청대 후반. 하남성 개봉開封에서 제작된 다색채 목판 연화. 23.1×28.1cm

을까? 대답은 '그렇다'이다. 아마도 하북성 무강 및 그 주변에 거주하는 시골 아낙네들은 그림의 제목 '위수하渭水河'를 읽지 못하더라도 황색 옷을 입은 노인이 들고 있는 낚시와 그 노인이 타고 있는 수레를 누군가가 끌고 있는 그림을 보고 이 그림이 오페라 〈위수하〉를 묘사하고 있음을 단번에 알아차렸을 것이다.

이 연화(그림8.8)는 우리가 위에서 살펴본 〈위수하〉와는 달리 제목이나 등장인물들의 이름이 적혀 있지 않아 연화의 주제를 알아내기가 쉽지 않다. 유일한 단서는 그림의 왼쪽 끝에 적혀 있는 '천의노점天義老店'이란 이 연화를 제작한 가게 이름이다. 그림을 통해 연상되는 오페라는 하남성 오페라 '예극豫劇' 레퍼토리인 〈대금조對金抓〉이다. 이 연화가 제작된 개봉 또한 하남성에 속한다. 이 오페라 레퍼토리의 시대적 배경은 삼국 시대인데 소설 『삼국지연의』에는 이 이야기가 나오지 않는다. 이야기는 이렇다. 마초馬超와 마대馬岱는 형제다. 그들은 아버지 마등馬騰으로부터 끝에 발톱처럼 생긴 쇠로 만든 날카로운 갈고리가 달린 무기를 한 쪽씩 유물로 물려받았다. 수많은 전란으로 인해 이 두 형제는 어렸을 때부터 오랫동안 떨어져 살았다. 마초란 사람이 유비劉備의 생일잔치에 참석했다는 소식을 전해 들은 마대는 그가 혹시 헤어진 형이 아닌가란 생각에 생일잔치가 벌어지고 있는 유비의 진영으로 찾아갔다. 유비 휘하에 있는 두 명의 장군들은 그가 적군인 것으로 의심하여 그를 들어오지 못하게 막자 마대는 그들을 물리쳤다. 마초는 밖에서 나는 소란스런 소리를 듣고 바깥으로 뛰쳐나와 이 소란을 피운 불청객과 대결을 벌이게 되는데, 이 두 사람은 상대방이 들고 있는 무기를 보고 단번에 혈육임을 알아보고 형제가 재결합하게 되었다는 이야기이다.

연화 그림에 제목은 적혀 있지 않았지만 등장인물의 손에 들려 있는 무기가 오페라의 레퍼토리가 뭔지 알 수 있는 확실한 단서로 제공되었다. 이 연화는 마초와 마대 형제가 대결하려는 찰나 상대방이 들고 있는 무기를 보고 혈육임을 알아보는 극적인 순간을 포착했다. 오페라 〈대금조〉에 익숙한 하남성 사람들은 누구나 이 장면만 보고도 이 오페라의 전체 이야기를 단번에 떠올릴 수 있다. 이 〈대금조〉 오페라는 하남성뿐만 아니라 산동성, 안휘성, 섬서성 등을 포함한 중국 북부 지역에서 수없이 많이 공연되었고, 이 오페라 레퍼토리의 장면을 묘사한 연화 그림은 중국 북부 지역 시골 마을의 가정집 벽이나 대문에 붙어 이 지역 주민들에게 널리 유통되었다.

이 연화(그림8.9)는 형태상 위에서 살펴본 세 연화 그림들과는 많이 다르다. 이 연화는 설평귀薛平貴과 그의 두 아내에 관한 이야기를 다룬

● 그림8.9 〈간삼관趕三關〉. 청대. 천진天津 양류청楊柳青에서 제작된 목판 연화

12개 장면을 보여주는 4장 연화들 가운데 두 번째 그림이다. 이 4장의 목판연화에 담겨 있는 이야기는 이렇다. 설평귀는 18년 동안 서량국에 억류되어 살았는데, 서량국의 왕은 그의 딸인 대전공주代戰公主를 설평귀와 결혼시켰다. 하루는 설평귀가 기러기 한 마리를 잡았는데, 기러기의 발에 편지가 매여 있는 것을 발견하게 된다. 피로 쓴 편지는 그의 전처인 왕보천王寶釧이 보낸 것인데, 그녀가 모진 역경 속에서도 굴하지 않고 18년 동안 충직하게 남편이 돌아오기만을 기다리며 살아왔다는 내용의 글이 적혀 있었다. 편지를 읽은 설평귀는 곧바로 전처를 만나려 장안長安으로 돌아가려 했으나 지금 아내인 대전공주가 그것을 허락하지 않았다. 설평귀는 할 수 없이 대전공주에게 억지로 술을 먹여 취하게 하고는 몰래 도망하여 전처가 있는 장안으로 돌아갔다. 술에서 깨어난 대전공주는 설평귀를 추격하여 3개의 관문을 지나 드디어 설평귀를 따라잡게 된다.

이 이야기는 청나라 때 탄사彈詞인 〈용봉금채전龍鳳金釵傳〉에 나온다. 탄사는 중국 남방에서 유행했던 전통 공연예술의 하나이다. 대략 명나라 때 생겨나 청나라 때 크게 성행했다. 예인藝人이 이야기[講]와 노래[唱]를 섞어가며 연출하는데, 이러한 공연예술을 강창講唱이라고 한다.

탄사는 초기에는 작은 북이나 박拍을 반주로 혼자 이야기하고 노래했으나, 청나라 때 와서는 비파, 삼현三弦 따위에 맞추어 두세 사람이 함께 공연했다. 주로 재자가인과 영웅호걸을 제재로 했다.이야기를 노래로 들려주는 탄사는 교육을 제대로 받지 못한 일반 대중들에게 글을 알아야 읽을 수 있는 소설책보다 훨씬 더 접근하기 수월했을 것이다. 〈간삼관趕三關〉은 설평귀의 이야기를 담고 있는 4개 연화를 통틀어 이르는 제목이다. 우리가 보고 있는 연화는 12개 장면 가운데 다섯 번째에서 일곱 번째 장면을 묘사하고 있다. 이 연화는 연화 생산지로 유명한 하북성 천진天津의 양류청楊柳青에서 제작되었다. 연화의 제작자는 목판으로 그림을 찍은 뒤 붓으로 정성스럽게 색을 입혔다. 손으로 직접 색을 입힌 것이라 앞에서 본 연화들보다는 제작비가 더 많이 들었을 것이다. 이 연화에는 또한 제목과 등장인물의 이름뿐만 아니라 각 장면마다 장면의 이름과 함께 그에 관한 간략한 설명까지 달려 있어 이 연화를 보는 이들이 아마도 상류층일 거라는 인상을 준다. 그림의 하단 왼쪽을 보면 '대전공주간삼관代戰公主趕三關[대전공주가 3개 관을 뚫고 오다]'이란 글자가 적혀 있고 그 옆에 갑옷을 입고 말을 타고 추격하고 있는 대전공주의 모습이 보인다. 글자가 많이 들어간 이 연화는 앞서 본 연화들과는 달리 글을 읽을 수 있는 고객층을 겨냥하여 제작되었다. 이 연화는 또한 무대 위에서 공연하는 장면을 묘사하고 있는 앞의 연화들과는 달리 실제 궁전과 성문 그리고 멀리 보이는 산 등이 자리 잡은 가운데 등장인물들이 말을 타고 등장한다.

이 연화의 키포인트는 두 여인이 설평귀를 향해 보여주는 사랑이다. 전처가 피로 쓴 편지는 진실하고 참된 사랑을 느끼게 한다. 연화를 보는 이들은 이 편지를 통해 전처인 왕보천이 18년 동안 겪어왔을 고통을 머리에 떠올리게 된다. 열정적인 성격의 소유자인 대전공주는 사랑하는 임을 보기 위해 3개의 관문을 돌파하고 결국에는 적의 공격을 받고 있는 낭군을 구출한다. 설평귀가 왕위에 오른 뒤 이 두 여인은 황비에 봉해졌다.

이 연화 속 실질적인 주인공은 설평귀가 아닌 대전공주이다. 총 12개 장면 중 9개 장면에 설평귀가 등장하지만 그가 싸우는 장면은 겨우 한 장면뿐이다. 더군다나 이 장면에 나오는 싸움에서 설평귀는 패했다. 이에 반해 대전공주는 군사들을 이끌고 3개 관문을 돌파하고 설평귀에게 패배를 안겨준 장수를 보기 좋게 무찌른다. 오페라 〈간삼관〉에 익숙하고 어느 정도 교육을 받은 여성들에게 이 연화는 매우 매력적으로 보였을 것이다. 정절을 지키고, 열정적인 사랑을 하고, 용감하게 싸워 결국에는 명예와 부 그리고 그들이 사랑하는 임을 차지한 두 여주인공들은 그들에게 선망의 대상이었다.

청나라 때 판화로 인쇄한 〈이월이용대두二月二龍擡頭〉(그림8.10)와 같은 연화가 마을에 존재했다는 것은 중앙 정부의 은택이 미쳤음을 보여준다. 이 연화는 〈춘우도春牛圖〉와 같이 농민들이 애용하던 일종의 '달력 그림'으로 절기를 알려주기 위한 시각적 '안내 표지'라고 할 수 있다. 〈춘우도〉는 농사의 절기를 표시하는 기능을 갖고 있다. 만약 입춘立春을 납월臘月 가운데 그리고 망신芒神이 소 앞에 위치하면 봄이 일찍 왔음을 의미한다. 입춘을 정월 안에 그리고 망신이 그 뒤에 위치하면 땅이 얼어 풀리지 않았으니 밭을 갈기 이르다는 것을 의미한다. 간지가 '임계壬癸'가 되면 비가 오는 날이 많아 망신은 신발을 신고 등장한다. 망신이 한쪽은 맨발이고, 또 다른 한쪽은 신을 신고 등장하면 바람과 비가 순조롭다[風調雨順]는 의미를 표현한 것이다. 옛날 농촌에는 달력이 없었고 음력의 절기 역시 날짜가 고정되어 있지 않았기 때문에 이 '달력 그림' 연화는 농사의 절기를 표시하는 기능을 갖고 있었다.

● 그림8.10 〈이월이용대두〉

용이 고개를 쳐든다는 것은 봄이 시작됨을 뜻한다. 『연경세시기』에 따르면 "음력 2월 2일은 옛날에는 중화절中和節이었다. 요즘 사람들은 이날을 용이 고개를 쳐드는 날이라고 한다.[二月二日, 古之中和節也. 今人呼爲龍擡頭.]" 『당서唐書』 「이필전李泌傳」에 따르면 당나라 덕종德宗은 이필李泌의 제안으로 정월회正月晦(정월 그믐)를 폐지하고 2월 초하루를 중화절中和節로 삼고는 문무백관들에게 농서農書를 지어 올리게 하여 근본에 힘쓰고 있음을 보였다. 후에 중화절이 되면 황제는 솔선수범을 보이기 위해 조정대신들을 이끌고 경도京都 근처에 있는 적전籍田(임금이 몸소 농민을 두고 농사를 짓던 논밭)에 가서 밭을 직접 갈았다. 그림에는 황제가 황포를 입고 채찍을 들고 쟁기를 부려 밭을 갈고 있고 그 뒤에는 한 관리가 황제를 위해 일산日傘을 받쳐 들고 있다. 문관과 무장武將이 그 앞에 공손히 서 있다. 황후는 손에 홀을 쥐고 수레에 앉아 있고, 한 환관은 밭을 향해 가고 있고 그 앞에는 금과金瓜(봉 끝이 참외 모양으로 된 의장용

병기)와 도끼를 든 의장대가 있다. 그림의 위에는 다음과 같은 글이 적혀 있다.

> 二月二龍擡頭 2월 2일에 용이 머리를 쳐든다.
> 萬歲皇爺使金牛 만세를 누릴 황제께서는 황금소를 부리고
> 九卿四相頭前走 구경九卿과 사상四相은 앞을 향해 걸어간다.
> 八大朝臣在後頭 팔대 조신들은 뒤에 서 있고
> 正宮娘娘來送飯 정궁正宮의 황후는 음식을 가져오네.
> 保佑黎民天下收 백성들을 보우하사 천하가 풍년일세.

중농정책을 펼친 청나라 정부는 농경사회에서 안정과 질서는 남녀와 '사士 · 농農 · 공工 · 상商' 즉 '사민四民'의 엄격한 역할 분담에서 보장된다고 보았다. 이러한 맥락에서 청나라 정부는 원나라 때 왕정王禎이 쓴 『농서農書』(1313)와 〈경직도耕織圖〉를 간행하고 유포시켰다. 심지어 강희제는 〈경직도〉에 직접 제서題書했다. 남자는 밭을 갈고 여자는 베를 짠다. 남녀의 역할을 엄격히 규정한 것이다. 〈경직도〉와 〈이월이용대두二月二龍擡頭〉의 내용이 흡사하다. 이 밖에도 연화에는 『농서』와 〈경직도〉를 통속적으로 재해석한 〈남십망男十忙〉, 〈여십망女十忙〉, 〈신회여십망新繪女十忙〉, 〈농가근망農家勤忙〉 등과 같은 그림이 많다. 예를 들어 〈신회여십망〉의 제일망第一忙은 "베 짜는 방에서 아들을 가르치다[機房訓子]"로 그림의 중앙에 위치하여 동몽童蒙 교육의 중요성을 강조한다. '기방훈자機房訓子'는 맹자孟子의 어머니가 베틀을 끊는 것으로 공부를 게을리하는 아들을 훈계하는 내용을 다루고 있다. 『농서』를 통해 유통되고, 이야기 속에 기호화하고 연화를 통해 재생한 것이다.

● 에필로그

건륭제는 1784년(건륭49)에 마지막 여섯 번째 남순을 끝내고 난 뒤 지난날을 회고하며, "내가 천하를 다스린 50년 동안 이룩한 두 가지 큰 일을 들자면 하나는 서쪽으로 군대를 움직였던 것이고 다른 하나는 남쪽을 돌아본 것이다.[予臨御五十年, 凡擧二大事, 一曰西師, 二曰南巡.]"라고 했다.

건륭제는 재위에 있으면서 10차례 원정을 단행했다. 1747년(건륭12) 대금천大金川(사천성 서쪽 변경)을 시작으로 1755년(건륭20), 1757년(건륭22) 두 차례에 걸쳐 서북 몽골 세력인 중가르를 복속시켰고, 1769년(건륭33)에는 미얀마, 1776년(건륭41)에는 대금천과 소금천小金川, 1788년(건륭53)에는 대만, 1789년(건륭54)에는 베트남, 1791년(건륭56)과 1792년(건륭57) 두 차례에 걸쳐 네팔을 원정했다. 마지막 원정을 끝낸 1792년 82세의 건륭제는 일생동안 10차례나 나섰던 원정을 술회하면서 원정을 모두 승리한 것을 자랑스럽게 여겨 이를 '십전무공十全武功'이라 일컫고, 또한 스스로를 이 10차례의 원정에서 이긴 '십전노인十全老人'이라 칭했다.

십전무공에서 가장 큰 성과를 거둔 원정은 두 차례에 걸친 중가르 원정과 대소 금천 원정이었다. 중가르와의 전쟁으로 청나라는 외몽골을 얻었고 그 기세를 몰아 위구르족을 공격하여 그들을 복속시킴으로써 중앙아시아의 광활한 땅을 차지하게 됨으로써 청나라는 중국 역사상 가장 넓은 영토를 소유한 나라가 되었다. 건륭제는 승리감에 도취하여 그가 정복한 이 땅에 '새로운 땅'이라는 뜻을 지닌 '신강新疆'이란 이름을 붙였다. 건륭제가 『황청직공도』, 『조보』, 『수보』 등 민족지와 박물지의 제작을 명하고, 그가 다스리는 영토와 백성들을 살펴보기 위해 제1차 남순을 떠난 것은 그의 군대가 대금천을 평정하고 난 뒤인 1751년(건륭16)이었다.

건륭제는 정복과 회유의 정책을 적절히 잘 운용한 통치자였다. 정복을 통해 광활한 영토의 대제국을 이룩한 건륭제는 이제 그가 평정한 서로 다른 언어와 문화를 갖고 있는 민족들을 어떻게 조화롭게 하나로 통합하는가의 문제를 해결해야 했다. 건륭제는 다양한 이민족을 포용하고 유교의 예치禮治를 통해 문화적 통일을 지향했다. 한편으로는 만주족의 정체성을 잊지 않고 지키려 노력했다. 이 책에서 필자는 그의 천하세계 울타리 안에 있는 다양한 민족들을 회유하기 위한 건륭제의 고민과 노력들을 살펴보았다.

1장 「황제의 공방」은 청나라 황실의 살림을 담당하는 내무부에 속한 황실의 공방인 조판처에 관한 이야기이다. 건륭제는 다양한 민족들을 회유하기 위한 야심찬 문화프로젝트를 수행하기 위해 조판처를 이용했다. 조판처에 소속된 다양한 기예를 지닌 장인들과 예수회 선교사들은 이 열정 넘치는 황제를 위해 비연호 같은 기물을 제작하거나 황제의 초상화와 전쟁기록화를 그리거나 장춘원에 조성한 유럽식 궁전인 서양루의 건설에 참여했다.

2장 「황제를 그리다」는 황제의 초상화에 관한 이야기이다. 조판처에 소속된 궁정화가들은 다양한 모습의 황제를 화폭에 담았다. 그림 속에서 옹정제와 건륭제는 다양한 민족들을 코스프레하여 등장한다. 다민족 국가인 청나라를 다스리는 황제로서 옹정제와 건륭제는 그의 천하에 있는 다양한 민족들과 생각을 공유하고 싶었다. 티베트 라마승으로 코스프레한 그림을 통해 옹정제는 그가 티베트 불교를 열렬히 숭배하는 군주라는 사실을 티베트 백성들에게 알려주고 싶었고, 한족 문인의 모습으로 코스프레한 그림에서 이 두 황제들은 자신들이 한족 문인들의 고상한 문화를 공유할 수 있는 역량을 갖춘 황제임을 보여주고 싶었다.

3장 「제국을 그리다」는 공간에 관한 이야기이다. 1674년에 벨기에 예수회 선교사인 페르비스트가 강희제에게 바친 세계지도인 〈곤여전도〉와 예수회 선교사들이 제작한 전쟁기록화인 16폭의 〈건륭평정서역전도〉에 관한 이야기를 다루었다.

4장 「민족지와 박물지」는 건륭제의 천하세계 울타리 안에 있는 민족들과 동식물에 관한 이야기이다. 청나라 정부는 지도 제작뿐만 아니라 제국 내에 거주하는 민족들에 대한 지식정보를 확보하기 위해 노력했다. 18세기에 제작된 민족지 『묘만도』는 중국 서남부 지역에 거주하는 소수 민족들의 생활상을 보여주는 그림 및 그림을 설명한 텍스트로 이루어졌다. 『황청직공도』는 건륭 16년인 1751년에 청나라 강역에 거주하는 소수 민족들 및 유럽을 포함한 청나라와 외교 관계를 맺고 있는 세계 각국 민족들이 그들의 전통 의상을 입고 있는 모습을 그림으로 그리고 그들에 관한 설명을 덧붙인 민족지를 제작하라는 건륭제의 명에 의해 만들어진 민족지이다. 건륭제는 또한 1750년에 청 제국에 서식하는 동식물을 그림으로 그리게 했는데, 그의 명에 의해 탄생한 것이 청나라에 서식하는 날짐승과 들짐승을 그림으로 그리고 설명을 덧붙인 『조보』와 『수보』라는 박물지이다.

5장 「황제의 문화수집과 예술품 복제」에서 청나라의 두 황제는 골동품을 수집하고 감상하거나 옛 거장들의 작품을 모방하는 행위를 통해 한족 문인들과 같은 고도의 문화적 소양과 예술적 감식안을 지닌 군주의 모습을 보여주려고 노력한다.

위에서 건륭제가 지난 50년을 회고하면서 자신이 행한 두 가지 큰 일을 언급했는데, 그 두 번째가 남쪽을 돌아본 일이다. 건륭제는 1751년(건륭16)부터 1784년(건륭49)까지 6차례에 걸쳐 청나라의 경제 심장부인 강남 지역을 돌아보았다. 건륭제는 자신이 남순한 목적을 '관민觀民'이라 했다. 백성들의 삶을 돌아보겠다는 것이다. 그동안의 통치에서 자신감이 생긴 건륭제는 자신이 쏟은 노력의 결실을 확인하고 싶었다. 6장 「남순」은 이에 관한 이야기이다.

건륭제는 6차례 남순을 통해 감상했던 강남 지역의 이름난 원림들의 아름다운 경관들을 복제하여 북경에 있는 장춘원에 재현했다. 건륭제는 또한 유럽의 아름다운 궁전들을 모방하여 장춘원의 북쪽에 서양루를 건설했다. 7장 「황제의 정원」은 이에 관한 이야기이다. 건륭제가 장춘원에 복제하여 재현한 강남의 이름난 원림들은 그의 영향권에 있는 강남 지역을 표상하는 문화상징물이라고 할 수 있다. 그래서 장춘원은 건륭제에게 그가 다스리는 광활한 청 제국의 축소판이었다. 장춘원은 건륭제에게 '분경盆景'처럼 그의 '천하세계'를 표상하는 미니어처 정원이었다. 그의 영향권에 있는 '천하세계'의 각 지역을 대표하는 문화상징물들을 수집하여 중앙에 집중시킴으로써 통치자는 그가 복제하여 재현한 대상들이 표상하는 지역들에 대한 지배를 공포하게 된다.

8장 「그림으로 백성을 교화하다」는 연화에 관한 이야기이다. 연화는 중국인들이 새해에 벽사 · 기복 · 교육을 목적으로 문이나 실내 벽에 붙이는 그림이다. 명나라 말 목판인쇄술의 발달로 동일한 이미지의 대량 생산과 유통이 가능해졌다. 연화의 생산과 유통이 급증하기 시작한 것은 1660년대부터이다. 이민족 정부의 통치 권력을 공고히 하기 위해 유교 교육을 통해 백성들의 마음을 순화시키고자 노력했던 강희제(재위 1662-1722)와 옹정제(재위 1722-1735) 그리고 건륭제(재위 1736-1795)의 치세기간과 시기적으로 맞물린다. 청나라 정부는 유교 교육을 통해 백성들을 문화적으로 통합하려 했다. 문제는 대다수 백성들이 유교 경전을 읽고 이해할 수 있는 문해력이 부재하다는 데 있었다. 글을 모르는 백성들에게 그림을 통해 충효나 권선징악 같은 유교적 윤리도덕을 계몽할 수 있는 연화는 유교 국가를 건설하고자 했던 청나라 정부에게 매우 유용한 시각적 교육 매체로 비춰졌다.

이제까지 필자는 건륭제가 꿈꿨던 세계와 그 꿈을 이루기 위해 그가 쏟았던 노력과 고민의 흔적들을 따라가 보았다. 이 책으로 청나라와 건륭제 공부의 한 단락을 끝맺는다. 2013년부터 시작했으니 꽤 긴 여정이었다. 힘들었지만 즐거웠다.

청나라 역사는 재밌다. 아직도 우리에게 잘 알려지지 않은 흥미로운 이야기들이 많다.

여기까지 읽어준 독자에게 감사한다.

주

1장

1 William T. Rowe, *China's Last Empire: The Great Qing* (Cambridge, Mass.: The Belknap Press of Harvard University Press, 2009), 1-6.

2 이블린 S. 로스키 지음, 구범진 옮김, 『최후의 황제들: 청 황실의 사회사』 (서울: 까치글방, 2010), 27-28.

3 Sanjay Subrahmanyam, "Connected Histories: Notes towards a Reconfiguration of Early Modern Eurasia," *Modern Asian Studies* 31.3 (1997), 737-739.

4 Evelyn S. Rawski, "The Qing Formation and the Early-Modern Period," in *The Qing Formation in World-Historical Time*, ed. Lynn A. Struve (Cambridge, Mass.: Harvard University Asia Center, 2004), 233.

5 Pamela Kyle Crossley, *A Translucent Mirror: History and Identity in Qing Imperial Ideology* (Berkeley: University of California Press, 1999), 38.

6 Richard J. Smith, *Mapping China and Managing the World: Culture, Cartography and Cosmology in Late Imperial Times* (New York: Routledge, 2013), 12-14.

7 윌리엄 T. 로 지음, 기세찬 옮김, 『하버드 중국사 청: 중국 최후의 제국』 (서울: 너머북스, 2014), 41.

8 Joanna Waley-Cohen, *The Culture of War in China: Empire and the Military under the Qing Dynasty* (London: I. B. Tauris & Co Ltd., 2006), 11.

9 Pamela K. Crossley, *A Translucent Mirror* (Berkeley: University of California Press, 1999); Mark C. Elliott, *The Manchu Way: The Eight Banners and Ethnic Identity in Late Imperial China* (Stanford: CA.: Stanford University Press, 2001); Evelyn S. Rawski, *The Last Emperors: A Social History of Qing Imperial Institutions* (Berkeley: University of California Press, 1998); Patricia A. Berger, *Empire of Emptiness: Buddhist Art and Political Authority in Qing China* (Honolulu: University of Hawaii Press, 2003); Peter C. Perdue, *China*

Marches West: The Qing Conquest of Central Eurasia (Cambridge, MA.: Belknap Press of Harvard University Press, 2005); James A. Milward, *Beyond the Pass: Economy, Ethnicity, and Empire in Qing Central Asia, 1759-1864* (Stanford, CA.: Stanford University Press, 1998).

10 Rawski, "The Qing Formation and the Early-Modern Period," 221-222.

11 Smith, *Mapping China and Managing the World*, 50.

12 Victoria M. Cha-Tsu Siu, *Gardens of a Chinese Emperor: Imperial Creations of the Qianlong Era, 1736-1796* (Lanham: Lehigh University Press, 2013), Loc 971. 'Loc'은 전자책 킨들의 쪽수 표시이다.

13 Benjamin A. Elman, *On Their Own Terms: Science in China 1550-1900* (Cambridge, Mass.: Harvard University Press, 2005), 206-211.

14 Waley-Cohen, *The Culture of War in China*, 41.

2장

1 Kristina Kleutghen, "One or Two, Repictured," *Archives of Asian Art* 62 (2012), 37.

2 Patricia A. Berger, *Empire of Emptiness: Buddhist Art and Political Authority in Qing China* (Honolulu: University of Hawaii Press, 2003), 86.

3 Craig Clunas, *Chinese Painting and Its Audiences* (Princeton and Oxford: Princeton University Press, 2017), 91.

4 Craig Clunas and Jessica Harrison-Hall, eds, *Ming: 50 Years that changed China* (London: The British Museum, 2014), 131-148.

5 선덕제와 마찬가지로 건륭제 또한 사냥에 나선 자신의 모습을 화폭에 담게 했다. 그 하나의 예가 현재 북경고궁박물원에 소장되어 있는 카스틸리오네가 그렸다고 전해지는 〈초녹도哨鹿圖〉(1741년. 족자. 비단과 종이에 채색. 267×319cm)이다. 제목 '초녹哨鹿'은 본래 사슴 사냥을 할 때 사슴이 짝을 찾을 때 내는 소리를 흉내 내어 사슴을 유인하는 것을 말하는데, 사슴을 유인하는 곳이라 하여 사냥터를 '초녹'이라고 했다. 여기서 초녹은 승덕承德에 있는 청나라 황실의 사냥터인 목란위장木蘭圍場을 가리킨다. 그래서 이 그림 〈초녹도〉는 목란위장에서 사냥하는 건륭제의 모습을 담은 것이다.

6 〈십팔학사도〉에 관해서는 Craig Clunas, *Chinese Painting and Its Audiences*, 37-83.

3장

1 Li Hsin-Wei, "The Creation of Copper-Engraved Battle Prints in the Era of Emperor Qianlong: From East Turkestan Campaign to Taiwan Campaign," MA Thesis, National Taiwan University, 2012, 13-14.

4장

1 David M. Deal and Laura Hostetler, trans., *The Art of Ethnography: A Chinese "Miao Album"* (Seattle: University of Washington Press, 2006), xvii.

2 『묘만도』의 판본은 82종에 이른다. 귀주, 운남, 광동, 해남, 호남 그리고 대만에서 제작되었다. 이 가운데 귀주에서 제작된 '묘만도'는 65종, 운남은 13종, 광동 1종, 해남 1종, 호남 1종, 대만 1종이다. 『묘만도』 판본의 목록은 Laura Hostetler, *Qing Colonial Enterprise: Ethnography and Cartography in Early Modern China* (Chicago: University of Chicago Press, 2001), 213-219 참조.

3 『묘만도』는 이 밖에도 『묘족도苗族圖』·『검묘도설黔苗圖說』·『묘족풍속도설苗族風俗圖說』·『검남묘만도설黔南苗蠻圖說』·『묘도苗圖』·『청대묘민도清代苗民圖』·『묘족생활예속도苗族生活禮俗圖』·『묘족풍속도苗族風俗圖』·『묘도백폭苗圖百幅』·『묘인물풍속전도苗人物風俗全圖』·『묘강도苗疆圖』·『묘만전도苗蠻全圖』 등 다양한 이름으로 제작되었다. 石建中, 「『百苗圖』—苗族的歷史畫卷」, 『民族論壇』 4 (1994), 74-81.

4 개토귀류에 관해서는 Siu-woo Cheung, "Millenarianism, Christian Movements, and Ethnic Change among the Miao in Southwest China," in *Cultural Encounters on China's Ethnic Frontiers*, ed. Stevan Harrell (Seattle: University of Washington Press, 1997), 223.

5 중국 서남부 소수 민족들에 대한 민족지적 묘사는 1560년에 간행된 전여성田汝成(1503-1557)의 『염요기문炎徼紀聞』에 처음으로 나타난다. 1608년에 간행된 곽자장郭子章(1543-1618)의 『검기黔記』에는 13개 민족들에 관

한 민족지적 정보를 수록했다. 『귀주통지貴州通志』는 1673년, 1692년 그리고 1741년 간본이 있는데, 각각 30개, 31개 그리고 38개 민족들에 관한 민족지적 정보를 포함하고 있다. 1692년 간본의 『귀주통지』는 『묘만도』의 출현과 직접적인 연관이 있다. Hostetler, *Qing Colonial Enterprise*, 129-130.

6 '근대 초기early modern' 민족지의 출현에 관해서는 Sanjay Subrahmanyam, "Connected Histories: Notes towards a Reconfiguration of Early Modern Eurasia," *Modern Asian Studies* 31.3 (1997), 737.

7 Louisa Schein, *Minority Rules: The Miao and the Feminine in China's Cultural Politics* (Durham: Duke University Press, 2000), 5.

8 밀워드Millward는 이러한 내부 식민지화의 특징을 크게 토착 족장에 의한 간접 통치, 한족 중국인들의 체류 및 이주, 한족과 비한족 집단 간의 문화적 그리고 물리적 경계를 유지하려는 시도, 한족 이주민과 토착민 간 거래에 대한 규제 등으로 서술하고 있다. James A. Millward, "New Perspectives on the Qing Frontier," in *Remapping China: Fissures in Historical Terrain*, eds. Gail Hershatter, Emily Honig, Jonathan Lipman, and Randall Stross (Stanford: Stanford University Press, 1996), 123-124.

9 Susan Naquin and Evelyn S. Rawski, *Chinese Society in the Eighteenth Century* (New Haven: Yale University Press, 1987), 199.

10 Naquin and Rawski, *Chinese Society in the Eighteenth Century*, 199-202.

11 Schein, *Minority Rules*, 7.

12 『염요기문』 권4 「만이蠻夷」. 田汝成, 『炎徼紀聞』, 叢書集成初編本 (北京: 中華書局, 1985), 3979:4:55. 명나라 때 곽자장郭子章(1543-1618)이 만력萬曆연간(1573-1620)에 간행한 『검기黔記』의 권59 「묘인苗人」은 『염요기문』의 「만이」 부분을 그대로 옮겨 기술하고 있다. 郭子章, 『黔記』, 北京圖書館古籍珍本叢刊本 43卷 (北京: 書目文獻出版社, 1988), 59:989.

13 Norma Diamond, "Defining the Miao: Ming, Qing, and Contemporary Views" in *Cultural Encounters on China's Ethnic Frontiers*, 100.

14 Subrahmanyam, "Connected Histories," 760.

15 Richard J. Smith, *Mapping China and Managing the World: Culture, Cartography and Cosmology in Late Imperial Times* (London: Routledge, 2012), 62-70.

16 Thomas Richards, *The Imperial Archive: Knowledge and the Fantasy of Empire* (London: Verso, 1993), 21.

17 Harrell, "Introduction: Civilizing Projects and the reaction to Them" in *Cultural Encounters on China's Ethnic Frontiers*, 3.

18 Harrell, *Cultural Encounters on China's Ethnic Frontiers*, 3-4.

19 Harrell, *Cultural Encounters on China's Ethnic Frontiers*, 8.

20 Harrell, *Cultural Encounters on China's Ethnic Frontiers*, 10-17.

21 Schein, *Minority Rules*, 102-103.

22 慶桂 · 董誥 · 德瑛 等, 『大清高宗純皇帝實錄』(滿洲: 大滿洲帝國國務院, 1937), 390:8-9.

23 Richards, *The Imperial Archive*, 6.

24 James Clifford, *The Predicament of Culture: Twentieth-Century Ethnography, Literature, and Art* (Cambridge, Mass.: Harvard University Press, 1999), 218.

25 Clifford, *The Predicament of Culture*, 227.

26 "乘準廷寄番圖二式, 欽奉諭旨, 令臣將所屬苗猺, 以及外夷番眾, 照式繪圖, 送軍機處匯呈, 以昭王會之盛等因." 故宮博物院, 『宮中檔乾隆朝奏摺』, 910.

27 중국의 전통적인 직공도에서 중국에 조공을 바치려 온 외국 사신들은 모두 일률적으로 중국 통치자가 위치한 방향인 오른쪽을 향해 서 있는 것이 통례이다.

28 Cheng-hua Wang, "A Global Perspective on Eighteenth Century Chinese Art and Visual Culture," *The Art Bulletin* 96.4 (2014), 382-383.

29 비篚는 제사 지낼 때 신위神位에게 드리는 폐백 따위 물건을 담던 광주리이다. 높이가 5치, 길이가 2척 8치, 너비가 5치 2푼이다.

30 Evelyn S. Rawski, "The Qing Formation and the Early-Modern Period," in *The Qing Formation in World-Historical Time*, ed. Lynn A. Struve (Cambridge, Mass.: Harvard University Asia Center, 2004), 221-223.

31 Rawski, "The Qing Formation and the Early-Modern Period," 233.

32 Kristina Kleutghen, "Staging Europe: Theatricality and Painting at the Chinese Imperial Court," *Studies in Eighteenth-Century Culture* 42 (2012), 98-99.

33 청의 다문화주의는 다양한 방면에서 나타났다. 그 가운데 하나가 다중언어

정책이다. 청나라에서 관료로 성공하기 위해서는 중국어와 만주어를 읽고 쓸 줄 알아야 했다. 청나라의 국어는 중국어가 아닌 만주어였다. 그래서 만주어를 청나라 말이라는 뜻을 지닌 '청어清語'라고 했다. 제국의 승전과 영광을 기념하는 비석에는 만주어 · 중국어 · 몽골어 · 티베트어 등 4개 언어로 문자를 새겼다. 상황과 지역에 따라 몽골어와 티베트어는 위구르어와 아랍어로 대체되기도 했다. Joanna Waley-Cohen, *The Culture of War in China: Empire and the Military under the Qing Dynasty* (London: I. B. Tauris & Co Ltd., 2006), 11.

34 Margaret T. Hodgen, *Early Anthropology in the Sixteenth and Seventeenth Centuries* (Philadelphia: University of Pennsylvania Press, 1964).

35 Mary Louise Pratt, *Imperial Eyes: Travel Writing and Transculturation* (London: Routledge, 2008), 3.

36 Pratt, *Imperial Eyes*, 11.

37 Talal Asad, *Anthropology and the Colonial Encounter* (London: Ithaca, 1973), 103-118.

38 Pratt, *Imperial Eyes*, 15.

5장

1 Shane McCausland, "The Emperor's Old Toys: Rethinking the Yongzheng(1723-35): Scroll of Antiquities in the Percival David Foundation." *Transactions of the Oriental Ceramic Society* 66 (2001), 65-75.

2 Nicole T. C. Chiang, "Redefining an imperial collection: problems of modern impositions and interpretations." *Journal of Art Historiography* 10 (June 2014), 1-2.

3 Chiang, "Redefining an imperial collection," 13-15.

4 Patricia Berger, *Empire of Emptiness: Buddhist Art and Political Authority in Qing China* (Honolulu: University of Hawai'i Press, 2003), 63-69.

5 Hui-chun Yu, "Bronzes from Afar: Qianlong's 'Xiqing Xujian Jiabian Fulu'," 『美術史研究集刊』 31 (2011), 149-202.

6 Berger, *Empire of Emptiness*, 122.

7 Marcia Reed and Paola Demattè, *China on Paper: European and Chinese Works from the Late Sixteenth to the Early Nineteenth Century* (Los Angeles: The Getty Research Institute, 2011), 109.

8 Kevin Greenwood, "From the Macro to the Micro: Snuff Bottles and the Qianlong Court," *Journal of the International Chinese Snuff Bottle Society* (Spring 2013), 4-5.

9 Yu-chih Lai, "Image, Knowledge and Europe: Depicting Cassowaries in the Qing Court," *Transcultural Studies* (2013. 1), 40-41.

10 John Elsner and Roger Cardina, eds., *The Cultures of Collecting* (London: Reaktion Books, 1994), Loc 2631.

11 李玉岷, 『古色: 十六至十八世紀藝術的仿古風』 (臺北: 國立故宮博物院, 2003), 235.

12 Jay Xu and He Li, eds., *Emperor's Treasures: Chinese Art from the National Palace Museum, Taipei* (San Francisco: Asian Art Museum, 2016), 201.

13 Xu and Li, *Emperor's Treasures*, 170.

14 Berger, *Empire of Emptiness*, 124-127.

6장

1 『南巡盛典』 巻24.

7장

1 Anne-Marie Broudehoux, *The Making and Selling of Post-Mao Beijing* (London: Routledge, 2004), 54-57.

2 Mark Edward Lewis, *Writing and Authority in Early China* (Albany: State University of New York Press, 1999), 319-320.

3 이푸 투안 저, 구동회 · 심승희 역, 『공간과 장소』 (서울: 대윤, 1995), 19.

4 이무용, 『공간의 문화정치학』 (서울: 논형, 2005), 368.

5 Michel de Certeau, *The Practice of Everyday Life* (Berkeley: University of California Press, 1988), 118-122.

6 Richard E. Strassberg, *Inscribed Landscapes: Travel Writing from Imperial China*

(Berkeley: University of California Press, 1994), 1-56.

7 고대 중국의 '새겨 넣기' 전통에 관해서는 Richard E. Strassberg, *Inscribed Landscapes: Travel Writing from Imperial China* (Berkeley: University of California Press, 1994), 1-56; Robert Ford Campany, *Strange Writing: Anomaly Accounts in Early Medieval China* (Albany: State University of New York Press, 1996), 102-126; Mark Edward Lewis, *Writing and Authority in Early China* (Albany: State University of New York Press, 1999), 241-286 참조.

8 賈珺, 「長春園獅子林與蘇州獅子林」, 『建築史』 (2010), 109-110.

9 朱家溍 · 李艷琴, 「清五朝御製集中的圓明園詩續二」, 『圓明園』 4 (1986), 65.

10 朱家溍 · 李艷琴, 「清五朝御製集中的圓明園詩續二」, 66.

11 朱家溍 · 李艷琴, 「清五朝御製集中的圓明園詩續二」, 73.

12 『南巡盛典』 卷104 "乾隆辛未御書額小有天園, 任午御書額曰勝閣, 聯曰: 每聞喜事心先喜, 或見奇書手自抄. 乙酉御書額曰入雲."

13 『日下舊聞考』, 四庫全書本, 83.9b-10a.

14 '호중천지壺中天地'에 관한 이야기는 『후한서後漢書』 「방술전 하方術傳下」에 나온다.

15 朱家溍 · 李艷琴, 「清五朝御制集中的圓明園詩」, 『圓明園』 2 (1983), 69.

16 『日下舊聞考』, 四庫全書本., 83.9b-10a.

17 미니어처 정원과 같은 축소된 세계에 관해서는 Rolf Alfred Stein, *The World in Miniature: Container Gardens and Dwellings in Far Eastern Religious Thought* (Stanford: Stanford University Press, 1990), 5-113 참조.

18 Broudehoux, *The Making and Selling of Post-Mao Beijing*, 54-57.

19 Jean-Denis Attiret, Lettres édifiantes et curieuses écrites des missions étrangères par quelques missionaires de la Compagnie de Jésus, vol. Ⅳ (Paris: Pantheon Littéraire, 1775, 1877), 226-227, quoted in Broudehoux, Ibid, 2004, 55; John R. Finlay, "The Qianlong Emperor's Western Vistas: Linear Perspective and Trompe I'Oeil Illusion in the European Palaces of the Yuanming yuan," *BULLETIN DE L'ÉCOLE FRANÇAISE D'EXTRÊME-ORIENT* 94 (2007), 162.

20 그 대표적인 예가 저명한 역사학자인 왕룽주(汪榮祖, 영문명 Wong, Young-tsu)이다. Young-tsu Wong, *A Paradise Lost: The Imperial Garden Yuanming Yuan* (Honolulu: University of Hawai'i Press, 2001), 59-60.

21 崔岩, 「乾隆詩與圓明園」, 『東疆學刊』 31.1 (2014年 1月), 28.

22 『高宗御制詩五集』, 四庫全書本, 94.3a.

23 Gungwu Wang, *Maritime China in Transition 1750-1850* (Wiesbaden: Harrassowitz, 2004), 203-204.

24 진시황제의 함양 건설에 관해서는 Mark Edward Lewis, *The Construction of Space in Early China* (Albany: State University of New York Press, 2006), 170-174 참조.

25 『日下舊聞考』, 四庫全書本, 83.2b.

8장

1 Jessica Rawson, *The British Museum Book of Chinese Art* (New York: Thames and Hudson, 2000), 124.

2 John Lust, *Chinese Popular Prints* (Leiden: E. J. Brill, 1996), 46.

3 W. J. T. Mitchell, *Picture Theory: Essays on Verbal and Visual Representation* (Chicago: University of Chicago Press, 1994), 16.

4 아이콘의 유통(iconic circuit)에 관해서는 Craig Clunas, *Pictures and Visuality in Early Modern China* (London: Reaktion Books Ltd, 1997), 41-49를 참조.

5 Patricia Bjaaland Welch, *Chinese Art: A Guide to Motifs and Visual Imagery* (Singapore: Tuttle Publishing, 2008), 159-160.

6 Chun-shu Chang and Shelley Hsueh-lun Chang, *Crisis and Transformation in Seventeenth-Century China: Society, Culture, and Modernity in Li Yü's World* (Ann Arbor: The University of Michigan Press, 1998), 329-336.

7 Chang, *Crisis and Transformation in Seventeenth-Century China*, 334.

8 胡戟, 『中國文化通志 · 教化與禮儀典 · 禮儀志』 (上海: 上海人民出版社, 1998), 159.

9 Victor H. Mair, "Language and Ideology in the Written Popularizations of the *Sacred Edict*," in *Popular Culture in Late Imperial China*, eds. David Johnson,

Andrew J. Nathan, and Evelyn S. Rawski (Berkeley: University of California Press, 1985), 326.

10 James A. Flath, *The Cult of Happiness: Nianhua, Art, and History in Rural North China* (Vancouver: UBC Press, 2004), 59.

11 Catherine Pagani, "The Theme of *Three Kingdoms* in Chinese Popular Woodblock Prints" in *Three Kingdoms and Chinese Culture*, eds. Kimberly Besio and Constantine Tung (Albany: State University of New York Press, 2007), 87-88.

참고문헌

윌리엄 T. 로 지음. 기세찬 옮김. 『하버드 중국사 청: 중국 최후의 제국』. 서울: 너머북스, 2014.

이블린 S. 로스키 지음. 구범진 옮김. 『최후의 황제들: 청 황실의 사회사』. 서울: 까치글방, 2010.

존 킹 페어뱅크 · 멀 골드만 지음. 김형종 · 신성곤 옮김. 『新中國史』. 서울: 까치, 2006.

패멀라 카일 크로슬리 지음. 양휘웅 옮김. 『만주족의 역사: 변방의 민족에서 청 제국의 건설자가 되다』. 파주: 돌베개, 2018.

피터 C. 퍼듀 지음. 공원국 옮김. 『중국의 서진: 청(淸)의 중앙유라시아 정복사』. 서울: 도서출판 길, 2014.

현택수. 『문화와 권력: 부르디외 사회학의 이해』. 서울: 나남출판, 1998.

楚福海. 『苗蠻圖冊頁』. 필사본 화첩. 1786.

傅恒 等 撰. 『皇清職貢圖』. 四庫全書本. 臺北: 臺北商務印書館, 1983.

高晉. 『南巡盛典』. 臺北: 文海出版社, 1979.

蔡競然. 「趣味真實虛幻—倦勤齋與多寶格初探」. 『議藝份子』 21 (2013), 59-74.

崔岩. 「乾隆詩與圓明園: 兼論乾隆帝的造園思想」. 『東疆學刊』 31.1 (2014年 1月), 23-29.

佟穎. 「『皇清職貢圖』及其研究」. 『滿語研究』 1 (2009), 53-57.

端木泓. 「圓明園新證—長春園蒨園考」. 『故宮博物院院刊』 5 (2005), 246-374.

馮明珠. 主編. 『乾隆皇帝的文化大業』. 臺北: 國立故宮博物院, 2002.

Greenberg, Daniel. 「院藏『海怪圖記』初探—清宮畫中的西方奇幻生物」. 『故宮文物月刊』 297 (2007年 12月), 38-51.

顧平. 「清代乾隆朝畫院的歷史沿革與繪畫成就」. 『榮寶齋』 11 (2010), 74-83.

郭黛姮. 『乾隆御品圓明園』. 浙江古籍出版社, 2007.

何炳棣.「揚州鹽商: 十八世紀中國商業資本的研究」.『中國社會經濟史研究』2 (1999), 59-76.
何立民.「王圻父子三才圖會的特點與價值」.『史林』3 (2014), 54-59.
何羅娜.「『百苗圖』: 近代中國早期民族志」.『民族學刊』1 (2010), 105-119.
何瑜.『清代三山五園史事編年』. 中國大百科全書出版社, 2014.
何重義, 曾昭奮.『圓明園園林藝術』. 北京: 科學出版社, 1995.
胡 戟.『中國文化通志 · 教化與禮儀典 · 禮儀志』. 上海: 上海人民出版社, 1998.
賈珺.「長春園之如園與江寧瞻園」.『建築史』1 (2009), 130-138.
———.「長春園獅子林與蘇州獅子林」.『建築史』(2010), 109-121.
———.「長春園之小有天園與杭州汪氏園」.『建築史』23 (2008), 94-101.
———.「清代皇家園林寫仿現象探析」.『裝飾』2 (2010), 16-21.
焦雄.「長春園園林建築」.『圓明園』3 (1984), 12-20.
金毓豐.「圓明園西洋樓評析」.『圓明園』3 (1984), 21-24.
賴毓芝.「圖像帝國: 乾隆朝『職貢圖』的製作與帝都呈現」.『近代史研究所集刊』75 (2012), 1-76.
———.「清宮對歐洲自然史圖像的再現: 以乾隆朝獸譜為例」.『中央研究院近代史研究所集刊』80 (2013), 1-75.
———.「圖像知識與帝國: 清宮的食火雞圖繪」.『故宮學術季刊』29.2 (2011), 1-75.
李宏復.「一部珍貴的民族畫卷—百蠻圖」.『東南文化』8 (2002), 6-29.
李啟樂.「通景畫與郎世寧遺產研究」.『故宮博物院院刊』3 (2012), 77-88.
李湜.「對時育物之資, 博考洽聞之助: 清代宮廷的『鳥譜』」.『紫禁城』12 (2014), 150-155.
———.「清宮舊藏『鳥譜』」.『文物』6 (2005), 92-96.
李曉丹 · 王其亨.「清康熙年間義大利傳教士馬國賢及避暑山莊銅版畫」.『故宮博物院院刊』3 (2006), 44-51.
李玉岷.『古色: 十六至十八世紀藝術的仿古風』. 臺北: 國立故宮博物院, 2003.
劉歡萍.「論乾隆南巡對江南形象傳播之影響—以南巡相關繪畫與仿建為中心」.『浙江工商大學學報』5 (2014年 9月), 35-41.
梅爾清 著, 朱修春 譯.『清初揚州文化』. 上海: 復旦大學出版社, 2004.

聶崇正.「清代宮廷繪畫機構制度及畫家」.『美術研究』3 (1984), 51-54.
———.『郎世寧的繪畫藝術』. 北京: 人民美術出版社, 2017.
齊光.「『皇清職貢圖』繪本成于何時」.『文匯報』, 2013. 5. 6. 1-2.
祈美琴.『清代內務府』. 瀋陽: 遼寧民族出版社, 2008.
祁慶富.「絢麗多彩的清代民族畫卷—“苗蠻圖”研究述略」.『中央民族大學學報』(哲學社會科學版) 148 (2003): 109-114.
———.「『滇省夷人圖說』與『滇省輿地圖說』」.『中華文化画報』7 (2009), 104-111.
———.「『皇清職貢圖』的編繪與刊刻」.『民族研究』5 (2003), 69-74.
喬治忠 · 侯德仁.「乾隆朝官修『西域圖志』考析」.『清史研究』1 (2005), 104-113.
石建中.「『百苗圖』—苗族的歷史畫卷」.『民族論壇』4 (1994), 74-81.
施靜菲.「文化競技: 超越前代媲美西洋的康熙朝清宮畫琺瑯」.『民俗曲藝』182 (2013), 149-219.
童雋.「北京長春園西洋建築」.『圓明園』1 (1981), 71-80.
———.『中國美術全集 · 繪畫編21 · 民間年畫』. 北京: 人民美術出版社, 1985.
王正華.『藝術權力與消費: 中國藝術史研究的一個面向』. 杭州: 中國美術學院出版社, 2011.
畏冬.「『皇清職貢圖』創作始末」.『紫禁城』5 (1992), 8-12.
吳曉筠.「乾隆皇帝的鏡子: 關於鑑賞典藏與使用的選擇」.『皇帝的鏡子: 清宮鏡鑒文化與典藏』. 台北: 國立故宮博物院, 2015.
吳兆清.「清代造辦處的機構和匠役」.『歷史檔案』4 (1991), 79-89.
謝小華 · 劉若芳.「乾隆年間法國代制得勝圖銅版畫史料」.『歷史檔案』1 (2002), 5-14.
許峻.「乾隆朝宮廷畫院及繪畫藝術」.『新美術』(1994.4), 38-43.
亞木.「人間天上諸景備移天縮地入君懷—圓明三園」.『中國典籍與文化』1 (1993), 11-16.
于德山.『中國圖像敍述傳播』. 濟南: 山東文藝出版社, 2008.
于涌.『移天縮地到君懷: 圓明園文化透視』. 深圳: 海天出版社, 2012.
余佩瑾.『導覽手冊-十全乾隆-清高宗的藝術品味』. 臺北: 國立故宮博物院, 2013.
———.『得佳趣: 乾隆皇帝的陶瓷品味』. 臺北: 國立故宮博物院, 2012. (고려대

도서관)
———.「乾隆皇帝的汝窯鑑賞觀的識別歷程」.『故宮文物月刊』(2015年 3月), 16-31.
———.「乾隆皇帝與清宮瓷器典藏: 以畫琺瑯和洋彩為例」.『故宮文物月刊』369 (2013年 12月), 44-55.
———.「品鑑之趣—十八世紀的陶瓷圖冊及其相關的問題」.『故宮學術季刊』22.2 (2004), 133-203.
———.「郎世寧與瓷器」.『故宮學術季刊』32.2 (2014年 12月), 1-37.
袁杰.「故宮博物院藏乾隆時期『獸譜』」.『文物』7 (2011), 65-70.
袁蓉.「從江南名園到皇家園囿—瞻園與如園造園藝術初探」.『東南文化』4 (2010), 115-120.
張聲駒.「圓明園四十景圖」.『建築歷史』14 (1996), 43-45.
張瑞泉.「略論淸代的鄉村敎化」.『史學集刊』. 1994年 第3期. 22-28.
鄭豔.「乾隆為何在圓明園中修建西洋樓」.『北京檔案』11 (2014), 55-56.
朱家溍.「『養心殿造辦處史料輯覽』前言」.『故宮博物院院刊』4 (2000), 12-14.
朱家溍 · 李艷琴.「清 · 五朝御制集中的圓明園詩」.『圓明園』2 (1983), 55-72.
———. 朱家溍,「清 · 五朝御製集中的圓明園詩續二」.『圓明園』4 (1986), 65-98.

Akerman, James R. ed. *The Imperial Map: Cartography and the Mastery of Empire*. Chicago: The University of Chicago Press, 2009.
Alloula, Malek. *The Colonial Harem*. Minneapolis: University of Minnesota Press, 1986.
Asad, Talal. *Anthropology and the Colonial Encounter*. London: Ithaca Press, 1973.
Barmé, Geremie R. *The Forbidden City*. Harvard University Press, 2014.
Barringer, Tim and Flynn, Tom. eds. *Colonialism and the Object: Empire, Material Culture and the Museum*. London: Routledge, 1998.
Berger, Patricia. *Empire of Emptiness: Buddhist Art and Political Authority in Qing China*. Honolulu: University of Hawai'i Press, 2003.
Berinstein, Dorothy. "Hunts, processions, and telescopes: A paintings of an imperial

hunt by Lang Shining(Giuseppe Castiglione)." *Res* 35 (1999), 171-184.

Berliner, Nancy. *The Emperor's Private Paradise: Treasures from the Forbidden City*. Salem: Peabody Essex Museum, 2010.

Besio, Kimberly and Tung, Constantine. eds. *Three Kingdoms and Chinese Culture*. Albany: State University of New York Press, 2007.

Blum, Susan D. *Portraits of "Primitives": Ordering Human Kinds in the Chinese Nation*. Lanham: Rowman & Littlefield Publishers, 2000.

Broudehoux, Anne-Marie. *The Making and Selling of Post-Mao Beijing*. London: Routledge, 2004.

Burke, Peter. *The Fabrication of Louis XIV*. New Haven: Yale University Press, 1994.

Cardinal, Roger and Elsner, John. eds. *Cultures of Collecting*. London: Reaktion Books, 1994.

Chang, Chun-shu and Chang, Shelley Hsueh-lun. *Crisis and Transformation in Seventeenth-Century China: Society, Culture, and Modernity in Li Yü's World*. Ann Arbor: The University of Michigan Press, 1998.

Chang, Michael G. *A Court on Horseback: Imperial Touring & the Construction of Qing Rule, 1680-1785*. Cambridge, Mass.: Harvard Unversity Asia Center, 2007.

———. "The Emperor Qianlong's Tours of Southern China: Painting, Poetry, and the Politics of Spectacle." *The Asia-Pacific Journal* 13.2 (2015).

Chiang, Nicole T. C. "Redefining an imperial collection: problems of modern impositions and interpretations." *Journal of Art Historiography* 10 (June 2014), 1-22.

Chou, Ju-hsi and Brown, Caludia. eds. *Elegant Brush: Chinese Painting under the Qianlong Emperor, 1735-1795*. Phoenix: Phoenix Art Museum, 1985.

Chu, Petra ten-Doesschate and Ding, Ning. eds. Qing *Encounters: Artistic Exchanges between China and the West*. Los Angeles: Getty Research Institute, 2015.

Clifford, James. *The Predicament of Culture: Twentieth-Century Ethnography,*

Literature, and Art. Cambridge, Mass.: Harvard University Press, 1999.

Clunas, Craig. *Fruitful Sites: Garden Culture in Ming Dynasty China*. Durham: Duke University Press, 1996.

———. *Pictures and Visuality in Early Modern China*. London: Reaktion Books Ltd, 1997.

———. *Chinese Painting and Its Audiences*. Princeton: Princeton University Press, 2017.

Clunas, Craig and Harrison-Hall, Jessica. eds. *Ming: 50 Years that changed China*. London: The British Museum, 2014.

Cook, James A. ed. *Visualizing Modern China: Image, History, and Memory, 1750-Present*. Lanham: Lexington Books, 2014. (Chang, Michael G. "Envisioning the Spectacle of Emperor Qianlong's Tour of Southern China: An Exercise in Historical Imagination.")

Crossley, Pamela Kyle. *A Translucent Mirror: History and Identity in Qing Imperial Ideology*. Berkeley: University of California Press, 1999.

———. "Manzhou Yuanliu Kao and the Formalization of the Manchu Heritage." *The Journal of Asian Studies* 46.4 (November 1987), 761-790.

Crossley, Pamela Kyle and Rawski, Evelyn S. "A Profile of the Manchu Language in Ch'ing History." *Harvard Journal of Asiatic Studies* 53.1 (June 1993), 63-102.

Deal, David M. and Hostetler, Laura. trans. *The Art of Ethnography: A Chinese "Miao Album"*. Seatle: University of Washington Press, 2006.

Dunnell, Ruth W. and Elliott, Mark C. *New Qing Imperial History: The Making of Inner Asian Empire at Qing Chengde*. Routledge, 2011.

Eberhard, Wolfram. "Topics and Moral Values in Chinese Temple Decorations." *Journal of the American Oriental Society* 87 (1967), 22-32.

Elman, Benjamin A. *On Their Own Terms: Science in China 1550-1900*. Cambridge, Mass.: Harvard University Press, 2005.

Elsner, John and Cardina, Roger. eds. *The Cultures of Collecting*. London: Reaktion Books, 1994.

Finlay, Robert. *The Pilgrim Art: Cultures of Porcelain in World History*. Berkeley: University of California Press, 2010.

Flath, James. *The Cult of Happiness: Nianhua, Art and History in Rural North China*. Vancouver: University of British Columbia Press, 2004.

Fong, Wen C. and Watt, James C. Y. *Possessing the Past: Treasures from the National Palace Museum, Taipei*. New York: The Metropolitan Museum of Art, 1996.

Foret, Philippe. *Mapping Chengde: The Qing Landscape Enterpriese*. Honolulu: University of Hawaii Press, 2000.

Gladney, Dru C. *Dislocating China: Muslims, Minorities, and Other Subaltern Subjects*. Chicago: The University of Chicago Press, 2004.

———. "Representing Nationality in China: Refiguring Majority/Minority Identities." *Journal of Asian Studies* 53.1 (February 1994), 92-123.

Greenwood, Kevin. "From the Macro to the Micro: Snuff Bottles and the Qianlong Court." *Journal of the International Chinese Snuff Bottle Society* (Spring 2013), 4-12.

Harrell, Stevan. ed. *Cultural Encounters on China's Ethnic Frontiers*. Seattle: University of Washington Press, 1997.

Ho, Chuimei and Bronson, Bennet. *Splendors of China's Forbidden City: The Glorious Reign of Emperor Qianlong*. London: Merrell, 2004.

Ho, Ping-Ti. "The Significance of the Ch'ing Period in Chinese History." *Journal of Asian Studies* 26.2 (February 1967), 189-195.

Hostetler, Laura. "Qing Connections to the Early Modern World: Ethnography and Cartography in Eighteenth-Century China." *Modern Asian Studies* 34.3 (2000), 623-662.

———. *Qing Colonial Enterprise: Ethnography and Cartography in Early Modern China*. Chicago: University of Chicago Press, 2001.

———. "Global or Local?: Exploring Connections between Chinese and European Geographical Knowledge During the Early Modern Period." *EASTM* 26 (2007), 117-135.

Johnson, David. *Spectacle and Sacrifice: The Ritual Foundations of Village Life in North China*. Cambridge, Mass.: Harvard University Asia Center, 2009.

Johnson, David, Nathan, Andrew J., and Rawski, Evelyn S. eds. *Popular Culture in Late Imperial China*. Berkeley: University of California Press, 1985.

Kahn, Horold L. *Monarchy in the Emperor's Eyes: Image and Reality in the Ch'ien-lung Reign*. Cambridge, Mass.: Harvard University Press, 1971.

Kleutghen, Kristina. "One or Two, Repictured." *Archives of Asian Art* 62 (2012), 25-46.

———. "Staging Europe: Theatricality and Painting at the Chinese Imperial Court." *Studies in Eighteenth-Century Culture* 42 (2012), 81-102.

———. "Ethnicity, Empire, and "Europe": Jesuit Art in China during the Papacy of Benedict XIV" in *Benedict XIV and the Enlightenment: Art, Science, and Spirituality*, eds. Rebecca Messbarger, Philip Gavitt, and Christopher M.S. Johns (Toronto: University of Toronto Press, 2015), 419-438.

———. "Bringing Art to Life: Giuseppe Castiglione and Scenic Illusion Painting."『神筆丹青: 郎世寧來華三百年特展』. 台北: 國立故宮博物院, 2015.

———. "Chinese Occidenterie: The Diversity of "Western" Objects in Eighteenth-Century China." *Eighteenth-Century Studies* 47.2 (2014), 117-135.

———. "Contemplating Eternity: An Illusionistic Portrait of the Qianlong Emperor's Heir." *Orientations* 42.4 (2011), 73-79.

Lai, Yu-chih. "Image, Knowledge and Europe: Depicting Cassowaries in the Qing Court." *Transcultural Studies* (2013. 1), 7-100.

Laing, Ellen Johnston. *Art and Aesthetics in Chinese Popular Prints: Selections from the Muban Foundation Collection*. University of Michigan Center for Chinese Studies, 2002.

Lewis, Mark Edward. *Writing and Authority in Early China*. Albany: State University of New York Press, 1999.

———. *The Construction of Space in Early China*. Albany: State University of New York Press, 2006.

Litzinger, Ralph A. *Other Chinas: The Yao and the Politics of National Belonging*.

Durham: Duke University Press, 2000.

Liu, Yang. "Emulating All Things: A Vogue in 18th Century Chinese Jade." *Arts of Asia*. 2015.

Lu, Sheldon H. *China, Transnational Visuality, Global Postmodernity*. Stanford: Stanford University Press, 2001.

Lust, John. *Chinese Popular Prints*. Leiden: E. J. Brill, 1996.

McCausland, Shane. "The Emperor's Old Toys: Rethinking the Yongzheng (1723-35): Scroll of Antiquities in the Percival David Foundation." *Transactions of the Oriental Ceramic Society* 66 (2001), 65-75.

Messbarger, Rebecca, Gavitt, Philip, and Johns, Christopher M.S. eds. *Benedict XIV and the Enlightenment: Art, Science, and Spirituality*. Toronto: University of Toronto Press, 2015.

Millward, James A. "New Perspectives on the Qing Frontier." *In Remapping China: Fissures in Historical Terrain*. eds. Gail Hershatter, Emily Honig, Jonathan Lipman, and Randall Stross. Stanford: Stanford University Press, 1996.

Mitchell, W. J. T. *Picture Theory: Essays on Verbal and Visual Representation*. Chicago: University of Chicago Press, 1994.

Murck, Alfreda and Fong, Wen C. eds. *Words and Images: Chinese Poetry, Caligraphy, and Painting*. New York: The Metropolitan Museum of Art, 1991.

Murray, Julia K. *Mirror of Morality: Chinese Narrative Illustration and Confucian Ideology*. Honolulu: University of Hawai'i Press, 2007.

Musillo, Marco. "Mid-Qing and Jesuit Visions: Encounters and Exchanges in Eighteenth-Century Beijing." *Ai Weiwei: Circle of Animals*. New York: Prestel Publishing, 2011.

Naquin, Susan and Rawski, Evelyn S. *Chinese Society in the Eighteenth Century*. New Haven: Yale University Press, 1987.

Newby, Laura. "Copper Plates for the Qianlong Emperor: from Paris to Peking via Canton." *Journal of Early Modern History* 16 (2012), 161-199.

Parker, Charles H. *Global Interactions in the Early Modern Age, 1400-1800*.

Cambridge: Cambridge University Press, 2010.

Pearce, Nick and Steuber, Jason. eds. *Original Intentions: Essays on Production, Reproduction, and Interpretation in the Arts of China*. Gainesville: University of Florida Press, 2012.

Perdue, Peter C. "Boundaries, Maps, and Movement: Chinese, Russian, and Mogolian Empires in Early Modern Central Eurasia." *The International History Review* 20.2 (June 1988), 263-286.

Pratt, Mary Louise. *Imperial Eyes: Travel Writing and Transculturation*. London: Routledge, 2007.

Rawski, Evelyn S. "Re-imaginaing the Ch'ien-lung Emperor: A Survey of Recent Scholarship." 『故宮學術季刊』 21.1 (2003), 1-30.

———. "Reenvisioning the Qing: The Significance of the Qing Period in Chinese History." *Journal of Asian Studies* 55.4 (November 1996), 829-850.

Rawski, Evelyn S. and Rawson, Jessica. eds. *China: The Three Emperors, 1662-1795*. London: Royal Academy of Arts, 2005.

Reed, Marcia and Demattè, Paola. *China on Paper: European and Chinese Works from the Late Sixteenth to the Early Nineteenth Century*. Los Angeles: The Getty Research Institute, 2011.

Richards, Thomas. *The Imperial Archive: Knowledge and the Fantasy of Empire*. London: Verso, 1993.

Rossabi, Morris. ed. *Governing China's Multiethnic Frontiers*. Seatle: University of Washington Press, 2004.

Rowe, William T. *China's Last Empire: The Great Qing*. Cambridge, Mass.: The Belknap Press of Harvard University Press, 2009.

Rujivacharakul, Vimalin. *Collecting China: The World, China, and a History of Collecting*. Newark: University of Delaware Press, 2011.

Schein, Louisa. "Gender and Internal Orientalism in China." *Modern China* 23.1 (January 1997), 69-98.

———. *Minority Rules: The Miao and the Feminine in China's Cultural Politics*. Durham: Duke University Press, 2000.

Shih, Ching-fei. "A Record of the Establishment of a New Art Form: The Unique Collection of "Painted Enamels" at the Qing Court." *Collections and Concepts* 7 (2003), 1-18.

Siu, Victoria M. Cha-Tsu. *Gardens of a Chinese Emperor: Imperial Creations of the Qianlong Era, 1736-1796*. Lanham: Lehigh University Press, 2013.

———. "Castiglione and the Yuanming Yuan Collections." *Orientations* 19.11 (November 1988), 72-79.

Smith, Richard J. *Mapping China and Managing the World: Culture, Cartography and Cosmology in Late Imperial Times*. New York: Routledge, 2013.

Stein, Rolf Alfred. *The World in Miniature: Container Gardens and Dwellings in Far Eastern Religious Thought*. Stanford: Stanford University Press, 1990.

Stewart, Susan. *On Longing: Narratives of the Miniature, the Gigantic, the Souvenir, the Collection*. Durham: Duke University Press, 1993. (수잔 스튜어트 지음, 박경선 옮김, 『갈망에 대하여: 미니어처, 거대한 것, 기념품, 수집품에 대한 이야기』. 서울: 산처럼, 2015.)

Strassberg, Richard E. *Inscribed Landscapes: Travel Writing from Imperial China*. Berkeley: University of California Press, 1994.

Struve, Lynn A. ed. *The Qing Formation in World-Historical Time*. Cambridge, Mass.: Harvard University Asia Center, 2004.

Subrahmanyam, Sanjay. "Connected Histories: Notes towards a Reconfiguration of Early Modern Eurasia." *Modern Asian Studies* 31.3 (1997), 735-762.

Torbert, Preston M. *The Ch'ing Imperial Household Department: A Study of Its Organization and Principal Functions, 1662-1796*. Harvard University Asia Center, 1977.

Waley-Cohen, Joanna. *The Culture of War in China: Empire and the Military under the Qing Dynasty*. London: I. B. Tauris & Co Ltd., 2006.

———. "The New Qing History." *Radical History Review* 88 (Winter 2004), 193-206.

———. "Commemorating War in Eighteenth-Century China." *Modern Asian Studies* 30.4 (1996), 869-899.

Wang, Chenghua. "Whither Art History?: A Global Perspective on Eighteenth-Century Chinese Art and Visual Culture." *Art Bulletin* 96.4 (2014), 379-394.

———. "A Global Perspective on Eighteenth Century Chinese Art and Visual Culture." *The Art Bulletin* 96.4 (2014), 379-394.

Welch, Patricia Bjaaland. *Chinese Art: A Guide to Motifs and Visual Imagery*. Singapore: Tuttle Publishing, 2008.

Weng, Fong and Watt, James C. Y. *Possessing the Past: Treasures from the National Palace Museum, Taipei*. New York: Metropolitan Museum of Art, 1996.

Whiteman, Stephen H. "From Upper Camp to Mountain Estate: recovering historical narratives in Qing imperial landscapes." *Studies in the History of Garden & Designed Landscapes: An International Quarterly* 33.4 (2013), 1-31.

Wong, Young-tsu. *A Paradise Lost: The Imperial Garden Yuanming Yuan*. Honolulu: University of Hawai'i Press, 2001.

Wu, Hung. "Emperor's Masquerade—'Costume Portraits' of Yongzheng and Qianlong." *Orientations* 26.7 (1993), 24-41.

———. *Remaking Beijing: Tiananmen Squaire and the Creation of a Political Space*. Chicago: The University of Chicago Press, 2005.

Wu, Yulian. *Luxurious Networks: Salt Merchants, Status, and Statecraft in Eighteenth-Century China*. Stanford: Stanford University Press, 2017.

Xu, Jay and Li, He. eds. *Emperor's Treasures: Chinese Art from the National Palace Museum, Taipei*. San Francisco: Asian Art Museum, 2016.

Yang Boda. "Castiglione at the Qing Court: An Important Artistic Contribution." *Orientations* 19.11 (November 1988), 44-51.

Yu, Hui-chun. "Bronzes from Afar: Qianlong's 'Xiqing Xujian Jiabian Fulu'." 『美術史研究集刊』 31 (2011), 149-202.

Yu, Peichin. "The Imprint of Collecting: the Circulation of Northern Song Ru Ware in the 18th Century Qing Palace." *Orientations* 38.1 (2007), 48-55.

Yue, Meng. *Shanghai and the Edges of Empires*. Minneapolis: University of Minnesota Press, 2006.

Zeitlin, Judith T. and Li, Yuhang. eds. *Performing Images: Opera in Chinese Visual Culture*. Chicago: Smart Museum of Art, The University of Chicago, 2014.

Zhang Hongxing. *The Qianlong Emperor: Treasures from the Forbidden City*. Edinburgh: National Museum of Scotland, 2002.

Zhuang, Yue and Riemenschnitter, Andrea. eds. *Entangled Landscapes: Early Modern China and Europe*. Singapore: NUS Press, 2017.

Zou, Hui. *A Jesuit Garden in Beijing and Early Modern Chinese Culture*. West Lafayette: Purdue University Press, 2011.

찾아보기

인명

이미지 제국
건륭제의 문화프로젝트

1판 1쇄 발행 2021년 1월 28일
1판 2쇄 발행 2021년 12월 23일

지은이 이은상
펴낸이 강수걸
기획실장 이수현
편집장 권경옥
편집 강나래 김리연 신지은 윤소희 오해은
디자인 권문경 조은비
경영관리 공여진
펴낸곳 산지니
등록 2005년 2월 7일 제333-3370000251002005000001호
주소 부산시 해운대구 수영강변대로 140 BCC 613호
전화 051-504-7070 | 팩스 051-507-7543
홈페이지 www.sanzinibook.com
전자우편 sanzini@sanzinibook.com
블로그 http://sanzinibook.tistory.com

ISBN 978-89-6545-706-0 94910
ISBN 978-89-92235-87-7 (세트)

* 책값은 뒤표지에 있습니다.
* 잘못 만들어진 책은 구입처에서 교환해드립니다.